中国新闻业年度观察报告
（2017）

An Annual Report on Chinese Journalism
（2017）

张志安⊙主编

人民日报出版社

图书在版编目（CIP）数据

中国新闻业年度观察报告. 2017 / 张志安主编. --
北京：人民日报出版社，2017.11
ISBN 978-7-5115-5091-0

Ⅰ. ①中… Ⅱ. ①张… Ⅲ. ①新闻事业－调查报告－
中国－2017 Ⅳ. ①G219.2

中国版本图书馆CIP数据核字（2017）第275188号

书　　名：	中国新闻业年度观察报告（2017）
主　　编：	张志安
出 版 人：	董　伟
责任编辑：	林　薇　张炜煜
装帧设计：	阮全勇
出版发行：	人民日报出版社
社　　址：	北京金台西路2号
邮政编码：	100733
发行热线：	（010）65369527　65369512　65369509　65369510
邮购热线：	（010）65369530
编辑热线：	（010）65369514
网　　址：	www.peopledailypress.com
经　　销：	新华书店
印　　刷：	大厂回族自治县彩虹印刷有限公司
开　　本：	710×1000mm　1/16
字　　数：	260千字
印　　张：	18.75
印　　次：	2017年11月第1版　2017年11月第1次印刷
书　　号：	ISBN 978-7-5115-5091-0
定　　价：	46.00元

主办机构

中山大学传播与设计学院

中山大学全媒体研究院

编辑顾问委员会（按姓氏笔画排名）

冯建三	台湾政治大学
杜骏飞	南京大学
杨国斌	美国宾夕法尼亚大学
李金铨	香港城市大学
李良荣	复旦大学
吴　飞	浙江大学
陈韬文	香港中文大学
陈昌凤	清华大学
陈卫星	中国传媒大学
胡　泳	北京大学
赵月枝	加拿大西门菲莎大学
夏倩芳	武汉大学
唐绪军	中国社会科学院
展　江	北京外国语大学
黄　煜	香港浸会大学
喻国明	北京师范大学
潘忠党	美国威斯康星大学

主编

张志安　中山大学传播与设计学院

副主编

李艳红　中山大学传播与设计学院

编辑

王海燕　中山大学传播与设计学院

徐桂权　中山大学传播与设计学院

陈楚洁　中山大学传播与设计学院

特约编辑

王辰瑶	南京大学
白红义	上海社会科学院
刘海龙	中国人民大学
刘　鹏	《新闻记者》
朱鸿军	中国社会科学院
李立峰	香港中文大学
李红涛	浙江大学
沈　菲	香港城市大学
张洪忠	北京师范大学
张毓强	中国传媒大学
周葆华	复旦大学
胡翼青	南京大学
黄顺铭	四川大学
童静蓉	英国莱斯特大学
Marina Svensson	瑞典隆德大学

前　言

《中国新闻业年度观察报告》是由中山大学传播与设计学院主办的新闻传播学学术辑刊。本报告遵循"独立、原创、可信"的理念，旨在观察中国传媒业一年一度的最新变化、事件、话题和趋势，把握关键问题，总结特点、提出对策。今年的《中国新闻业年度观察报告》包括年度专题、年度观察、年度调查、研究述评四个部分。

第一辑的年度专题是"新闻业的危机与变革"。科林·斯巴克斯、王海燕的文章指出，近年来纸媒的经济神话已经日渐消逝，新媒体以各种形式抢夺纸媒的读者群和广告市场份额；尽管中国报业和西方报业面临着相同的挑战，但由于中国不同于发达国家的经济、社会和政策结构，其新媒体与新闻业的发展趋势不会完全复制发达国家的模式。

本期专题的另外几篇文章则从中国语境出发，探讨了新媒介环境下新闻业的变革与发展策略。李艳红的文章对《南方都市报》《南风窗》和财新传媒采纳数据新闻的创新实践进行了考察，发现这个时期中国新闻组织对创新采取了一种既开放又保守的貌似矛盾的策略。文章对这一看似矛盾的策略进行了深入描述，发现对"不确定性"的感知和管理是理解新闻组织采纳创新之双重表现的主要逻辑。吴涛、张志安的文章聚焦于新兴的媒体舆情业务，梳理了媒体舆情服务的组织类型及行业生态，进而审视媒体从事舆情服务的前因后果，并探讨媒体舆情业务兴起背后存在的隐忧。刘颂杰的文章对2005年以来报业集团财政补贴的现象展开了分析，并对其影响进行了评估。吴非、龚彦方的文章梳理了2015—2016年中国移动互联网平台上财经新媒体的发展动态，指出资本运作、垂直细分及品牌营销等是其近两年财经新媒体领域生态变迁的主要特点。

第二辑是中国新闻业的年度观察。这组文章延续了往年的写作思路，分别对2016年的重大传媒事件、传媒伦理话题、新闻摄影、公益报道与公益媒体、媒介法治化及互联网监管等领域的基本特征进行了回顾和分析，着力把握这些领域的最新变化趋势。

第三辑是中国新闻业的年度调查。本辑收入了三份新闻从业者调查报告：美通社发布的《2017中国媒体人职业生存状态与工作习惯调查报告》尤其关注技术对媒体内容生产分发和企业新闻偏好的影响。周葆华和查建珺的《网络新闻从业者生存状态调查报告》通过一项全国范围内的抽样问卷调查，从基本构成、职业理念、专业技能、新媒体观和生活状况五个维度，描述和分析了新技术变革背景下中国网络新闻从业者的基本生态。韩晓宁等的《新疆传媒从业人员工作生活满意度调查及民族差异研究》则分析了新疆传媒从业人员的工作和生活状况满意度情况，并考察不同民族传媒从业人员的满意度差异。

第四辑是中外新闻业的研究述评。陈敏和张晓纯的文章对新媒体环境下新闻评论研究的脉络进行了梳理，指出移动新媒体环境下评论研究亟需进行范式革新。为推动中国新闻业研究的开展，本刊编辑部从本年度起发起了"中国新闻业研究十佳论文"的评选活动。徐桂权和马梦婕的文章对获奖论文的新观点进行了回顾，力图从中窥探当下我国新闻业研究的发展图景，并为未来的相关研究提供可资借鉴的学术思路。

作为《中国新闻业年度观察报告》的第四部，我们相信本书对中国新闻业的实践者与研究者都有一定的参考价值。我们也期望，通过我们持续的努力，《中国新闻业年度观察报告》能够凝聚国内新闻研究学者的智慧，观察新闻业、研究新闻业、推动新闻业。

目 录

前 言 1

第一辑　年度专题：新闻业的危机与变革

纸媒的普遍危机？
——中国与美国、法国、英国、德国、瑞典、日本和韩国的比较
.... 科林·斯巴克斯　王海燕 / 3
在开放与保守策略间游移："不确定性"逻辑下的新闻创新
——对三家新闻组织采纳数据新闻的研究 .... 李艳红 / 17
媒体舆情业务的生态及其影响研究 .... 吴涛　张志安 / 43
2005年以来报业财政支持政策研究
——基于报业市场化改革的视角 .... 刘颂杰　张馨梦 / 55
资本运作、平台搭建及价值变现
——2015—2016年中国财经新媒体发展趋势观察报告
.... 吴非　龚彦方 / 72

第二辑　年度观察

2016年传媒事件点评
.... 范以锦　陈薇　李帅　袁月　杨超　王艳　吴钰 / 83

2016年传媒伦理问题研究报告
………………《新闻记者》年度传媒伦理研究报告课题组 / 91
2016中国新闻摄影年度观察………………………杜江　马敏慧 / 112
2016中国公益报道与公益媒体年度观察……周如南　陈敏仪 / 130
2016年中国互联网法治发展报告…………卢家银　江文华 / 143
2016年中国互联网监管趋势分析………………………曾　茜 / 154

第三辑　年度调查

技术对媒体内容生产分发和企业新闻偏好的影响
　　——2017中国媒体人职业生存状态与工作习惯调查报告
…………………………………………………………美通社 / 171
网络新闻从业者生存状况调查报告…………周葆华　查建琨 / 186
新疆传媒从业人员工作生活满意度调查
………………………韩晓宁　杨梅　耿晓梦　王军 / 203
2016年电视新闻节目收视回顾…………………………马　超 / 213

第四辑　研究述评

新媒体环境下新闻评论研究的脉络梳理和范式革新
　　——基于七本学术期刊论文的分析…………陈敏　张晓纯 / 235
2016中国新闻业研究的年度观点……………徐桂权　马梦婕 / 248
2016年中国新闻业研究十佳论文评选结果……………… / 258

附 录 本刊专访

传播和媒介的性别研究与批判研究之传统和发展：安格赫拉·N.凡迪维亚教授学术访谈………… 安格赫拉·N.凡迪维亚 白玫佳黛／263

第一辑

中国新闻业年度观察报告 2017

**年度专题：
新闻业的危机与变革**

纸媒的普遍危机？

——中国与美国、法国、英国、德国、瑞典、日本和韩国的比较

科林·斯巴克斯　王海燕[①]

【摘要】

近年来，纸媒的经济神话已经日渐消逝，新媒体以各种形式抢夺纸媒的读者群和广告市场份额。这种情况在发达国家早就发生，本文探讨的是我们能够在多大程度上借鉴发达国家的经验来理解中国报业的当下和未来。本文回顾了在美国、法国、英国、德国、瑞典以及日本和韩国等发达国家中，互联网的发展对媒体经济和新闻生产所带来的影响，同时考察这些影响在多大程度上存在于中国的报业中。尽管一些消极因素似乎是相关的，但是中国不同于发达国家的经济、社会和政策结构，都表明其发展趋势不会完全复制发达国家的模式。

一、引言

在过去的几十年里，中国报业发展总体上非常成功，不管是发行量还是广告量，都在随着城市化进程的加快、生活水平的提高和总体经济的发展而迅猛增长，与很多西方国家形成了鲜明的对照。[②]但是最近五年来，中国报业

[①] 本文原稿为英文，部分内容发表于：Sparks, Colin, Wang, Haiyan, Huang, Yu, Zhao, Yanhua, Lu, Nan, Wang, Dan.（2016）. The impact of digital media on newspapers: Comparing responses in China and the United States. Global Media and China，1（3）186–207. 感谢徐美玲女士为本文进行的翻译。本文为教育部课题"媒介融合趋势下新闻生产的社会学分析"（项目号：16YJA860009）的研究成果之一。

[②] Arnould, V., 2011. Gloom in the West. Boom in the East. WAN/IFRA Magazine, pp. 14–18.

似乎好景不再，下滑的征兆日趋明显，报纸发行量在下降，广告收入也在不断减少。与此同时，技术的发展使得媒体行业的准入门槛降低，基于网络、微博、微信等新型平台的替代性媒体如雨后春笋般涌现，为传统报业带来许多新的竞争者，而政治环境似乎比以往更加复杂，这一切都使人们难免好奇，中国报业的现在和将来会有如何走向。

要回答这个问题，我们来看看发达国家的报业发展经历也许会有所帮助。在本文中，我们将重点回顾美国报业曾经历的"经济危机"，同时兼顾一些欧洲和亚洲国家的经验，包括法国、英国、德国、瑞典、日本和韩国，以此观察中国当下正在发生的媒体转型，旨在表明中国报业目前面临的问题在很多发达国家都曾经历过，一些典型性特征，虽然表现不尽相同，但也有很大程度的相似性。

二、美国报业的危机

虽然在许多年里，报业在美国一直是最赚钱的行业之一，但众所周知，它现在正处于发行量下降、广告收益减少的困境中。同时，这些因素也导致了这个行业更深层次的危机，而且目前并无有效的方法能够解决它。许多学者都从不同的角度对这个危机进行了探讨。[1]

从发展趋势上来看，从"二战"结束到20世纪80年代中期，美国报纸的发行量一直在增加。但在此期间，美国成人读报人数的比例却在持续下降[2]。美国报纸的日销售量在1987年达到顶峰，从那之后至今，下降了将近40%。值得注意的是，在这一衰退过程的开始阶段，即20世纪80年代末，互联网还只是一个小众的科学工具，图形浏览器还没被发明，在线新闻还没出现。所

---

[1] Meyer, P., 2004. The Vanishing Newspaper: Saving Journalism in the Information Age. Columbia: University of Missouri Press; Downie, L. & Schudson, M., 2009. The Reconstruction of American Journalism, New York: Columbia Journalism Review; Chyi, I., 2015. Trial and Error: U.S. Newspapers' Digital Struggles toward Inferiority. Pamplona, Navarre: University of Navarre.

[2] Bogart, L., 1989. Press and Public. Second ed. Hillsdale, NJ: Lawrence Erlbaum Associates, p.16; McChesney, R. & Nichols, J., 2010. The Death and Life of American Journalism: The Media Revolution that will Begin the World Again. Nation Books: Philadelphia, PA, p. 257.

以从这个意义上说,美国报业的衰退并不能归咎于互联网的影响。它其实源于一个更深层的问题:在美国,报纸作为一种文化形式,人们对其兴趣正在下降。

而且,从美国的经历来看,发行量的降低并不意味着马上就会造成报业的"经济危机"。在一个垄断型的市场中,报纸完全可以通过抬高价格来抵消发行量减少带来的损失,从而创造更高的总收入。①情况也确实如此,在2007年至2013年期间,美国报纸的总体日均发行量虽然减少14%还多,但是其所获得的收益却比同期有略微的增长②,这很大一部分原因源于发行价格的提升。

对于美国报业来说,引起危机的真正原因是广告收益的减少。数据显示,美国报业总体广告收入在2005年时达到顶峰,到2013年,减少超过了50%。2005年,广告收入占报业整体收入的82%,到2013年,这个比例就只剩下62%。当然,一定程度上这种衰退可以归咎于周期性因素③,比如2008年发生金融危机,次年(2009年)美国报业的收入就同比下降27%之多。④但即便如此,有学者预测,就算经济形势开始回暖,整体的广告收益再次上涨,也不能保证广告收入重新在报业收入中占据同样的比例。⑤

收益的下降迫使报业采取措施,美国报业主要通过两种方式来应对:降低成本和寻找新的收入来源。

---

① Picard, R., 2010. A Business perspective on challenges facing journalism. In: D. Levy & R. K. Nielsen, eds. The Changing Business of Journalism and its Implications for Democracy. Oxford: Reuters Institute for the Study of Journalism, pp. 17-24.
② Newspaper Association of America, 2015. Newspaper Circulation Volume. [Online] Available at: http://www.naa.org/Trends-and-Numbers/Circulation-Volume/Newspaper-Circulation-Volume.aspx [Accessed 22 09 2015].
③ Nielsen, R. K. & Levy, D., 2010. The changning business of journalism and its implications for democracy. In: D. Levy & R. K. Nielsen, eds. The Changing Business of Journalism and its Implications for Democracy. Oxford: Reuters Institute for the Study of Journalism, pp. 3-15.
④ Newspaper Association of America, 2014. Newspaper Revenue. [Online] Available at: http://www.naa.org/Trends-and-Numbers/Newspaper-Revenue.aspx [Accessed 22 September 2015].
⑤ Picard, R., 2010. A Business perspective on challenges facing journalism. In: D. Levy & R. K. Nielsen, eds. The Changing Business of Journalism and its Implications for Democracy. Oxford: Reuters Institute for the Study of Journalism, pp. 17-24, p. 20.

报业一向是擅长企业创新的机构①，而互联网在降低成本上的可能为报业再一次创新提供了机会。从20世纪90年代中期开始，美国纸媒就开始了在线发行的尝试，时间上要远早于报业收益出现全面性下滑的时间。②不过，在线发行并不能解决收益的问题，纸质版本的印刷和销售无法停止。这是因为纸版仍旧是这些报业机构广告收入的最主要来源。美国的地方报业以前在各自所在的市州几乎都是广告市场的垄断者，但互联网的出现使得这一垄断难以维持。广告业在向互联网转移，尤其是向Google这样的搜索引擎类媒体的转移③，造成报业广告收益的大幅下降。在2005至2014年间，从绝对值来看，美国纸媒的广告收入下降了280多亿美元。虽然同期其线上出版的广告有所增加，但上涨仅有23亿美元④，远远不抵总体下降留下的亏空，而印刷的纸版依旧占据了其广告总收益的绝大部分（80%）和营收的几乎全部。这也就是为什么在过去的十年里，即使美国报业通过缩小报纸的尺寸和减少印刷纸张的数量等方式，在降低成本上取得了显著成效，但是纸质报纸的发行仍在坚持。⑤

另一降低成本的方式在缩减人力。在美国，2002年是记者受雇人数最多的一年，统计数据显示，当年从事新闻工作的雇员全国约为56400人。但此后逐渐减少，尤其是在2008年金融危机之后，到2014年，全国记者雇用人数只剩下32900人。也就是说，美国记者的岗位在12年里削减了42%。⑥毋庸置疑，记者数量的减少意味着新闻采集和制作的工作质量急剧下滑。⑦但这还只

---

① Herndon, K., 2012. The Decline of the Daily Newspaper: How an American Institution Lost the Online Revolution. New York: Peter Lang.
② Chyi, I., 2015. Trial and Error: U.S. Newspapers' Digital Struggles toward Inferiority. Pamplona, Navarre: University of Navarre.
③ Olmstead, K. & Lu, K., 2015. Digital News - Revenue: Fact Sheet. [Online] Available at: http://www.journalism.org/2015/04/29/digital-news-revenue-fact-sheet/ [Accessed 22 September 2015].
④ Barthel, M., 2015. Newspapers: Fact Sheet. [Online] Available at: http://www.journalism.org/2015/04/29/newspapers-fact-sheet/ [Accessed 22 September 2015].
⑤ Falzone, J., 2015. The power of print still prevails. Editor & Publisher, April, 148（4）, pp. 32-36.
⑥ American Society of News Editors, 2015. Table A - Minority employment in daily newspapers. [Online] Available at: http://asne.org/content.asp?pl=140&sl=129&contentid=129 [Accessed 22 September 2015].
⑦ Downie, L. & Schudson, M., 2009. The Reconstruction of American Journalism, New York: Columbia Journalism Review, p. 17.

是更大规模的劳动力流失的一个截面。另有数据显示，2002年5月，美国报纸出版业从CEO到保安共有388160人被聘用，到2014年5月，只剩下207430人，减员将近47%。同时，跟美国的整体情况一样，报业雇员的平均到手工资也比同期有所下降。①

降低成本的另一面就是增加收益。实践证明在线订阅很难获取收益，因为"没有证据表明大多数消费者会付费订阅商品化的新闻，因为这些新闻在其他地方可以免费看到"②。尽管半数左右的美国报纸都对其部分在线内容进行收费，但这些费用通常与纸质版本的订阅相捆绑。虽然这样也促进了订阅收入的增长，但对大多数报社而言，这也限制了其线上发行战略的成功。③正像很多人认识到的，一个令人不安的事实是："新闻永远不可能成为独立存在的商品，因为它对其他事物产生的价值而永远都被附着着利益。"④

于是，美国报业只好寻找新的收益来源来维持新闻生产。常用的方式有：利用报社的商标名称，涉足一些与新闻不太相关的行业（如房地产投资）、盘活闲置的印刷资源等。⑤数据显示，2014年，通过这些新项目获得的收益占据了报业总收益的8%⑥。

另一种方式是刊登"原生广告"（native advertising）以获得收入。⑦《纽

---

① Bureau of Labour Statistics, 2014. Occupational Employment Statistics. [Online] Available at: http://www.bls.gov/oes/current/naics5_511110.htm [Accessed 22 September 2015].

② Kaye, J. & Quinn, S., 2010. Funding Journalism in the Digital Age. Business Models, Strategies, Issues and Trends. New York, NY: Peter Lang, p. 177.

③ Doctor, K., 2014. Nieman Labs: The newsonomics of newspapers' slipping digital performance. [Online] Available at: http://www.niemanlab.org/2014/04/the-newsonomics-of-newspapers-mediocre-middle/ [Accessed 27 September 2015].

④ Picard, R., 2010. A Business perspective on challenges facing journalism. In: D. Levy & R. K. Nielsen, eds. The Changing Business of Journalism and its Implications for Democracy. Oxford: Reuters Institute for the Study of Journalism, pp. 17-24, p. 18.

⑤ Uberti, D., 2015. Why the sale of old newspaper buildings isn't all bad. [Online] Available at: http://www.cjr.org/analysis/why_the_sale_of_old_newspaper_buildings_isnt_all_bad.php [Accessed 29 September 2015]; van der Wurff, R., 2012. The economics of online journalism. In: E. Siapera & A. Veglis, eds. The Handbook of Global Online Journalism. Chichester, Sussex: John Wiley and Sons Inc., pp. 231-50.

⑥ Newspaper Association of America, 2015. Newspaper Circulation Volume. [Online] Available at: http://www.naa.org/Trends-and-Numbers/Circulation-Volume/Newspaper-Circulation-Volume.asp [Accessed 22 09 2015].

⑦ Benson, J., 2014. Nieman Lab: Like it or not, native advertising is squarely inside the big news tent. [Online] Available at: http://www.niemanlab.org/2014/09/like-it-or-not-native-advertising-is-squarely-inside-the-big-news-tent/ [Accessed 27 September 2015].

约时报》是一个非常好的例子,尽管制作"原生广告"类内容的员工和编辑团队之间有着明显的区分(因为如果界限模糊,很容易导致"付费新闻"的嫌疑和责难),但是这类广告的制作部门现在越来越成为这家报纸不可或缺的部分。有证据表明,跟《纽约时报》这样的大报业品牌合作,购买其版面空间刊登看起来与新闻非常相似的"原生广告",对广告商来说常常意味着极好的宣传效果,所以双方似乎都很满意这样的合作方式。不过,由于"原生广告"的争议性,其使用范围并不大,通过这种方式产生的受益仍然只占据美国报业总收入很小的一个部分。①

第三种新收入来源是将新闻素材和广告捆绑打包,一起融入新环境中,尤其是本土的互联网环境中。当下读者的注意力已经越来越明显地在向如Google和Facebook这样的在线供应商转移,使其成为读者获取新闻的一种越来越重要的途径。但是,这些在线供应商经常面临着由于未获得原创新闻机构的版权许可就使用其出版内容的诉讼,甚至被索要高额赔偿,这种情况在欧洲尤甚。②为了避免侵权诉讼,像Facebook这样的公司于是愿意与媒体机构达成协议,在将其生产的原创新闻内容加载到Facebook的页面环境中的同时,也允许这些新闻机构放置自己的广告。③

但是,尽管使用了各种各样开掘新收益来源的方式,美国的报业机构要

---

① Sebastian, M., 2015. Native Ads Were `Inside' 10% of Digital at The New York Times Last Year. [Online] Available at: http://adage.com/article/media/york-times-sold-18-2-million-worth-native-ads/296966/
[Accessed 27 September 2015]; Wegert, T., 2015. Why The New York Time's Sponsored Content is Going Toe-to-Toe with its Editorial. [Online] Available at: http://contently.com/strategist/2015/03/27/why-the-new-york-times-sponsored-content-is-going-toe-to-toe-with-its-editorial/ [Accessed 27 September 2015].

② Schechner, S. & Landauro, I., 2013. Google settles dispute with French newspapers. [Online] Available at: http://www.wsj.com/articles/SB10001424127887324610504578278222048811706 [Accessed 29 September 2015]; Chappell, B., 2015. Google announces partnership with newspapers in Europe. [Online] Available at: http://www.npr.org/sections/thetwo-way/2015/04/28/402787651/google-announces-partnership-with-newspapers-in-europe [Accessed 29 September 2015].

③ Somaiya, R., 2015. A firing at The Los Angeles Times focuses discontent. [Online] Available at: http://www.nytimes.com/2015/09/21/business/media/firing-at-los-angeles-times-focuses-discontent.html?emc=eta1 [Accessed 30 September 2015]; Griffin, A., 2015. Facebook instant articles: first stories appear in news feed from newspapers including the New York times. [Online] Available at: http://www.independent.co.uk/news/media/facebook-instant-articles-first-stories-appear-in-news-feed-from-newspapers-including-the-new-york-10246960.html [Accessed 29 September 2015]; Sweney, M., 2015. Dow Jones chief's tech warning on news undermined by `cats on skateboards'. [Online] Available at: http://www.theguardian.com/media/2015/jun/25/dow-jones-chiefs-tech-warning-on-news-undermined-by-cats-on-skateboards [Accessed 29 September 2015].

想获得像以往那样充足的资金来维持新闻的制作已经显得越来越难了。慈善基金或其他社会资金的介入,虽然可能,但是目前并无规范,而获得政府的补助也因为美国政治形势的变化变得困难重重。①在这样的情况下,另一种正在兴起的方式就是富人公开收购报社。杰夫·贝佐斯收购《华盛顿邮报》就是最著名的一个例子,《波士顿环球报》则是另一个案例,并且据传,《洛杉矶时报》也将很快面临被收购的命运。②

三、其他六国的情况

显然,美国并不是世界的全部。那么,其他国家的状况如何呢?我们也对四个欧洲国家(法国、英国、德国、瑞典)和两个亚洲国家(日本和韩国)进行了考察,以试图了解这一趋势在多大程度上具有普遍性。

总体而言,各个国家的数据都显示了报纸发行量的持续下跌,虽然免费报纸可能除外。在法国,付费报纸的发行量从2000年的842.3万份下降到2011年的604.7万份,减少了237.6万份,下降比例达28%。③英国"全国性"日报的发行量多年里一直在大幅下降,新世纪以来下降速度更是加快,日发行量从2001年的1206万份跌至2014年的689万份,减少了517万份,降幅达43%。④地方报纸也面临同样的问题,而且形势更加严峻。⑤在德国,官方数据显示,

---

① Nordenson, B., 2007. The Uncle Sam solution. Can the government help the press? Should it?. [Online] Available at: http://www.cjr.org/feature/the_uncle_sam_solution.php [Accessed 30 September 2015]; McChesney, R. & Nichols, J., 2010. The Death and Life of American Journalism: The Media Revolution that will Begin the World Again. Nation Books: Philadelphia, PA, pp. 157-212.

② Meyer, M., 2014. Brick by brick. [Online] Available at: http://www.cjr.org/cover_story/washington_post_jeff_bezos.php [Accessed 30 September 2015]; Somaiya, R., 2015. A firing at The Los Angeles Times focuses discontent. [Online] Available at: http://www.nytimes.com/2015/09/21/business/media/firing-at-los-angeles-times-focuses-discontent.html?emc=eta1 [Accessed 30 September 2015].

③ Newspaper Innovation, 2012. French newspaper see rising circulation [sic]. [Online] Available at: http://www.newspaperinnovation.com/index.php/2012/06/25/french-newspaper-see-rising-circulation/ [Accessed 4 October 2015].

④ Taylor, H., 2014. Newspaper circulation: How far it's fallen and how far it's got to fall [sic]. [Online] Available at: http://www.themediabriefing.com/article/newspaper-circulation-decline-2001-2014-prediction-5-years [Accessed 4 October 2015].

⑤ Communic@tions Management Inc, 2014. Daily Newspaper Circulation Trends 2000-2013: Canada, United States, United Kingdom, Winnipeg: Communic@tions Management Inc.

报纸的日销量在2003年时为2876万份,而到2012年,只有2280万份,减少了596万份,下降了约21%。①在瑞典,2000年至2013年期间,日报发行量从408.9万份减少到304.1万份,减少了104.8万份,下降约26%。②在日本,2000年至2014年期间,日报发行量也从5370万份下降到4540万份,减少了830万份,下降了15%。③韩国暂时没有直接对比的数据,但是成人阅读报纸的比例从2002年的82.1%减少到了2014年的30.7%。④而在2009年到2012年这个更短的期间里,付费报纸的发行量下降了14.5%。⑤所有的这些例子都表明,日常付费报纸的发行量的下降在世界上很多国家都已经是不争的事实。

营收方面,为了统一起见,我们只使用广告收入作为数据源。⑥以法国为例,我们从2002年开始分析,这样就避免了因当年元旦发行的欧元所带来的货币因素的问题。用定值的欧元作为衡量标准,2002年法国报纸广告收入占总收入的25.5%。从那之后一直到2007年,总体支出都在增加,而报纸广告收入保持平稳,占总收益的23%。2008年广告收入剧烈下滑,到2014年,报纸广告收入占总收入的比例只有14%。德国的趋势与法国几乎完全相同:2002年,报纸广告收入占总收入的44%;到2007年,只占到36%;到了2014年,则只有27%。在瑞典,按定值的瑞典克朗计算,2002年报纸广告收入占到总收入的53%,2007年时跌到了46%,2014年只剩下22%。在英国,按定值的

---

① Bundesverband Deutscher Zeitungverleger e.V., 2003. 2003 report on the situation of newspapers in Germany. [Online] Available at: http://www.bdzv.de/maerkte-und-daten/wirtschaftliche-lage/artikel/detail/2003_report_on_the_situation_of_newspapers_in_germany/ [Accessed 4 October 2015]; Pasquay, A., 2012. The economic situation of newspapers in Germany 2012. [Online] Available at: http://www.bdzv.de/maerkte-und-daten/wirtschaftliche-lage/artikel/detail/the_economic_situation_of_newspapers_in_germany_2012/ [Accessed 4 October 2015].
② TU, 2015. Svenska mediehus 2014/15. Fakta om marknad och medier. [Online] Available at: http://dagspress.se/images/stories/Svenska_Mediehus_2014_2015.pdf [Accessed 4 October 2015].
③ Nihon Shinbun Kyokai, 2014. Facts and figures about Japanese newspapers: Circulation and households (set paper counted as one copy). [Online] Available at: http://www.pressnet.or.jp/english/data/circulation/circulation01.php [Accessed 4 October 2015].
④ Korea Press Foundation, 2014. The Korea Press 2014 Yearbook, Seoul: Korea Press Foundation, p. 65.
⑤ WAN/IFRA, 2014. World Press Trends Database: Korea, South 2013. [Online] Available at: http://www.wptdatabase.org.lib-ezproxy.hkbu.edu.hk/reports/2013/korea-south#wpt-report-chapter-3 [Accessed 18 October 2015].
⑥ WARC, 2015. Adspend Table Builder. [Online] Available at: http://www.warc.com.lib-ezproxy.hkbu.edu.hk/Pages/ForecastsAndData/InternationalDataForecast.aspx?Forecast=DatabaseAndCustomTables&isUSD=True [Accessed 22 September 2015].

英镑来算，2002年的数据是40%，2007年是30%，2014年是13%。在两个亚洲国家，情况类似：日本报业2002年报纸广告收入占总收入的26%，2007年为20%，到了2014年只剩14%；韩国作为东亚另一个大型发达经济体，2002年时的数据是48%，2007年为40%，2014年下降到23%。再回过头来看美国的数据：按定值美元计算，2002年是32%，2007年是25%，2014年是10%。

从这些数据我们可以得出这样的结论：虽然我们所研究的国家非常不同，其报业形态和发展也差别较大，但它们都无一例外地面临着发行量减少、广告收入下降的境况，只不过是从不同的日期开始、以不同的速率下降。

在这样的情况下，我们可以说，美国报业经历的变化虽然极端，但也很典型。即使是那些在经营上相对成功的报业市场，比如德国，都在尝试采用类似美国的方式减少成本、重塑新闻产品。①因此我们有理由认为，我们所考虑的问题都具有普遍重要性，至少在发达国家如此。

四、中国的报业发展

中国在很多方面与我们所研究的这些国家不同，比如，城市化程度、政策导向、经济发展等，所以很难直接比较。但这不意味着完全无法形成对照。

要理解中国的报业发展，恐怕先要了解一下中国目前的经济和社会发展的大环境。毫无疑问，中国目前处在一个飞速发展的时期，虽然经济增速已经放缓到7%以下，但依旧比我们研究的任何其他国家都要快。②在经济快速发展的同时，中国的城市化进程也在迅速推进：2000年，36%的中国人口被列为城市居民；2011年增长到51%；2014年为54%。而在我们研究的上述发达国家案例中，最近十几年来，城市化进程大致保持平稳。③同一时期，中国

---

① Brüggemann, M., Esser, F. & Humprecht, E., 2012. The strategic repertoire of publishers in the media crisis. Journalism Studies, 13 (5-6), pp. 742-52.

② World Bank, 2015a. Data: GDP growth (annual %). [Online] Available at: http://data.worldbank.org/indicator/NY.GDP.MKTP.KD.ZG/countries/1W?display=default [Accessed 8 October 2015].

③ World Bank, 2015b. Data: Urban population (% of total). [Online] Available at: http://data.worldbank.org/indicator/SP.URB.TOTL.IN.ZS [Accessed 8 October 2015].

人均国民收入也大幅增长,人均购买力从2000年的2880美元上升至2014年的13130美元。①

城市化进程的推进和持续增长的居民可支配收入,这两点都有助于报纸发行量的上涨。因为随着越来越多的人进城,越来越多的人需要通过读报纸了解新闻,而生活水平的提高意味着人们有了更多可支配收入,一些人可能会选择把钱花在购买报纸上。在过去的十几年里,这样的情况的确在中国真实地发生,根据国家新闻出版广电总局的数据,2004年至2013年期间,中国报纸的总体发行量增加了近20%。②只有到2014年才开始出现下降,报纸的印刷总量在当年下降了约4%。最近的2015年和2016年,这一下降趋势在持续。我们采访的一位编辑认为:现在的报业市场比以前更加成熟了,主要的报纸期刊都已经确定其核心受众,因此获得新的读者群越来越难。③

随着经济的一体化进程,中国广告业总体发展很快,这与我们上述研究的一些国家中该行业整体下滑不同。相关数据显示,2001年至2014年间,中国广告业增长超过500%。其中,报纸广告也增长迅速,尽管速度远远落后于行业整体水平:2001年至2011年间,中国报纸广告增长超过了120%;不过,在2011年达到顶峰后,到2014年下降了约37%,大约回到了2004年的水平。

报纸发行量和广告收入的下降都发生在距今非常短的时间内。相关数据显示,2011年和2013年分别是中国报纸广告和发行量的最高峰值年,从那以后,两个数据都在下降。我们无法判断这是构成了一个真正的转折点还是仅是短期的中断趋势,因为在持续加快的城市化进程和持续提高的居民生活水平等抵消因素意味着报纸发行量可能会恢复增长。

当然,以上所说是中国报业的总体数据,鉴于中国报业内部的巨大差异性,单从总体数据来看可能会有些误导。以美国为例,从20世纪80年代末开始,美国报纸的发行总量开始下降,但实际上晨报的发行量在2004年之前一直是保持着上升趋势的,总体数据的下降主要是由于晚报发行市场的崩

---

① World Bank, 2015c. GNI per capita, PPP (at current international $). [Online] Available at: http://data.worldbank.org/indicator/NY.GNP.PCAP.PP.CD [Accessed 8 October 2015].
② 国家新闻出版广电总局:《中国新闻出版统计资料汇编》,2005—2015年,中国书籍出版社。
③ 访谈对象1,编辑,《深圳特区报》,2015年10月16日访谈。

溃。同样的市场情况在中国也存在。2011年至2013年间，在中国报纸的发行总量在上升时，很多地区市场其实已经萎缩了，其中最严重的是在经济发达的地区。比如，在省级大城市中，北京的报纸发行量下降22.7%，上海下降17.1%，天津下降9.9%，重庆下降1.5%。在一些沿海省份，仅有少部分地区的报纸发行量取得小幅上升，而在山东（↓8.1%）、广东（↓4.8%）、浙江（↓3.6%）都有显著下降。此外，不同级别的报纸发行量的涨跌趋势也有所不同。同样在2011年至2013年间，中央级报纸的发行量增加了16%，而各省、市、自治区的报纸发行量却在下跌，尽管只下跌了0.5%左右。而从报纸性质的角度而言，党报的状况普遍较好，近年来的发行甚至有小幅上升，下跌的主要是市场化报纸，在2011年至2014年间，发行量普遍大幅度下降。例如，上海的《新民晚报》，年总发行量从3.58亿份降至2.57亿份，下降了28%，相比之下，《人民日报》的发行量同比增长了23%。[1]

从已有的数据中，我们难以判断广告收入是否也存在类似的差异。我们也无法确定广告收入和发行收入在总收益中的占比情况，但很可能前者占据了迄今为止最大的比例。根据已有的证据，我们可以肯定地说：在经历长期的迅速扩张后，中国报业至少在短期内将面临经济收入下降的状况。我们也可以说：在沿海发达省份，和其报纸发行量出现大幅下降的情况一样，其广告也受到了严重的冲击。比如，有数据显示，在上海，报纸广告收入在2009年达到顶峰，2011年下降了19.6%。[2]

如今，中国大多数城市的报业市场格局是这样的：同一座城市，有国家级、省级、市级报刊，有党报、商业报刊互相竞争。例如，在北京，2014年每周至少出版四次的报纸共有8份，天津也有8份，上海有14份，重庆有7份。一些省份的报纸数量更高，排名前五的分别是广东（43份）、浙江（40份）、江苏（37份）、山东（35份）、四川（29份）。[3]这一竞争激烈的市场格局，是中国媒体市场化改革的产物，形成时间仅三十年，而在美国，同

---

[1] 国家新闻出版广电总局：《中国新闻出版统计资料汇编》，2005—2015年，中国书籍出版社。
[2] 喻国明：《中国传媒发展指数报告》，2010—2014年，人民日报出版社。
[3] 国家新闻出版广电总局：《中国新闻出版统计资料汇编》，2005—2015年，中国书籍出版社。

样的竞争格局，大约耗时一个世纪才建立起来。美国报纸采取的一些成本削减策略，例如，报纸合并、所有权集中以便形成新闻生产的规模效应，在中国由于政策的限制难以实现。最近一个罕见的整合例子是上海两个主要的新闻集团——解放日报报业集团和文汇新民联合报业集团，合并为上海报业集团。虽然这可能是出于节约成本的经济考虑，但它发生的前提条件是这两家集团都直接归辖于同一个宣传部门。

另外，相比于我们研究的其他国家的案例，中国报业从国家和地方政府获得补贴的难度相对较小。报业补贴制度在媒体的市场化改革中曾经一度终止，但是如今大部分党报机构又开始重新获得政府补贴。与此同时，国家也拿出数额巨大的资金，支持报业机构的新媒体转型和融合发展。如此力度的政府资助对很多国家的报业都是难以想象的。

除了接受国家对数字化转型的资助，中国的报业机构也实施了一些和西方报业相同的成本削减措施。比如裁员：2014年中国的新闻出版机构的就业总人数是245900人，相比2013年，这个数字减少了6.54%。[1]或者，减少纸张的消耗：早在十年前，中国很多报纸就开始采用"窄报"的板式，以最大限度地减少新闻用纸的浪费。其他的做法还有，压缩办公空间、拿出部分用于出租，或者将办公地点从黄金地段搬到相对偏僻廉价的地段，原址整体出租。此外，报业机构积极拓展主营业务之外的"副业"，利用报纸的品牌，进军超市、房地产开发、旅游、酒店、游戏等产业，以为报社的发展提供新的收入来源。[2]

这些证据表明，中国报业和西方报业面临着相同的挑战：报纸发行量降低，广告在向互联网转移，报纸整体营收下降。只不过，和我们研究的其他国家的案例相比，中国这一情况在发生时间上要滞后很多，是最近才发生的，而在很多西方国家，这种状况已经存在了几十年。

---

[1] 国家新闻出版广电总局：《中国新闻出版统计资料汇编》，2005—2015年，中国书籍出版社。
[2] 访谈对象1，编辑，《深圳特区报》，2015年10月16日访谈；访谈对象2，编辑，《南方日报》，2015年9月12日访谈；访谈对象3，编辑，《贵州地铁报》，2015年11月3日访谈。

五、结论

毋庸置疑,在发达国家,互联网和其他数字技术的普及引发了纸媒的重大危机,在一些国家,尤其是美国和英国,报纸已经失去读者很多年了,而即使在前些年一直处于增长通道的国家里,随着读者向互联网平台的转移,报纸读者的数量也在明确下降。同时,互联网广告不断增长,而报纸广告却在下滑。虽然问题程度和持续时间因国家而异,但这些现象在美国、欧洲、东亚都普遍存在。经济问题导致了传统纸媒中新闻记者人数的减少,而新兴的、低成本的、包含各种"类新闻"素材的网站蓬勃发展,提供替代性新闻、评论的公民记者群体日益壮大。这意味着记者不得不更加直视受众的需求和喜好,据此调整新闻策略,同时采取手段更为清晰地界定自己的职业界限。

本文提供的证据表明,类似的压力在中国也存在。中国媒体当然在很多方面与西方媒体不同,因此发生的模式和表现也不尽相同。首先,中国经济的增长速度远快于我们研究的任何一个其他国家,并且,中国的经济增长伴随着城市化进程的加快和生活水平的提高。这些条件都有利于报纸读者群的增加。这些情况也确实在中国发生了。同时,其他国家的总广告支出保持稳定或在萎缩,但在中国,广告市场总额正迅速增长。直到2011年,中国报纸广告收入还在上升,下滑只是2011年后的事情,比其他国家都要晚,因此这一趋势是否将持久发生还不好判断。

面对新压力,中国报业正在采取大量的与西方媒体相类似的措施,比如,努力试图通过降低印刷成本、减少员工数量、从黄金地段转移到更廉价的地方办公等方式来削减生产成本。但与西方国家相比,中国报社的收入来源更加多样化。至少在短期内,一些在西方成功实施的方法在中国并不可行。其中最重要的是中国媒体面临着不同的政策环境,这意味着中国媒体比其他国家的媒体更容易获得政府补贴。

与其他国家相比,中国纸媒面对的来自网络的直接竞争对手比较少,并且有一些报纸已经能够通过出售他们的原始新闻内容到非新闻类网站以提高收入,而在很多西方国家,同样的方式比较困难。但中国记者也面临着很多与西方媒体记者同样的压力。比如,人们能够在网络上看到很多传统媒体上无法提供的内容,这使得传统媒体在新闻的定义权和话语的主导权上遇上了强劲的竞争对手。不过,至少到目前为止,中国报业和中国记者面临的来自互联网的经济压力远远不及其西方同行。虽然有迹象表明,这些压力正在出现。而且,由于运行在中国这样独特的经济和政策环境中,中国报业的未来发展趋势也不大可能复制西方发达国家的模式。

(科林·斯巴克斯为香港浸会大学传理学院讲座教授;王海燕为中山大学传播与设计学院副教授)

在开放与保守策略间游移:"不确定性"逻辑下的新闻创新

——对三家新闻组织采纳数据新闻的研究

李艳红

【内容提要】

将数据新闻视为一种新闻创新,将组织视为新闻创新的关键主体,采用中观的组织视角,该文对新闻组织采纳和发展这一具有创新意涵的新闻实践的过程进行社会学和现象学的考察。通过对较早采纳数据新闻的三家组织进行考察,发现处于这一时期的三家新闻组织对创新采取了一种既开放又保守的貌似矛盾的策略。对这一看似矛盾的策略进行了深入描述,发现对"不确定性"的感知和管理是理解新闻组织采纳创新之双重表现的主要逻辑。三家新闻组织对数据新闻创新的采纳并不能用单一的理论观点来解释,它部分支持了理性主义观点,同时部分支持了制度同型理论,创新采纳是一个曲折的试错过程,其未来的发展更可能会支持结果(效益)驱动理论。

【关键词】

数据新闻、新闻创新、不确定性、制度同型

新闻业传统上被认为"钝于变迁"。在创新和变革面前,由于新闻组织特有的二元、由总编辑和发行人相互制衡的管理结构、①现代新闻组织独特的、尊重自主的个体主义工作文化②以及新闻生产繁忙的工作节奏③等原因，新闻组织的管理者往往比一般的产业组织更为迟缓，很少积极地从创业文化中采纳管理要素。

但是在本世纪以来新媒体浪潮的冲击中，越来越多的媒体开始有不少改变，即便不是"敏于变迁"，也开始"被动地"卷入并着手一系列的创新项目。这包括，生产在线新闻，采用互动技术和多媒体技术进行报道，开发社交媒体平台或者功能性使用既有的社交媒体平台等④内容创新的项目，也包括培育在线社区，在移动媒体平台上发行和售卖新闻应用，通过收费墙来限制和保护内容等商业上的创新等。⑤更新的尝试则包括VR新闻、机器人撰写新闻和新闻游戏等新一代的创新技术。

数据新闻是新闻业在这一浪潮中所着手的创新项目的一个。作为一种创新的新闻形态，数据新闻是以数据为材料、以数据分析为材料提炼和事实验证手段、以视觉化的图标形式来呈现的新兴报道形态。尽管它不必然与数字科技相关，但是数字化科技却为其创新和发展提供了巨大潜能，例如，为数据的挖掘、分析以及视觉化提供了新兴的工具，更重要的是，数字科技更为其发展提供了一个新的更具创新潜力的表达平台。因此，本世纪以来，数据

---

① Achtenhagen, L. & Raviola, E. , "Balancing Tensions during Convergence: Duality Management in a Newspaper Company," *International Journal on Media Management*, vol. 11, no. 1, 2009, pp. 32–41.

② Gaziano, C. & Coulson, D. C. , "Effect of Newsroom Management Styles on Journalism: A Case Study," *Journalism Quarterly*, vol. 65, no. 4, 1988, pp. 869-880.

③ Meyer, P. , *The Vanishing Newspaper: Saving Journalism in the Information Age, Columbia*, SC: University of Missouri Press, 2009.

④ Gade, P. J. , "Newspapers and Organizational Development: Management and Journalist Perceptions of Newsroom Cultural Change," *Journalism and Communication*, vol. 6, no. 1, 2004, pp. 3-55. García, E. P. , "Print and Online Newsrooms in Argentinean Media: Autonomy and Professional Identity," in Paterson, C. A. & Domingo, D. , eds. , *Making Online News: The Ethnography of New Media Production*, New York, NY: Peter Lang, 2008.Domingo, D. , "Interactivity in the Daily Routines of Online Newsrooms: Dealing with an Uncomfortable Myth," *Journal of Computer Mediated Communication*, vol. 13, no. 3, 2008, pp. 680–704.Boczkowski, P. J. , "The Processes of Adopting Multimedia and Interactivity in Three Online Newsrooms," *Journal of Communication*, vol. 54, no. 2, 2004, pp. 197–213.

⑤ Kaye, J. & Quinn, S. , *Funding Journalism in the Digital Age: Business Models, Strategies, Issues and Trends*, New York, NY: Peter Lang, 2010.Schudson, M. , "News in Crisis in the United States: Panic–and Beyond," in Nielsen, R. K. & Levy, D. A. , eds. , *The Changing Business of Journalism and its Implications for Democracy*, New York, NY: Oxford University Press, 2010.Pickard, V. & Williams, A. T. , "Salvation or Folly? The Promises and Perils of Digital Paywalls," *Digital Journalism*, vol. 2, no. 2, 2014, pp. 195-213.

新闻构成了今天全球范围内在数字化浪潮中诸多新闻组织的创新尝试。本文希望对中国新闻组织采纳和发展数据新闻这一具有创新意涵之新闻实践的过程进行社会学和现象学的考察，以理解今天新闻组织正在经历的创新过程的一般性逻辑。

一、新闻业如何与技术互动：数字时代的新闻创新研究

梳理新闻业历史会发现，自新闻业产生以来，新闻记者所运用的新闻形态、采访方法、写作技巧以及观念形态并非一成不变，而是一直在经历变迁。体现客观性的体裁和实践形式得到不断丰富和演化。[1]但是，直到21世纪以来，随着数字媒体技术的发展，新闻创新才被置放到科技变迁的背景下进行讨论。今天有关新闻创新的学术讨论与新闻业的数字化潮流密切相关，其所关注的主要问题就是新闻实践对新兴的数字科技进行应用和结合的过程。因此，关于新闻与数字科技的互动，是近20年来有关新闻创新的主要主题，也构成了当代新闻业研究的重要主题。

技术的发明似乎为人们想象新闻业的未来提供了无尽的资源。对此，部分学者采取一种简单而乐观的立场，他们将互联网技术作为一个创新的外在变量，认为它为新闻业的创新开辟了无限可能。[2]正如任何新兴技术的诞生总是会被种种关于它们的神话所环绕，[3]有人甚至将互联网技术的兴起称为一场革命，宣称今天的新闻编辑室正在经历一场创新革命，将带来一种全新的新闻业。[4]这种后来被称为"技术中心论"或"科技决定论"的看法[5]让业界对

---

[1] Fink, Z. & Schudson, M., "The Rise of Contextual Journalism:1950s-2000s," *Journalism*, vol. 15, no. 1, 2014, pp. 3–20.〔美〕赫伯特.阿特休尔：《权力的媒介：新闻媒介在人类事务中的作用》，黄煜、裘志康译，北京：华夏出版社，1989年。

[2] Pavlik, J., "The Impact of Technology on Journalism," *Journalism Studies*, vol. 1, no. 1, 2000, pp. 229–237.

[3] Mosco, V., *The Digital Sublime: Myth, Power, and Cyberspace*, Cambridge, MA: MIT Press, 2004.

[4] Hardt, H., "The End of Journalism: Media and Newswork in the United States," *Javnost/The Public*, vol. 3, no. 3, 1996, pp. 21-41.

[5] Boczkowski, P. J., *Digitizing the News: Innovation in Online Newspapers*, Cambridge, MA: MIT Press, 2005.

技术带来的前景充满憧憬和热情,甚至一度构成了许多学术研究的前提。

但是,这种看法在部分学者所从事的越来越多的实证观察中被证明不符合实际。学者们发现,创新科技所开发的潜能并未得以充分实现,技术的愿景也并未成为现实,科技所激发的对于新闻业的迷人想象并没有很快到来。这促使了更多学者进入新闻编辑室,去探讨技术究竟如何在新闻编辑室被应用,构成了新一波的新闻生产民族志研究的潮流。他们发现,尽管互联网提供了无限可能,为新闻业的发展打开了巨大的空间,但是它是否以及如何应用于新闻业而成为新闻创新,往往并不取决于技术本身的潜能,而是取决于它与其他社会因素的互动,创新的过程会被诸多社会因素所"驯服"。[①]技术、新闻业与变迁往往相互交织。这恰恰也印证了舒德森(Michael Schudson)在1970年代后期就已经提出的技术与社会相互调适的观点。[②]

在这一波研究潮流当中,存在微观和中观两种研究路径。微观的路径关注的是"在线新闻编辑室(newsroom)"中新闻工作者的日常工作实践,将创新理解为一个嵌入于日常实践当中的变迁的社会过程。例如,查德哈(Kalyani Chadha)和韦尔斯(Rob Wells)研究了美国几家主流报纸的记者对待社交媒体引入新闻编辑室的看法,发现社交媒体的引入一方面为新闻工作带来了便利,但另一方面也带来了张力和冲突;[③]艾克黛尔(Brian Ekdale)等则通过研究技术专家群体与采编和管理群体这几个参与创新的不同主体之间的互动,探讨了技术专家在新闻组织进行与新技术关联的创新实践(发展博客)中扮演的角色。[④]有学者则试图在此基础上进行理论的整合,例如,韦斯

[①] Domingo, D., "Interactivity in the Daily Routines of Online Newsrooms: Dealing with an Uncomfortable Myth," *Journal of Computer Mediated Communication*, vol. 13, no. 3, 2008, pp. 680–704. O'Sullivan, J., "Delivering Ireland: Journalism's Search for a Role Online," *Gazette*, vol. 67, no. 1, 2005, pp. 45-68. Jankowski, N. W. & Van Selm, M., "Traditional News Media Online: an Examination of Added Values," *Communications*, vol. 25, no. 1, 2000, pp. 85-102. Quandt, T., "(No) News on the World Wide Web?," *Journalism Studies*, vol. 9, no. 5, 2008, pp. 717-738.

[②] Schudson, M., *Discovering the News*, New York, NY: Basic Books, 1978.

[③] Chadha, K. & Wells, R., "Journalistic Responses to Technological Innovation in Newsrooms: An Exploratory Study of Twitter Use," *Digital Journalism*, vol. 4, no. 8, 2016, pp. 1020-1035.

[④] Ekdale, B., Singer, J., Tully, M. & Harmsen, S., "Making Change: Diffusion of Technological, Relational, and Cultural Innovation in the Newsroom," *Journalism & Mass Communication Quarterly*, vol. 92, no. 4, 2015, pp. 938-958.

(Amy Schmitz Weiss)和多明戈(David Domingo)通过引入相关社会理论，提出了两个不同但是相互补充的理论框架——"行动者网络(Actor-network theory)"理论和"实践社区"(communities of practice theory)的理论，用于理解在线媒体的创新过程。[1]

在微观路径之外，部分学者则将目光聚焦于组织，将新闻组织本身视为形塑和影响创新的主体，考察组织这一中介因素如何影响新闻创新的过程。他们认为，组织的需要、组织所持的专业主义规范、编辑部文化、主控风格以及更广的制度因素如一个社会对于新闻角色的认知以及专业动机等都构成了影响一个组织如何采纳创新的因素。[2]例如，博奇科夫斯基(Pablo J. Boczkowski)研究了三家美国在线报纸对于互动性和多媒体性这两个新媒体属性的采纳情况，发现不同组织之间，由于各自所拥有的新闻专业文化的程度、对用户的看法以及数字媒体部门与主媒体之间的结构性关系上的差异，最后导致了三家新闻组织在对新媒体科技的互动性和多媒体性之采纳上表现迥异。[3] 在一个关于新闻媒体的创业计划如何重构数字采编室的研究中，博伊尔斯(Jan Lauren Boyles)则发现，新的创业计划会在与新闻组织的领导力和组织文化这两个因素相遇时产生张力，而新闻组织的官僚性质会使得内部创业单位所形成的观念总是被隔离在更大的新闻组织的血液之外，不能进入新闻组织的血液循环。[4] 劳里(Wilson Lowrey)考察了多家新闻组织所创办之新闻网站的创新表现，并试图解释创新何以不足。他发现，新闻组织的决策者对于不确定性的感知会决定和影响到它们对于强的制度性关系或是弱的

---

[1] Weiss, A.S. & Domingo, D., "Innovation Processes in Online Newsrooms as Actor-networks and Communities of Practice," *New media & society,* vol. 12, no. 7, 2010, pp. 1156-1171.

[2] Boczkowski, P. J., "The Processes of Adopting Multimedia and Interactivity in Three Online Newsrooms," *Journal of Communication*, vol. 54, no. 2, 2004, pp. 197–213.Singer, J. B., "The Political j-blogger: 'Normalizing' a New Media Form to Fit Old Norms and Practices," *Journalism*, vol. 6, no. 2, 2005, pp. 173–198.Yates, J., *Control Through Communication*, Baltimore, MD: Johns Hopkins University Press, 1989.Boczkowski, P. J., "Mutual Shaping of Users and Technologies in a National Virtual Community," *Journal of Communication*, vol. 49, no. 2, 1999, pp. 86–108.

[3] Boczkowski, P. J., "The Processes of Adopting Multimedia and Interactivity in Three Online Newsrooms," *Journal of Communication*, vol. 54, no. 2, 2004, pp. 197–213.

[4] Boyles, J. L., "The Isolation of Innovation: Restructuring the Digital Newsroom Through Intrapreneurship," *Digital Journalism*, vol. 4, no. 2, 2015, pp. 229-246.

市场和读者关系的寻求，进而影响到它们的创新水平。①

与这些学者的视角一脉相承，本文将主要采取中观的视角，将新闻组织视为决定和影响创新最重要的主体，来考察当前我国以新闻组织为单位所开展的数据新闻实践。近几年来，数据新闻研究在我国引起了相当大的关注，并形成了一个研究和学术写作的热潮。这些研究为认识和理解数据新闻的现状和未来发展提供了丰富的认识，但似乎呈现出某种观点上的悖论。一方面，学者们从信息透明化运动和开源软件运动等宏观背景，以及从数据新闻本身蕴含的、区别于传统新闻的方法论和叙事方式的差异出发，认为数据新闻具有广阔的前景，代表着新闻业的未来，将为新闻业的范式带来变革；②但另一方面，一些对新闻机构所生产的数据新闻作品的实证分析则表明，在这一创新潮流中涌现的数据新闻作品却往往存在诸多不足，如在选题范围、可视化呈现、叙事能力、专业规范的把握等方面均有局限，创新颇为有限。③本文希望通过引入组织研究的视角为这一看似矛盾的学术观察提供解释。通过将新闻组织纳入，理解其作为采纳创新之关键主体的行为逻辑，这可能更有助于我们理解，创新革命为什么并未能在新闻编辑室如火如荼地展开。

具体而言，本文希望探讨的是：数据新闻这种结合工作方法和表达创新的新兴新闻形态究竟如何被中国处于数字化转型初期的新闻组织采纳和发展？新闻组织如何面对并与这一具有创新意涵和潜力的新闻形态相遇？又如何在他们的组织内部展开其创新实验并将其常规化？进一步，如何为中国新闻组织的表现提供理论解释，对数据新闻的认识如何帮助我们认识一般性的新闻创新的潮流及其可能的未来？

---

① Lowrey, W., "Institutionalism, News Organizations and Innovation," *Journalism Studies*, vol. 12, no. 1, 2011, pp. 64-79.
② 方洁、颜冬：《全球视野下的"数据新闻"：理念与实践》，《国际新闻界》2013年第6期。钱进、周俊：《从出现到扩散：社会实践视角下的数据新闻》，《新闻记者》2015年第2期。史安斌、廖鲽尔：《"数据新闻学"的发展路径与前景》，《新闻与写作》2014年第2期。
③ 方洁、高璐：《数据新闻：一个亟待确立专业规范的领域——基于国内五个数据新闻栏目的定量研究》，《国际新闻界》2015年第12期。李小华、张卉：《纸质媒体数据新闻实践特征及趋势分析——以〈南方都市报〉为例》，《当代传播》2016年第2期。周善：《数据新闻：网站专业生产内容(PGC)的可循之途——四大门户网站的数据新闻实践》，《编辑之友》2014年第8期。

二、作为创新（innovation）的数据新闻

作为一种新闻形态，数据新闻被认为由来已久。本世纪以来逐渐受到国际先驱媒体重视的数据新闻与20世纪60年代出现的精确新闻，以及与90年代以来的计算机辅助新闻报道（computer-aided）均有继承性的关系。[①]不过，今天被国际先驱媒体如英国的《卫报》、美国的《纽约时报》等所实践以及被学界和业界倡导的数据新闻在诸多方面存在突破，这包括，其所使用的数据的量级更大更多，可视化展示形式更多样，尤其是互动式可视化效果成为可能，以及，从文字为主、数据为辅(data for the journalism)或数据与文字相辅相成（data with the journalism）转向数据驱动(data-driven journalism)等。[②]

本文将数据新闻视为一种创新，认为其与传统新闻报道在工作方式上存在如下差异。首先，数据新闻是采集层面的创新。传统的新闻生产被理解为一个近用、观察、选择、过滤、处理和编辑的过程，通过该过程将社会真实转化为新闻真实。[③]围绕这一过程，新闻业并建立起了自己的专业规范，其核心是通过对当事人的采访和交叉验证来还原真实。与这一传统的新闻采集方式不同，数据新闻往往并非通过当事人的述说来获取和描述事实，而是基于对结构化的数据的分析和爬梳，在此基础上来呈现和表达事实。在此，新闻的"原材料"不再是当事人的"叙述"，而是数据，数据构成了数据新闻的来源。[④]

其次，数据新闻是叙事层面的创新。传统新闻的叙事方式往往是对采集

---

① 苏宏元、陈娟：《从计算到数据新闻：计算机辅助报道的起源、发展、现状》，《新闻与传播研究》2014年第10期。Coddington, M., "Clarifying Journalism's Quantitative Turn: A Typology for Evaluating Data Journalism, Computational Journalism, and Computer-assisted Reporting," *Digital Journalism*, vol. 3, no. 3, 2015, pp. 331-348.

② 章戈浩：《作为开放新闻的数据新闻——英国＜卫报＞的数据新闻实践》，《新闻记者》2013年第6期。

③ Domingo, D., "Interactivity in the Daily Routines of Online Newsrooms: Dealing with an Uncomfortable Myth," *Journal of Computer Mediated Communication*, vol. 13, no. 3, 2008, pp. 680–704.

④ Westlund, O., & Lewis, S. C., "Agents of Media Innovations: Actors, Actants, and Audiences," *The Journal of Media Innovations*, vol. 1, no. 2, 2014, pp. 10-35.

来的各种"叙述"或事实文本进行有逻辑的意义关联,进而来完成叙事。数据新闻的主要工作方法则是讲述一个"数据驱动的故事",是通过对社会科学方法,尤其是统计方法和逻辑的运用来实现叙事。①有学者认为,这也导致了叙事的变迁,"对数据的使用使记者的工作核心由追求报道的时效性,向讲述某一事态变化发展背后的真正含义转变"。②

另外,数据新闻也是新闻表达层面的创新。与传统新闻用文字进行表达不同,数据新闻的主要表达工具是图表或其他视觉化的形式,因此,视觉化的表达是其重要面向。借助于可视化,新闻故事更为生动、清晰、可读、让人印象深刻。③

上述与传统新闻报道的差异在数字媒体时代更显示出新的特征。首先,数字科技为数据新闻的发展提供了更丰富的技术工具。计算机科学的发展为挖掘海量数据(采集层面)、清理和分析数据(叙事层面),以及运用可视和互动技术来呈现数据和新闻(表达层面)均提供了丰富的技术工具。此外,数字化的普及,也使得海量数据得以储存,这为数据新闻朝向大数据新闻的发展提供了机会。另外,更重要的是,数字科技的发展促使新闻组织正积极向在线平台"迁移",这就为数据新闻的探索和实践提供了一个更具创造潜力的平台,它不仅能够使得传统应用于纸媒的数据新闻可以在数字平台上有更为生动的视觉效果,而且可能产生与用户的种种交互,进而促进用户在新闻阅读当中的参与、主动性甚至阅读快感,这就为新闻的表达提供了比传统媒体更为广阔的空间。

在今天的创新研究中,尽管关于创新对于组织发展和市场成功的重要性已经得到诸多确认,但是关于什么是创新,却并无标准化的定义。创新可以是一个组织或行业内部的一种行为或文化,也可以是一个过程或一种产品,

---

① Westlund, O., & Lewis, S. C., "Agents of Media Innovations: Actors, Actants, and Audiences," *The Journal of Media Innovations*, vol. 1, no. 2, 2014, pp. 10-35. 李岩、李赛可:《数据新闻:"讲一个好故事"?——数据新闻对传统新闻的继承与变革》,《浙江大学学报》2015年第6期。

② Lorenz, M., "Why Journalists Should Use Data," in J. Gray, L. Chambers & L. Bounegru, eds., *The Data Journalism Handbook: How Journalists Can Use Data to Improve the News*, California: O'Reilly Media, 2012.

③ 李岩、李赛可:《数据新闻:"讲一个好故事"?——数据新闻对传统新闻的继承与变革》,《浙江大学学报》2015年第6期。

或是对其的采纳或传散。在本文中，我们倾向于将创新定义为一个过程，它建立在创新性（innovativeness）的基础上，是组织及其成员支持新观点、新实验以及进行创造的过程，而这一过程将可能为组织带来新的产品、服务或技术过程。①因此，所谓数据新闻创新，就是新闻组织和新闻工作者围绕数据新闻这种形态，发展新的生产实践、应用新的技术工具以及发展新的产品的过程。在这一过程中，新闻的界定可能被拓展了，事实性的确认和展示路径发生了变化，新闻生产的流程和组织均可能发生变化，在此过程中，甚至可能出现"新形态的新闻业"（a new mode of journalism）。

本文选择了三家较早采纳数据新闻的新闻组织作为研究对象，分别是：基于广州、以时政新闻为主导的《南风窗》杂志，基于广州的城市生活日报《南方都市报》（以下简称南都）以及基于北京、正在进行杂志和网站二元发展、以财经新闻为主但是涵盖时政新闻的跨媒体公司财新传媒集团（以下简称财新）。三家新闻组织均处于数字化转型的潮流之中，且均是我国较早开始采纳数据新闻的组织，这是我选择它们作为个案来探究的首要原因。其次，我选择它们还因为它们性质各异，其中，南风窗属于传统杂志媒体，南都属于传统报纸媒体，财新则在发展数据新闻之时已经是一个以网站为主导的、涵盖杂志的跨媒体集团，对这些性质各异之个案的"共性"的研究因而将有助于推论到较为广泛的媒体类型，本文将把重点放在探讨三个不同性质的案例在采纳新闻创新的过程中所呈现出的共同的内在逻辑。从个案研究的方法论原则来看，个案之间的"最大差异"（maximal differences）有助于进行"趋同"的研究，本文所选择的三个案例一定程度符合这一原则，但尚未达到理想境界，即，它们之间尽管存在差异，但差异并非最大化。

本研究的材料主要来自于对三家新闻组织从事数据新闻报道的核心成员的陆续多次访谈，访谈主要于2015年2月到6月陆续完成。另外，笔者的两名研究助理分别于2015年2月至6月间在南风窗和财新进行了约为期3个月的田

---

① Choi, S., & Choi, J. S., "Dynamics of Innovation in Nonprofit Organizations: The Pathways from Innovativeness to Innovation Outcome," *Human Service Organizations: Management, leadership & Governance*, vol. 38, no. 4, 2014, pp. 360-373.

野考察。因此，本研究所观察的主要是三家媒体在2015年6月之前的状况。此外，本文也对三家新闻组织各一名管理层成员进行了面对面访谈或微信访谈。除此之外，这几家媒体的管理者和数据新闻团队成员在行业刊物上发表的文章、公开演讲、接受的访谈，以及以这几家媒体对研究对象的一些行业论文等也构成了本文的文献基础。如没有特殊说明，下文所引用的材料均来自于访谈。

三、与创新相遇：以开放策略回应环境的"不确定性"

在三家新闻组织，有关数据新闻创新的动力均非来自高层，而是都来自基层，由个体的新闻人员首先做出尝试。但是，当基层的个体创新者表现出创新冲动之时，三家新闻组织都采取了开放接受的姿态，对它们予以吸纳。因此，在三家新闻组织，对数据新闻的采纳都是自下而上，而非自上而下的过程。

《南风窗》最初发展数据新闻的动力来自于其于2012年招聘的一名记者D，D入职南风窗之后，主要职责是为新闻报道配制相关图表。但是，D本人在工作过程中即发展出了用数据来独立讲故事的冲动。有时候，她在制作图表的过程中，通过数据分析得到的发现与记者和编辑通过采访所获得的结论存在差异，而编辑总是要求她配合记者，修正自己的图表表达，以达到与文本一致的目的。D对此并不满意，她尝试在编辑部不断推动用图表独立讲故事，追求数据新闻的独立表达形式。D在数据新闻上的探索逐渐得到了得到了杂志社的关注和认可。在此期间D所做的几则新闻，如关于各省高校分布与教育公平的分析，得到了报社的充分肯定，被认为体现了通过数据分析独立叙事的功能。从2013年8月开始，南风窗开始专门设立图说版面。

在南都，数据新闻的实验大约在同一时期发生，2012年，当时任南都佛山新闻部编辑的Z受到国外一些媒体数据新闻探索的影响，想要尝试通过数据分析的方式来做新闻，于是她开始在自己负责编辑的版面做了一些尝试。Z的尝试得到了部门（佛山记者站长）的肯定，南都的佛山版即开始每周出版"数据"版,刊登数据新闻。南都佛山版早期的数据新闻主要是Z一个人来做,主要是配合新闻热点搜集相关的数据予以分析,在可视化呈现上,采用的是传统和简单的方式。比之于南风窗,南都对数据新闻的吸纳体现出更为积极主动和持续吸纳的特征。在南都,为了配合数据新闻的内容创新,组织创新的特征很快被激发出来。组织创新首先体现在基层---地方记者站,在佛山新闻部,由于看好数据新闻,佛山记者站组织了几次大型策划的数据新闻,集合全记者站之力量来制作,其中最为突出的是2013年年底所做的关于"全面盘点佛山表现"的大型策划数据新闻作品。当时,这一新闻由Z所在的佛山新闻部全员共同参与,打破了常规的"条线"(beats system)新闻生产的常规,实现了跨条线的新闻生产的协作,体现出组织结构、资源配备和运作方式方面的创新特征。这种基层的组织创新很快被南都的管理层吸纳,进入进一步的组织创新阶段。2014年,认识到数据新闻的新兴生命力,该报开始在报社层面设立专门的"数据新闻奖项",以奖励在这一新兴领域的优秀表现。2014年6月,决定成立专门的"数据新闻工作室",力图通过进一步的组织设计和结构性安排来推动数据新闻在全报社范围内更广泛地开展。这些组织层面的举措都体现了南都对数据新闻保持开放态度并持续吸纳它的渐进主动性。

在财新,有关数据新闻实验的冲动同样来自于基层,"财新网"的两名记者H和Zh是最早的数据新闻探索者。H尽管从事记者工作,但具有理科背景,对数据分析很有兴趣,受到国外数据新闻发展的影响,2011年她就开始提出想做数据新闻的想法。这一想法很快就得到其上级财新网主编的肯定和鼓励,在财新网上不定期发表数据新闻。因此,自2011年5月开始,财新网上开始不固定地刊登H和Zh制作的数据新闻。与南都一样,财新网对这一创新的采纳很快体现出组织创新的特征。自2012年5月开始,财新网开始为H和Zh的数据新闻配备设计师G,G的参与使得这一时期财新数据新闻的可视化表现比前一阶段有很大提高,无论是视觉的美观程度还是对信息传达的效率以及用户体验上都得到了很大的提升。与南都一样,财新也很快推动成立了专门的部门来推动数据新闻的生产。它于2013年10月比南都更早成立了可视化实验室，这一专门的实验室配备了更强大的技术人员，显示出更雄厚的科技实力以及与新媒体结合的愿望。

综上所述，尽管三家组织的创新冲动均来自于基层，且三者在开放接纳的渐进性上存在差异，但三者均采取了开放的姿态来接纳数据新闻这一创新。那么，应该如何理解这一姿态呢？我们认为，对其所在组织甚至是整个行业所面对的不确定环境的感知是促使其开放的原因。这种感知主要体现为一种危机意识。被访的三家组织的管理者均认为他们之所以愿意尝试数据新闻，主要是因为目前对于传统媒体而言是一个充满危机和极具挑战的时刻，什么都要尝试，否则就可能出局。在他们看来，采用数据新闻，可能未必能解决新媒体转型的问题，但是对做新闻的机构而言却会获得一些市场上的竞争优势。正是在这一大背景下，财新和南都均在后期（2014年左右开始）把数据新闻的发展确立为整个集团新媒体发展和转型中的重要战略。新闻组织及其决策和管理者对不确定性的感知也体现为弥漫于整个行业的"危机话语"。这一时期业界讨论的一个主导话语就是"危机"，在各种业界领袖的会议论坛、行业刊物上，我们都可以很容易检索到这一关于"危机"的讨论。①这也佐证了本轮创新是新闻业者和领导者在危机感知下的应对。

我们也可以通过历时的比较来进一步确认这一结论。三家新闻组织采纳数据新闻的时期恰是中国以传统纸媒为代表的新闻组织在商业利润上逐步开始下滑的时期，二者在时间上存在明确的对应关系。这可以帮助我们推论，数据新闻等创新被采纳，与新闻组织的商业危机密切相关。下图描述的是中国报纸自2007年以来广告收入和发行收入的变化趋势，可以看到，在2011年之前，中国报业的广告收入一直处于增长势头，直到2011年，收入开始下降，出现负增长，这是一直处于增长势头的30年来中国报业第一次开始出现广告和发行双降，不少业内分析人士认为这标志着中国报业主营市场正在急剧萎缩。本文所研究的数据新闻的尝试（2012年）恰恰出现在这一收入开始滑落的时刻。而在此之前，就笔者的观察，尽管中国新闻组织的新媒体探索

---

① 李艳红、陈鹏：《"商业主义"统合与"专业主义"离场：数字化背景下中国新闻业转型的话语形构及其构成作用》，《国际新闻界》2016年第9期。

其实早于1990年代后期即已经开始，有不少报纸早于1990年代末期就开始建立了网站，但是，在新媒体探索的最初十几年间（从1990年代后期到2010年），一些新闻组织其实并无太多作为，网站在相当程度上只是对纸媒内容的简单"改编"或"复制"，对新闻创新总体上是持被动和迟滞的态度。

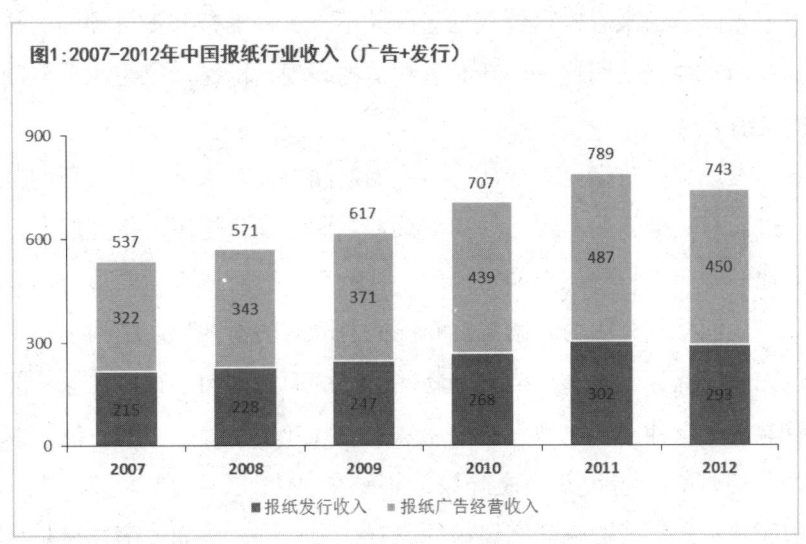

数据来源：2013中国传媒蓝皮书

四、管理"不确定性"（之一）：以缓冲策略（buffering tactics）采纳创新

创新不仅源于创新之前所面临的"不确定"的变化的商业环境，创新本身也带来不确定性。一方面，对它的采纳可能给组织的结构和常规带来诸多不确定的影响，另一方面，它究竟是否能给组织带来何种商业上的收益也并不确定。因此，对于处于激变而谋求改革的组织而言，如何管理这种与创新伴随的"不确定性"就成为采纳创新的重要环节。

对三家新闻组织而言，他们均选择了通过采取缓冲吸纳的策略来减少创新本身可能给原有结构和组织带来的不确定性影响。组织社会学家斯格特和戴维斯在研究产业技术创新时发现,技术创新在三个维度上的特征如复杂性/多样性、不确定性/不可预测性和互依性等会决定和影响到组织的应对策略,当面临高度不确定性的技术时,组织往往倾向于采取多种方式在技术核心与环境的不确定性之间建立缓冲,以减少对组织技术核心的外部干扰。①从本研究的三家新闻组织来看,尽管数据新闻并不是一种复杂和不可预测的技术,但他们在面对数据新闻这一创新时有相似的表现,即,三家组织采取的都是缓冲的吸纳策略。

具体表现是,与学界不少认为"数据新闻将代表未来,代表新闻范式变革",进而对数据新闻表现出的高度热拥不同,三家组织均持开放但谨慎的态度,他们倾向于将数据新闻定位为一种补充而非对原有新闻形态的替代。也因此,他们并没有因为采纳数据新闻而对既有的新闻生产结构进行全面调整,也无意以此为契机来重构整个新闻生产。而是倾向于视"数据新闻"为一种有益的边缘补充,在现有结构之外来为其开拓实验的空间。例如,三家媒体都是在现有的组织架构之外设计了一个补充性的"结构",这一新生"结构"并不破坏或影响新闻组织的原有结构安排。例如,南风窗是派了一名设计师来配合想要制作数据新闻的记者,这个简单的搭配即构成了其从事数据新闻生产的团队;南都相对而言更加正规化,成立了一个专门的数据新闻工作室来进行数据新闻的创新生产,主要由两名记者和两名设计师构成,为了凸显其重要性,将其放在要闻部进行管理;财新成立的可视化实验室尽管人数更多,并且有技术人员加入,但它也并不打破原有的新闻生产的组织架构,在结构上这个部门位于技术部而非编辑部,不对现有的采编安排构成影响。与上述结构安排相呼应,对这些结构的定位也是在原有架构之外建立一个临时性的类似于"自留地"的安排,不影响原有的新闻生产,例如,南风窗的数据新闻团队主要为"图说"版供稿;南都的数据新闻工作室主要为报纸的"数据"版以及"南都有数"这个微信公号供稿;财新网可视化实验室则为财新网的"数字说"频道供稿。

---

① 〔美〕理查德·斯科特、〔美〕杰拉尔德·F·戴维斯:《组织理论:理性、自然与开放系统的视角》,高俊山译,北京:中国人民大学出版社,2011年。

不过，尽管都是缓冲吸纳，都是以相对"边缘"的身份进入到传统的新闻组织，这些组织还是逐渐体现出了部分力图"向核心重构"的努力。随着其发展，部分组织开始尝试让它与传统占主导地位的版面进行结合，开始出现在传统的版面上，甚至是头版，并成为改造其他版面之传统新闻样式的一种机制。这尤其体现在南都和财新这两家媒体。由于高层管理者的重视，将之视为新媒体战略的组成部分，在这两家媒体，管理者确实有尝试让数据新闻成为一种变革的引擎和机制，来一定程度上增进新闻的多元化表现的努力。例如，为了让数据新闻这种新兴的形态能够更广泛地应用于传统的条线新闻，而不仅仅是一个自我耕耘的自留地，南都和财新均赋予了数据新闻工作室以"协调"其他版面和条线来生产数据新闻的任务，即，他们均可以提出选题通过与其他部门记者的配合来制作数据新闻，同时，其他部门的记者和编辑也可以向这个工作室提出制作数据新闻的要求，请他们予以协作。这就为协作式的新闻生产提供了可能。正是在这个机制的基础上，两家新闻组织让数据新闻这种工作方法与传统的工作方法进行了结合。例如，财新的获奖数据新闻作品《青岛石油管道泄露》等均是此类协作式生产的成果。但是，总体而言，此类试图影响"核心"的努力一直是补充性的和渐进式的，它是在维护旧有结构和流程的前提下为创新开辟特区，因而也可以视为缓冲策略的一部分。

五、"管理不确定性（之二）"：创新实验的"常规化"

决定组织对待创新的另一个重要因素是，创新可能带来何种收益，是否能够帮助组织解决其所面对的困境。但是，在大部分时候，创新究竟能够带来何种收益，往往并不确定。本案例中，三家新闻组织的管理者对于数据新闻创新究竟是否能给他们所在的组织带来实际的阅读率或流量也无确定的信心和判断。在南都，尽管高层于2014年规划改革的"优化会议"上表示高度重视数据新闻，报社确实对数据新闻有很大的决心，也确实是看好它，但是究竟有多大的好处，仅仅通过这种形式创新能否留住读者，都还不确定。南都的数据新闻主持人Z就表示,效果还很难说,不过既然高层支持,他们就满怀兴趣地做了。财新尽管在战略上颇为重视数据新闻,但也并不认为发展可视化的数据新闻就能够帮助解决新媒体转型的问题,其可视化实验室的发起人黄志敏多次在公开演讲中表示,尽管数据新闻能让新闻产品变得多样化,增加竞争力,但是"数据新闻不会解决目前媒体的困境,现在媒体的困境是内容变不了钱的问题。"[①]

为了管理创新所可能带来的收益的不确定性,三家新闻组织均显示出对成本及创新周期的高度控制。首先,从成本来看,三家新闻组织均没有专门为数据新闻的创新实验拨配专门的经费和资源。由于数据新闻的特点是工作方法的创新,并未涉及太多硬件的投入,三家新闻组织均未在数据新闻创新上投入物质成本。这一点区别于其他需要较高设备投入的新闻创新形态,如视频和VR等。数据新闻创新的成本主要来自人力成本,三家组织都对人力成本予以了严格控制。如前文所述,南风窗的数据新闻实践主要停留在纸媒,仅配备了一个记者加一个美术设计人员;南都在纸媒和数字平台(包括微信公众号以及官方新闻客户端)均有实践,它配备的常规人力也只是比南风窗多两个;财新的数据新闻实践明确定位为数字平台,包括财新网和客户端,其配备的人力表面上看更为充裕,如可视化实验室拥有10名工作人员,然而,其配备的技术人员绝大部分属兼职,他们均需要继续服务于其原来所在的产品部和技术部,算是兼职,这种结构也被他们自己称为"虚拟部门"。由于今天中国新闻业的人才市场上,编程的技术开发人才的成本超过记者,对技术人员数量的控制其实就是控制人力成本的重要表现。

其次,为管理创新之收益的不确定性,三家新闻组织均对创新周期进行了高度压缩。数据新闻的创新孵化周期压缩到几乎为零,创新之初,即迅速将其纳入常规化的轨道。罗杰斯(Everett Rogers)在研究创新的扩散时曾提出,当组织决定创新后,在执行创新时往往包括三个阶段,分别是重构阶

---

① 黄志敏,"数据新闻的现状与未来",http://news.sina.com.cn/zhiku/zjgd/2015-11-12/doc-ifxksqiu1530432.shtml,2007年7月10日。

段，阐明阶段和常规化阶段。①在我们的观察中，三家组织的创新执行并无出现明显的阶段性区分。这三个阶段几乎是同时发生的，或者说，是三阶段合一。由于创新实验本身就负载着为新闻组织输出产品的任务，因此，创新的过程实际就是按照组织的需要对创新进行裁剪和定制，也就是阐明创新之意义的过程，同时也是创新的常规化的过程。当三家新闻机构在建立缓冲式的结构安排来试图为创新划定试验区之初，就为创新小组分配了固定的任务，需要为特定版面或频道固定地输出产品。如前所述，南风窗的数据新闻工作小组需要固定为"图说"版面提供新闻内容，南都的数据新闻工作室需要为"数说"这个版面以及为微信公众号"南都有数"提供内容，财新传媒的数据新闻的虚拟工作室则需要为财新网的"数说"频道提供内容。由于媒体的内容更新很快，所以南都和财新几乎每天至少要提供一篇稿件。因此，对三家新闻组织而言，所谓创新实验，并非真正意义的实验，因为并没有一个不需要生产产品的实验期。这可能区别于今天新媒体公司腾讯等常见的创新孵化实验，如均会给予创新团队以一段时间来培育新兴产品。

压缩创新周期的一个结果就是，使得创新团队的成员没有精力去从事创新，创新往往需要学习新的知识，或者将新的知识与新的问题进行结合来做探索。但创新团队的成员均表示，他们只能在满足日常工作任务之余自己进行研习和探索，一边做，一边学。这也导致，创新团队需要迅速找到一套可复制的常规操作的方式，即常规化，以满足新闻机构日常的内容提供的需要。

1970年代，社会学家塔奇曼（Gaye Tuchman）在研究几个电视新闻组织的新闻生产过程时曾使用常规化（routinization），类型化（Categorization）和典型化(typification)这一组彼此关联的概念来阐释新闻生产的组织过程。她根据工作社会学的看法认为，一方面，新闻原始材料的多样性会阻碍常规化，但另一方面，组织又会实施常规化来控制工作流程，以增加效率。在我们的研究中，可以看到明显的类似的表现，即，三家组织的实践者都在短期

---

① Rogers, E. M., *Diffusion of Innovations*, New York, NY: Simon and Schuster, 2003.

内建立起了常规来增加效率，使得工作流程更加具有确定性。①

常规化的起点往往是类型化。类型化是新闻人用于类分新闻事件的方式，其作用是减少新闻组织用以处理的新闻素材的多样性，并且有助于促进常规化"。②在本研究中，我们清楚地看到了三家新闻组织在创新实验不久即迅速对数据新闻的形态和工作方式进行类型化的努力。例如，南风窗的创新实验在几个月内逐渐被稳定为两个典型的实践模式——一为"图说"，一为"报告"，在参与数据团队的成员X看来，前者主要定位为用可视的图表化的方式来简单明了地阐述一种信息，是对单一主题的图表化报道。后者版则主要定位为刊登一些更加深入的分析，一般由多个图表构成，图表之间有逻辑连接，往往是通过数据的分析来严肃和深入地阐释一个主题，类似于图表化的深度报道。两种典型样式被通过专版的方式加以确立，并对应着相应的实践方式。在南都，如何进行类型化，从而可以总结出特定规律予以遵循，一直也是Z和她的团队思考的问题，只不过，她们的类型化没有特别明确地在媒体的版面上清晰呈现。Z和她的工作伙伴习惯于用"图解"和"数据的深度挖掘"来区分他们所实践的两类数据新闻，其中，"图解"与南风窗的图说类似。"数据的深度挖掘"与南风窗的"报告"也类似，强调通过对数据的技术性的分析和处理，如关联分析和对比分析，来挖掘其中蕴含的新闻意义。

常规的发明自然能够有效地帮助实践者应对日常工作节奏，但另一个显著的后果就是造成对创新的约束。因为常规往往就是用可复制的方式来做新闻。例如，在常规的数据新闻制作中，静态图是一种最为常见的可视化方式被业者采纳。对此，南风窗从事数据新闻制作的X表示，创新并非是他们经常要考虑的，日常而言，就是要尽可能完成版面任务（工作版面的需求）。财新的数据新闻发起者H认为，"我们希望能够制作出深度的数据新闻，但是为了保证数据新闻栏目能够生存下去，不得不做出让步"。

---

① 参见 Tuchman, G., Making News: A Study in the Construction of Reality, New York, NY: Free Press, 1978. 但是，需要说明的是，本文由于聚焦于组织层面的决策，尚没有对实践者在数据新闻报道的生产过程做微观描述，这使得本文并没有真正探讨"典型化"（typification）的过程。这是本文方法论上的选择所带来的局限。

② Tuchman, G., "Making News by Doing Work: Routinizing the Unexpected," *American Journal of Sociology*, vol. 79, no. 1, 1973, pp. 110-131.

值得注意的是，这种创新与常规化的矛盾也被新闻组织注意到，于是，他们也努力创造一些方式来平衡这种日常生产需要和创新需要之间的平衡。其中最为显著的就是财新。财新的实践者和管理者比另外两家媒体更具创新意识，为了让创新能够在满足日常之余能够有所保存，他们发明了轻量型和重量型的数据新闻之分。所谓轻量型，是一种追求时效、制作周期短的"短平快"的数据新闻，它往往配合热点新闻事件，处理的数据量不大，且在可视化的要求上较低。所谓重量型，则指的是制作周期长、制作成本高（主要是人力开发成本）的项目，后者往往针对的是时效性不那么强的选题，针对的数据数量较大，甚至是海量，以及，在可视化的要求上更高，通常要求要较强的交互性。因此，"轻量型"即是通过可控和可复制的方式来有效率地组织数据新闻生产，以满足日常新闻内容提供的需要，而"重量型"的新闻则被赋予了更高的创新的使命，例如，往往需要技术团队为数据新闻作品专门编程开发，以更可能实现既追求信息传达的效率又追求视觉上的"炫酷"的效果，财新的几个获奖数据新闻作品均是这一重量型轨道上的产品。因此，可以说，正是这种对于轻量型和重量型数据新闻的区分，使得财新团队得以一方面建立生产常规，另一方面则确保了创新。这一区分也可以看作是一种新闻生产常规的发明。

六、既开放、又保守：混合的理论解释？

上文的分析表明，一些新闻组织在面对数据新闻这一创新形式之时，表现出似乎矛盾的状态，即，一方面对创新予以开放接纳，但另一方面在具体的实践过程中则体现出渐进和保守的特征。那么，可以如何为这一似乎存在悖论的表现提供理论解释？有关创新采纳的理论是否在解释这些新闻组织在这一波创新潮流中的表现仍然适用？

如前文的分析，对"不确定性"的感知和管理是理解这些组织采纳以及实践数据新闻这一创新的主要逻辑。首先，促使新闻组织在当下的数字化冲击环境下开放接纳创新的主要原因，是这些组织对当下组织和行业所面对的

"不确定性"之商业前景的感知,数据新闻的创新潮流是这一时期新闻组织开放接纳诸多创新尝试中的一环。因此,新闻组织对数据新闻所持的开放态度并非是由于他们对数据新闻所代表的未来持充分自信的肯定判断。与我国学术界对数据新闻的热拥相比,业界的反应其实是相对冷静的,他们并未认为"数据新闻代表未来,或代表新闻业的范式转向",也并非因为此原因而采纳它,他们的采纳主要是基于其对自身所处危机的一种总体判断。因此,上述分析总体而言印证了创新传散当中的理性主义理论,按照这一理论描述,具有理性的组织总是会学习对环境所创造的压力和挑战进行调适。[①]新闻组织在今天数字变迁环境下的反应即可视为他们是对危机和压力的一种理性应对。

理性主义理论还进一步推论,创新的采纳总是优先发生于那些面对最大的压力来处理挑战的公司。[②]本研究并未对这一命题予以验证。从我们的访谈来看,二者之间可能并无一一对应的关系,促进组织采纳创新的是一种对行业危机的普遍性的感知,可能并不是对自己所在组织之商业危机的准确评估。

但是,理性主义理论并不能完全解释新闻组织开放接纳创新的态度。一些中国新闻组织之所以总体上采取开放的姿态接纳数据新闻这一创新,也印证了"制度同型"(institutional isomorphism)理论。组织研究中的新制度主义观点聚焦于研究管理的决策过程,并倾向于认为,处于制度场域当中的组织理性往往是有限的,寻求制度稳定性的组织总是尝试通过服从关于组织和成员应该如何行为的文化描述来追求公共合法性。[③]因此,"处于制度场域之中的组织倾向于趋同,反映主控的实践和形态,寻求避免忽视,展示公共合

---

① Miller D., & Droge C., "Psychological and Traditional Determinants of Structure," *Administrative Science Quarterly*, vol. 31, no. 4, 1986, pp. 539-560.Wejnert, B., "Integrating Models of Diffusion of Innovations: a Conceptual Framework," *Annual Review of Sociology*, vol. 28, 2002, pp. 297-326.
② Kraatz M.S. & Zajac E.J., "Exploring the Limits of the New Institutionalism: the Causes and Consequences of Illegitimate Organizational Change," *American Sociological Review*, vol. 61, no. 5, 1996, pp. 812-836.
③ Scott, W. R., *Institutions and Organizations*, Los Angeles, CA: Sage Publications, 2008.

法性"。①之所以如此，是因为创新的扩散往往会受到一个企业或组织所感知的风险的限制，当一个企业感知采纳某种创新可能会带来大的风险时，它可能倾向于不采纳创新。由于这些风险的存在，合法化（legitimating）创新的因素在影响一个公司愿意采纳它的过程中可能扮演了重要角色。②其他公司对创新的接受就被认为满足了一种合法化和合理化的功能，结果，会导致制度的同型和感染过程。

制度同型理论在研究新闻组织的数字化创新的过程中得到了应用。例如，一些学者发现，新闻组织总是寻求与新闻职业社区中的其他组织维持一种稳定的关系，彼此之间获得信息。新闻的决策往往倾向于依赖可获得的决策模型，模仿其他新闻组织的形式和实践等。③在本研究中，我们得到类似的观察，三家新闻组织对数据新闻的开放采纳除了源于一种危机感知，同时也是对其他行业标杆组织的模仿表现。无论是个体的数据新闻实践者还是管理者都是如此。例如，南风窗的D，南都的Z和财新的H和Zh均是敏锐的学习者，他们之所以冒出做数据新闻的念头，就是因为受到国际一些前沿媒体的影响，如英国的《卫报》和美国的《纽约时报》等均是他们学习的对象。此外参加一些由国际或海外相关组织举办的数据新闻工作坊也是他们学习标杆媒体数据新闻报道的途径。三家组织的管理者也都对全球范围内新闻业的标杆组织保持着敏锐性，经常性地收集和了解这些组织的最新动态，尤其是财新的管理者，其与国际职业社区保持更密切的关注和联系。

制度同型理论认为，制度同型可能会来自各种模仿。有两种模仿实践，一种是基于特性的模仿，这种模仿往往发生在当公司模仿那些更大的和可见度更高的公司，一种是基于结果的模仿，这种模仿往往发生于当一种实践被

---

① Lowrey, W., "Institutionalism, News Organizations and Innovation," *Journalism Studies*, vol. 12, no. 1, 2011, pp. 64-79.

② Strang D. & Macy M.W., "In Search of Excellence: Fads, Success Stories, and Adaptive Emulation," *American Journal of Sociology*, vol. 107, no. 1, 2001, pp. 147-182. Singh, J., "Collaborative Networks as Determinants of Knowledge Diffusion Patterns," *Management Science*, vol. 51, no. 5, 2005, pp. 756-770.

③ Lowrey, W., "Commitment to Newspaper-TV Partnering: a Test of the Impact of Institutional Isomorphism," *Journalism & mass communication Quarterly*, vol. 82, no. 3, 2005, pp. 495-514.

采纳并且已经观察到其他公司取得了成功之后才发生。①从本研究来看，对数据新闻的采纳主要是前者，即基于特性的模仿，而非基于结果的模仿。也就是说，这种模仿往往并非是创新被证明成功之后的模仿，而是基于在行业具有引领地位的标本的模仿。这些组织的管理者均没有就他们所仿效的组织的数据新闻是否提升了消费者满意度，增加了流量（发行量）等进行精确调查。他们也表示，不认为数据新闻真的能够拯救新闻业，或者能够为这些标杆媒体带来即时的收益，而只是向新媒体转型中诸多举措和尝试中的一种而已。如财新的一位管理者所言，"数据新闻带来的收益，到目前还看不太清楚，与一般的新闻报道相比，制作一个好的数据新闻作品的成本其实大得多，而成效却并不一定"。

但是，如前文所述，尽管推动新闻组织采纳创新的因素与效果无关，或者说与他们对于成本收益比的准确评估无关，但这并不说明它在未来数据新闻的发展过程中不会成为一个主导因素。上文的分析表明，尽管对于成本和收益的评估并不精确，而是一种含糊的评估，但却始终在形塑着新闻组织对创新的采纳。而从我们的调研初步来看，随着创新投入实践，管理者们越来越产生了评估市场效应的意识和努力，例如，财新的管理者就基于评估清醒地认识到，数据新闻实际上是一种投入产出比并不出色的形态，在争取流量和广告效果上，它实远远比不上调查性报道，而其人力资本的投入则往往更大，是一种"性价比"并不高的报道类型。之所以目前还一直愿意做，是因为它尽管在争取读者上效力有限，但是对于组织树立行业威望，建立媒体的品牌和"新媒体"形象有较大帮助。这说明，随着创新被采纳，在其进一步发展的过程中，起作用的将是对创新的"效果"或结果的评估。

本文的研究因此表明，我国新闻组织目前在数据新闻创新上的表现，既部分支持了理性主义理论，也部分支持了新制度主义的理论解释和结果驱动的理论，其表现因此也可从上述理论的混合中得到解释。

---

① Wejnert, B., "Integrating Models of Diffusion of Innovations: a Conceptual Framework," Annual Review of Sociology, vol. 28, 2002, pp. 297-326.Deroian F., "Formation of Social Networks and Diffusion of Innovations," Research Policy, vol. 31, no. 5, 2002, pp. 812-836.

七、结语与讨论

本文将数据新闻视为一种新闻创新,将组织视为新闻创新采纳的关键主体,对三家新闻组织采纳和发展这一具有创新意涵的新闻实践的过程进行了社会学和现象学的考察。基本的发现是:与笔者所观察的前一历史时期(如本世纪初期到2010年)一些新闻组织对创新的迟滞反应不同,[①]本研究观察的这一时期,新闻组织均表现出开放和接纳创新的特征,在接受到来自基层的创新冲动之时,均予以了迅速吸纳;但是,通过采取缓冲吸纳策略,压缩创新成本和周期,迅速将创新实验纳入常规化的轨道,新闻组织又对数据新闻的创新实验表现出保守的维护性特征。总体而言,处于这一历史时期的中国新闻组织表现出既开放又保守的双重特征。本文并尝试为这一矛盾的表现提出解释,认为对"不确定性"的感知和管理是理解这些组织采纳以及实践数据新闻这一创新的主要逻辑,它一方面可以帮助我们理解新闻组织在这一时期面对创新的开放性,又可以帮助我们解释为什么创新呈现出保守的一面。通过与创新采纳和扩散中的理性主义和制度主义理论进行讨论,本文认为,一些新闻组织对数据新闻创新的采纳支持的是一种混合的理论解释。

这一研究结论揭示了当下一些中国新闻组织在面对数据新闻这一创新形态时的状态:一方面,激变是创新的温床,环境的"不确定性"是促进今天中国媒体勇于新闻创新的因素;但另一方面,创新本身的不确定性则可能阻碍组织进行"革命性"的创新,使得创新有所局限。那么,这些表现是否是中国新闻组织所独有的?还是普遍存在于全球的新闻组织当中?从本研究的分析来看,由于新闻组织面临相对普遍的生存环境,且由于新闻组织都具备类似的工作节奏和压力,以及对数据新闻的前景判断都并不明确,这种现状可以认为具有一定的普遍性。但是,由于在上述方面中国和西方主流新闻组织可能存在差异,如中国新闻组织面临的经济压力更显著,对数据新闻的预

---

① 这一观点主要基于笔者的观察,也得到了多位业界同仁和观察者的认可,暂无相关的发表物。

期更不明确的话，一些中国新闻组织投入创新实验的冲动和能力将比国际先驱媒体更保守，进而创新水准上有更多局限。当然，这需要有进一步的比较研究来确认，究竟在什么样的条件下，创新将呈现出更进取的特征。

本研究的发现也不局限于数据新闻，它对于理解一般意义的新闻创新如VR（虚拟现实）新闻、机器人新闻和新闻游戏等也具有启示。按照本研究，在今天媒体所面对的社会条件下，新闻组织在这些新兴技术上的创新可能均会呈现出类似的既开放又保守的特征。因此，我国新闻媒体是否真的能如部分学界和观察者所言，实践科技所开创的新闻创新的巨大潜能就很可能是个问号，因为创新绝不取仅仅决于这些技术或创新形式所内含的创新性，而更多取决于新闻组织对于自身危机及创新成效等的判断及在此基础上的决策。这一发现将可能帮助我们纠正"技术中心论"对于数据新闻、VR或人工智能新闻等创新科技所代表趋势的热拥，科技创新未必带来新闻编辑室的革命，也未必颠覆新闻业的基本范式。在下一阶段，学者们可能需要追问的是，为什么创新科技所开发的潜能未能得到实现？新闻创新为何受阻？本研究因此进一步加深了关于新闻创新中的技术与社会相互形塑的观点，技术本身决不是决定和影响创新的主要因素，对创新的理解需要还原到新闻组织及其所嵌入的商业环境、同行之间的结构性关系、及其对于创新之成效的预期判断等之中。

当然，并不是说，新闻组织面对创新的既开放又保守的矛盾状态将无从打破，按照本文的研究，它可能取决于这样一些因素，例如，新闻企业家的眼光、对创新的前瞻性的判断、专业主义而非商业主义的考量或"破坏式"创新技术能否出现等均可能成为打破目前这一矛盾状态的因素，促使新闻组织打开创新潜能。

延伸的思考是，由于作为承担日常生产任务、同时又面临商业困境的新闻组织"必然"在新闻创新上采取保守和维持的策略，也必然使得创新有所局限，而创新又是维系新闻这一具有公共性之信息产品之影响力的可能的方式，那么，如何为新闻创新寻找新的动力？这可能是学界、业界和政府需要共同思考的问题。唐尼（Leonard Downie）和舒德森（Michael Schudson）曾发表报告讨论美国新闻业在遭遇新媒体冲击之后如何重构的问题,在他们看来,大学、非盈利组织和基金会均可以扮演重要角色。这一情形可能也部分适用于中国。①从本研究来看,新闻创新如此艰难,但作为公共信息产品的新闻的创新又如此重要,这促使我们需要在企业之外思考其他协同创新主体的发育。在市场失灵领域,企业之外的其他协同创新主体的发育对于一个国家和地区新闻创新的发展也将至关重要,因此,在新闻业面对危机之时,在未来促进新闻创新的广泛领域,公共性的教育机构、科研机构、非盈利组织和基金会等都可在其中扮演积极角色,通过提供人才培训和研发支持,来促进创新。

那么,目前这种边缘改进的创新能否给新闻组织带来生机?创新是否将持续?还是如一些研究者的结论,基于模仿(而非基于对创新之收益的理性评估)的新闻组织的创新努力将"转瞬即逝"或永远处于边缘?②对此,我们还很难预测。本文的研究结论主要只能适用于新闻创新采纳的早期。新闻创新是一个曲折的不断试错的过程,在新闻创新被采纳之后的下一阶段,创新是否持续,呼唤我们对下一阶段新闻组织的创新实验予以持续观察。从现有的理论来看,如"结果(效益)驱动"理论所述,创新是否持续,将可能取决于创新结果的反馈,一旦创新能够带来好的反馈如好的读者反应或是点击率的提升、甚或是口碑的提升等,这才能够成为促进创新的进一步的因素,对创新之效果的精确评估将可能成为下一阶段支配和解释创新的主要因素。

本文的不足在于,由于采取的是中观的组织视角,这一方法论局限导致未能对微观层面的实践予以考察。事实上,后者是新闻创新的不可分割的部分。"不确定性"不仅来自于新闻组织作为商业主体的考量,而且来自于其

---

① Downie, L., & Schudson, M., "The Reconstruction of American Journalism," *Colomia Jounnalism Review*, vol. 19, 2009.
② García, E. P., "Print and Online Newsrooms in Argentinean Media: Autonomy and Professional Identity," in Paterson, C. A. & Domingo, D., eds., *Making Online News: The Ethnography of New Media Production*, New York, NY: Peter Lang, 2008. Domingo, D., "Interactivity in the Daily Routines of Online Newsrooms: Dealing with an Uncomfortable Myth," *Journal of Computer Mediated Communication*, vol. 13, no. 3, 2008, pp. 680–704.Lowrey, W., "Commitment to Newspaper-TV Partnering: a Test of the Impact of Institutional Isomorphism," *Journalism & Mass Communication Quarterly*, vol. 82, no. 3, 2005, pp. 495-514.

他,如,如何有效或充分使用新技术的"新",以数据为材料、分析数据为手段如何形成新闻叙事,以及,如何在报道过程中将数据新闻与公共利益、与宣传或专业主义的各种参数相勾连,这些方面均存在种种不确定性。考量微观层面数据新闻的实践者如何管理这些不确定性,将是未来研究的重要方面。

(作者为中山大学传播与设计学院教授 email:liyanh@sysu.edu.cn本文是教育部2014规划基金项目(1402002)"嵌入性共生:1990年代以来新闻与公关职业的双重演进及危机"的阶段性成果。文章原载《新闻与传播研究》2017年第9期。)

媒体舆情业务的生态及其影响研究

吴涛　张志安

【摘要】

近年来在媒介融合转型的背景下，舆情服务业务正在成为越来越多新闻媒体的重要业务和收入来源，舆情业务的开展对媒体的组织结构、组织文化乃至社会功能会产生什么影响，学界对此现象和问题还缺乏相关研究。为此，本文首先梳理了媒体舆情服务的组织类型及行业生态，进而审视媒体从事舆情服务的前因后果，着重探讨媒体舆情业务兴起背后存在的隐忧。

【关键词】

媒体舆情业务　组织类型　行业生态

一、研究缘起

近年来，舆情服务业蓬勃发展，虽然其市场规模尚缺乏精确统计，但舆情服务业作为"朝阳"产业已是不争的事实。[1]新闻媒体是较早从事舆情服务的组织之一。2008年，人民网作为先行者成立了人民日报社网络中心舆情监测室[2]，开始涉足舆情产业。2012年后在纸媒寒冬、媒体融合转型的行业大背景下，"舆情业务被不少媒体机构视为转型发展的重要增长点"[3]，越来越多

---

[1] 参见侯文昌：《"朝阳职业"四年成长史》，《中国记者》，2011年第9期；李光：《百亿市场前景催生网络舆情监测业》，《凤凰周刊》，2010年7月5日；杨丽娟、张音：《走近网络舆情分析师》，《人民日报》，2011年6月7日等。

[2] 2010年后更名为人民网舆情监测室。

[3] 何慧媛、万小广：《媒体舆情业务如何创新突围》，《中国记者》，2014年第7期，第70页。

的新闻媒体创办了舆情服务机构。

新闻业界和学界对舆情产业保持着较高关注度。从2011年到2015年，《中国记者》《南方传媒研究》先后刊发了三组专题文章关注舆情产业与媒体舆情业务。相关文章多出自媒体类舆情组织内部从业者之手，以行业介绍为主，少量有学理分析，但囿于作者的身份角色，不免有产品宣传乃至正名的倾向。① 与之对应，新闻学界专门针对舆情产业与媒体舆情业务的研究相对较少，主要集中于两类：第一类从宏观的层面概略论述舆情产业的兴起动因、现状、问题、趋势等②；第二类从微观的组织实践的视角对媒体类舆情组织的产品与生产流程进行研究③。

总的看来，由于舆情服务业发展的时间较短，获取内部材料相对不易，针对舆情服务组织的研究极少又失之简单，缺乏对新闻媒体从事舆情服务前因后果的宏观审视，也缺乏从中观的组织层面分析探讨舆情业务的开展对媒体的组织结构、组织文化乃至社会功能会产生怎样影响的研究。有鉴于此，本文将以公开信息以及田野、访谈材料为基础，重点梳理媒体舆情服务的组织类型及行业生态，进而审视媒体从事舆情服务的前因后果，以期为学界进一步展开对媒体舆情业务的研究提供一个切入口，也为当前媒体从事舆情服务业提供一定的借鉴与反思。

二、媒体舆情服务的组织类型及行业生态

目前，从事舆情服务的组织主要有四类：一是以拓尔思、邦富、方正等为代表的技术类舆情公司；二是以人民舆情、新华舆情、南方舆情等为代表的媒体类舆情组织；三是高校成立的舆情机构，比如中国传媒大学网络舆情（口

---

① 参见《中国记者》2011年第9期《传媒新角色——舆情分析师的专业素养》、2014年第7期《报业转型路径——舆情业务的生长与走向》、2015年《南方传媒研究》第55辑《舆情与媒体转型》等三组共十四篇文章。
② 梅文慧：《舆情产业初探——基于新型信息服务产业的业态发展分析》，《中国媒体发展研究报告》，2013年；路高峰：《舆情监测成热门产业，让人忧》，《青年记者》，2014年第27期；刘岩：《网络舆情服务业存在的问题及发展路径》，《青年记者》，2015年第17期等。
③ 张垒：《舆情信息产品：现状，困境与趋势》，《现代传播》，2011年第10期。

碑）研究所、中国人民大学舆论研究所等；四是公关公司比如蓝色光标等。

　　虽然目前公开资料对于整个舆情服务产业规模以及各舆情公司的市场份额尚缺乏准确统计，但从BoMai、TaoWu（2016）对政府采购数据的统计来看，在舆情商业市场上展开竞争的主要是各技术类舆情公司与媒体类舆情组织，其中技术类舆情公司最早开发出了自动化的舆情监测系统，响应了政府机构的自动化监测需求，是舆情服务市场的系统供应主力，而媒体类舆情组织目前虽整体营业规模较小但正逐年上升，势头迅猛。[①]据笔者统计，目前至少已有二十家媒体类舆情组织（见下表），媒体类舆情组织已经发展成为舆情市场的重要力量之一。

舆情机构名称	所属母媒体名称	行政级别	运营结构形式	产品与服务	时间
人民网舆情监测室	人民网	央级	频道化运营	监测（平台类产品、预警类产品、报告服务类产品）、公关（危机应对咨询、新媒体运营）、期刊（网络舆情内参）、培训（舆情应对专项培训、网络舆情分析师培训）	2008
新华网舆情在线	新华网		频道化运营	舆情监测（包括系统、平台、报告）、人工研判、分析报告、危机公关和舆论引导服务、品牌活动、专业培训	2011

---

　　① BoMai、TaoWu：Surveillance with Chinese Characteristics: Analysis of Government Expenditure on Data-driven Online Public Opinion Monitoring.in ICA Annual Conference in Fukuoka.2016.6.

续表

舆情机构名称	所属母媒体名称	行政级别	运营结构形式	产品与服务	时间
中青在线舆情	中青在线（中国青年报）	央级	频道化运营	《中青舆情》内参、定制服务危机公关、网络舆情培训、系统平台实时监测	2013
中国网舆情频道	中国网	央级	频道化运营	舆情监测	2013.8
环球网舆情频道	环球时报	央级	频道化运营	重大舆情监测、受众与用户研究、品牌管理与策略咨询、公众意见调查	2010.8
正义网舆情	正义网（检察日报）	央级	频道化运营	舆情监测系统、舆情培训、舆情报告、舆情引导、应对、处置	2010年年底
中国社会报社舆情中心	中国社会报社	央级	未明	舆情监测、舆情报告	不晚于2013.1
南方舆情	南方报业传媒集团	省级	独立子公司	舆情监测、舆情预警、舆情分析、舆情应对、舆情培训、系统搭建	2014.4
羊城晚报数字媒体有限公司	羊城晚报	省级	独立子公司	舆情监测	不晚于2014.11
华商舆情	华商网（华商传媒集团）	省级	频道化运营	海量监测、舆情专供、危机预警、智囊咨询、舆情研判、舆情报告、舆情培训	不明

续表

舆情机构名称	所属母媒体名称	行政级别	运营结构形式	产品与服务	时间
大众网舆情	大众网（大众报业集团）	省级	频道化运营	舆情监测、舆情报告、舆情分析、舆情内参	2012
南海网舆情	南海网（海南日报报业集团）	省级	频道化运营	网络舆情报告、舆情实时预警、媒介素养培训、舆情咨询处置、舆情平台搭建、企业商情分析	2014
河北舆情	河北新闻网（河北日报报业集团）	省级	频道化运营	舆情报告、舆情杂志、舆情培训、舆情咨询、舆情监测	不明
长江网舆情	长江网（长江日报报业集团）	省级	频道化运营	舆情信息专供、舆情信息对比、危机应对、舆情智库咨询、舆情分析报告、舆情素质培训	2013.8
江西舆情在线	大江网（江西日报报业集团）	省级	频道化运营	舆情监测系统、舆情信息专供、舆情信息对比、危机应对、舆情智库咨询、舆情分析报告、舆情素质培训	2012.4
华龙网舆情	华龙网（重庆日报报业集团）	省级	频道化运营	舆情分析报告、舆情排行、数据库信息、舆情业务培训、舆情应急提供、舆情手机报	2012
荆楚网舆情	荆楚网（湖北日报传媒集团）	省级	频道化运营	舆情监测、舆情处置、危机公关、舆情培训	2012

续表

舆情机构名称	所属母媒体名称	行政级别	运营结构形式	产品与服务	时间
浙江舆情网	浙江在线（浙江日报报业集团）	省级	频道化运营	实时舆情监测即时预警、敏感舆情重点追踪、策划推广评估优化、危机公关协助处理、修复形象重塑声誉、高端培训人才储备	2011.4
红网舆情频道	湖南红网（湖南出版投资集团）	省级	频道化运营	舆情分析报告、舆情监测服务、舆情培训、舆情媒体机	2013.7
山西新闻网舆情频道	山西新闻网（山西日报报业集团）	省级	频道化运营	云平台舆情监测预警系统、舆情分析研究报告、舆情咨询调查、舆情分析培训	2014
广州广报数据科技有限公司	广州日报	市级	独立子公司	舆情监测	2013.1
青岛新闻网舆情频道	青岛新闻网（青岛日报报业集团）	市级	频道化运营	网络舆情监测平台、微博舆情监测、舆情报告	2012
胶东在线舆情	胶东在线（烟台市广播电视局）	市级	频道化运营	舆情监测、舆情资讯、商情评估、品牌维护	2014.5

表　媒体类舆情组织概览①

① 本表是笔者根据各个媒体类舆情组织的网上公开资料以及田野、访谈记录等资料汇总制成。

上述二十多家媒体类舆情组织，主要呈现出以下四个主要特点。

（一）以中央、省级媒体为主，地市级媒体较少，经营范围、规模与媒体权力层级挂钩

从行政级别来看，上述媒体类舆情组织涵盖了中央、省、市三级媒体。从数量上而言，目前媒体类舆情服务机构以中央和省级为主，地市级较少。少数几家中央级媒体创办的媒体类舆情机构，能够在全国范围内展开经营，其中突出者比如人民舆情其营业规模已经上亿。与之对应，省、市级媒体创办的舆情机构则基本是在本省、本市范围内经营，它们的营业规模多的达上千万，比如南方舆情，据其内部资料显示，其成立当年营业额已达3800万元。少的不过数十万，比如华商晨报舆情①。可以说舆情机构的经营范围、营业额与媒体类舆情组织母体的权力级别密切相关，权力层级越高的媒体越有可能在更广的范围内占据更多的舆情市场份额。

中央级媒体行政级别高、拥有较多的政治、社会资本既而有助于其舆情业务推广，而且它们辐射范围广、潜在客户多，其在全国各地的分支机构也便利了它们的舆情业务销售。与中央级媒体相比，地市级媒体舆情机构行政级别低、政治、社会资本少，可服务的潜在用户少。

（二）作为媒体增量的新闻网站最早涉足舆情服务业并占据多数地位

从成立时间上来看，媒体舆情业务的展开最早是从中央级媒体的增量部分即央媒旗下的新媒体网站开始，比如人民网、新华网，它们作为创新集团成了新闻媒体进军舆情产业的"引领者"。2008年之后舆情市场快速的规模化，涉足舆情服务业的新闻媒体也越来越多，在上述央媒的下属网站之后，省、市级媒体的新媒体网站作为追随者也相继开展舆情业务，从目前来看网站类舆情服务机构在媒体类舆情组织当中占据多数。到了2013年前后形势开始发生变化，南方报业、《广州日报》《羊城晚报》等少数几家传统纸媒也

---

① 华商晨报舆情系华商报业在沈阳的子报《华商晨报》创办的舆情组织，根据对其前任负责人的访谈记录，其只有本市的五六个客户，经营规模较小。

开始以独立子公司的形式经营舆情产业,媒体舆情业务呈现出从媒体增量部分向存量空间扩展的趋势。

人民网、新华网等新闻网站之所以成为新闻媒体进军舆情产业的"引领者",与其自身的"转企改制"进程密切相关。"2007年时任国务院新闻办副主任蔡名照提出:要打理推进新闻网站体制改革试点,并尝试多渠道拓展资金来源,在确保主办单位控股前提下,可引进国有投资者,建立现代企业制度,组建股份公司,'条件成熟时'在国内上市。"[①]到了2009年,新闻出版总署署长柳斌杰已明确提出:"所有新闻网站要全部转企改制,推动我国媒体传播能力的提高。"同年人民网、新华网、东方网等10家新闻网站被批准列入转企改革重点,开始了新闻网站制度改革的帷幕。[②]

这些新闻网站自诞生以来,长期依赖的是政府财政拨款与母媒体的资金投入,自身赢利能力一直不足。"转企改制"前后,市场对新闻网站的经营提出了高要求,作为企业它需要谋求经济利润。市场经营压力的进一步增大,倒逼新闻网站去寻求政府拨款、广告收入以外的其他收益,丰富自身的经营结构。以人民网为例,作为其增量部分从一开始就肩负了探索市场化道路、为母体提供经济收益的使命。正是在"转企改制"的形势与市场化使命之下,人民网作为创新者率先涉足利润丰厚的舆情市场,迎合市场需求,向政府等客户提供舆情服务。

(三)组织支撑形式:从依附型组织向独立型组织发展

从组织形式上来看,虽然目前中央、省、市三级新闻媒体均已涉足舆情业务,但是它们多数选择下属新闻网站作为舆情业务的载体,新成立的舆情组织依附于新闻网站,在新闻网站之下,同时成立相应的舆情频道,"一套人马,两块牌子"。就数量最多的省级媒体类舆情机构而言,大多数都隶属、依附于各自区域内省级党报集团主办的省级新闻网站。在这些省级新闻

---

① 张滢莹:《资本市场对新闻网站发展的影响研究——基于资本、专业、行政三者关系框架下的考量》,2013年复旦大学硕士论文。
② 张滢莹:《资本市场对新闻网站发展的影响研究——基于资本、专业、行政三者关系框架下的考量》,2013年复旦大学硕士论文。

网站旗下设立的舆情服务组织同时拥有并负责运营相应的舆情频道，舆情组织在新闻网站组织结构中的地位与网站其他频道基本同等，它与省级报业集团的母报、子报、相关部门基本没有交集，它一般只是作为媒体集团下属新闻网站内部的一个依附性组织在新闻网站的频道层面展开运营。

而南方报业、《广州日报》《羊城晚报》等则以独立子公司的组织形式运营自身的舆情业务。以南方报业为例，它突破了上述省级新闻网站频道化运营舆情业务的组织模式。具体而言，首先它并没有将舆情业务仅定位为集团子网站的一项常规经营业务，而是将其上升到整个集团的高度，将舆情业务作为集团媒介融合转型的三大项目之一；其次落实到具体的组织形式上，虽然南方报业也选择了旗下的新媒体公司作为孵化器孵化南方舆情项目，在其名下设立南方舆情事业部，但它是作为一个独立型组织，接受集团高层的直接领导，在整个集团层面运作舆情业务，集团的母报、子报、相关部门都与南方舆情事业部发生关联，南方舆情可以动用整个集团的资源投入舆情生产、销售。南方报业对于舆情业务的重视程度、赋予南方舆情的组织地位远非其他省级党报集团旗下子网站成立的依附型舆情组织可比。

媒体舆情业务主要存在两种组织支撑模式：一种是舆情组织以频道的形式依附于媒体集团下属的新闻网站，与媒体集团的报纸、各部门之间基本没有交集，在网站层面展开舆情业务，其作为一项新增业务并不在传统媒体新闻编辑部的核心场域内进行，舆情生产与原有新闻生产之间有着明显的区隔；另一种是以南方舆情为代表，舆情组织作为一个独立型组织与媒体集团的报纸、各部门之间产生交集，在整个媒体集团层面铺展舆情业务，舆情生产与新闻生产之间的区隔被打破。从长远来看，随着舆情业务的收益增加以及其在媒体集团收入贡献的增大，媒体类舆情组织存在从依附型组织向独立型组织发展的趋势。

（四）舆情产品生产模式：从独立运作延伸至协同生产

就产品、服务种类而言，通过上表我们可以看到媒体类舆情组织所提供的舆情产品、服务基本可概括为舆情监测、舆情分析报告、舆情应对处置建议、舆情培训四大类产品与服务，与以出售舆情监测系统为主的技术类舆情公司相比，媒体类舆情组织多出了舆情应对处置、舆情培训两类产品、服务。

以出售的产品、服务衡量，自动化舆情监测系统最早由技术类舆情公司开发也是它们的主营产品，我们可以将技术类舆情公司定义为"数据技术主导型"组织；相对应的媒体类舆情组织既出售技术系统，又提供智力分析内容，则为"数据技术+专业分析"混合型组织。由于大多数新闻媒体本身并不具备进行舆情监测的技术能力，它们普遍选择通过与技术公司、科研机构进行合作的方式弥补自身的技术短板，或直接购买其技术，或与其合作开发舆情系统。

在激烈的市场竞争当中，囿于人员构成（以技术研发类人才为主）以及自身历史等多方面原因，技术类舆情公司一般无法实现对舆情数据的深度分析、解读，而媒体类舆情组织则凭借其人才资源、服务政府机构的经验（以内参等形式）使得"专业分析"成为其竞争优势。

虽然具备"专业分析"优势是媒体类舆情组织的共性，然而从笔者田野、访谈获得的资料来看，在"专业分析"产品内容的具体生产机制上，媒体类舆情组织内部呈现出明显的区别。人民网、新华网等新闻网站作为早期创新集团，在它们创造的舆情生产模式之下，专业分析内容的生产交由其雇用的专职舆情分析师负责，作为增量业务的舆情生产与既有存量的新闻生产之间存在明显的区隔。与它们相比，南方报业等后起者则有所突破发展，具体来说，南方舆情作为独立型组织处于集团高层的直接领导下，由此其在整个报业集团当中的组织权力得到了提升，凭借所采取的"专职+协同"模式，新闻记者、新闻信息资源等集团资源也被纳入舆情生产体系，从而打破了舆情生产与新闻生产之间的区隔，影响了新闻生产。据笔者所知当前已有部分省级报业集团试图复制南方报业的舆情业务模式，长远观之，以南方舆情为代表的舆情业务协同生产模式存在大规模扩散的可能。

三、媒体舆情业务兴盛的隐忧

从根源上而言，中国的舆情服务产业应互联网而生，正是互联网的兴起使得党和国家在舆论管理中第一次直面公民原生态的、公开化的舆论表达与舆情反映。面对冲击，在"舆情引导"思想指导之下，了解舆情、分析舆情、应对舆情成为中央和各级政府的一项重要任务。正是自上而下的舆情监测、应对需求，促成了包括媒体类舆情机构在内的整个舆情服务产业的兴盛繁荣。

对于新闻媒体而言，近年来的市场经营危机、媒体转型困境，使得"舆情业务被不少媒体机构视为转型发展的重要增长点"，它们为舆情产业的丰厚利润所吸引，在全国上下掀起了一轮进军舆情产业的热潮。然而舆情业务虽能够给身处媒介转型期的新闻媒体给来丰厚的利润，但是舆情业务在新闻媒体内部的生长、繁荣所带来的负面影响值得警惕。

第一，从本质上而言，舆情业务的开展是新闻市场化改革进程中多元化经营思路的延续，但是与过往从事的房地产、酒店经营等多元化经营项目不同，新兴的舆情业务不仅可以在销售环节借助母媒体的影响力、渠道资源等，还可以在生产环节直接动用传统媒体的新闻采编资源，介入、影响日常的新闻业务。由此一旦作为经营性业务的舆情业务与日常的新闻业务之间的防火墙被打破、拆除，将造成严重的后果。比如在前述的舆情业务协同生产模式之下，舆情生产与新闻生产之间的区隔被打破，媒体舆情组织直接动用传统媒体的新闻采编资源，新闻记者同时从事舆情生产与新闻生产，这极易导致新闻从业者的角色冲突与职业认知混乱；再如，当前在媒体类舆情组织当中存在利用地方记者站（地方分支机构）进行舆情推广销售，在具体的销售过程中，长期以来为人所诟病的地方记者站采编不分、新闻人员操守低下利用媒体权力进行敲诈等病症难免会有所发作，媒体舆情业务销售存在沦为舆情敲诈的风险隐患。

第二，从长远来看，随着舆情业务的收益增加以及其在媒体集团收入贡献的增大，媒体的经营重心存在从传统的新闻、广告向舆情业务偏移的可能，有的新闻媒体的服务重心将从公众转换为数量有限的特定的地方党政机构与大型国企等，它们更为关注的是舆情市场份额与客户满意度，为了商业利润甚至可以放弃公共利益。舆情业务的引入使得新闻的公开属性弱化，而强化新闻的内部化属性，导致开放的报道职能弱化，封闭的信息和情报功能强化，公开的新闻业转变为封闭的服务业。

综上所述，新闻媒体理应认清从事舆情业务的潜在风险，在内部建立有效的防火墙机制，对舆情业务与新闻业务进行有效隔离，规避舆情业务开展过程中对新闻业原则和功能承担的负面影响，否则舆情业务的开展终将危及传媒的独立性与公共性。

[本文是2016教育部人文社科研究重大攻关项目"大数据时代国家意识形态安全风险与防范体系构建研究"（项目编号16JZD006）系列成果。作者吴涛为中山大学传播与设计学院博士、南京师范大学新闻与传播学院讲师，张志安为中山大学传播与设计学院院长、教授］

2005年以来报业财政支持政策研究
——基于报业市场化改革的视角

刘颂杰　张馨梦

【摘要】

近年来随着报业经营面临困境，中央及地方各级政府加大了对报业传媒集团的财政支持力度。这一现象引发了较多的争议。本文认为，对报业财政扶持政策的分析必须放在报业改革历史进程的语境之下，结合传媒组织制度变迁来进行。本文首先回溯了报业市场化改革的进程，进而指出现阶段报业集团财政支持主要有以下几种方式：税收优惠和贷款贴息；对新闻产品或服务的政府采购；直接财政补助；发放定向补贴、专项资金；绕道产业投资基金等。我们认为，在移动互联新技术冲击之下，对报业财政投入的加大如果只是临时性的救济，或许对传媒改革进程不会有根本性的影响。但如果这种救济举措长期固化，则很可能变成"去市场化"的一种决定性力量。本文建议进一步区分媒体属性，避免财政补贴影响市场化进程。

【关键词】

报业集团　财政补助　媒体转型

中国的传媒制度改革始于20世纪70年代末，并以报业集团的发展、壮大作为走向深度市场化的标志；面向大众读者的都市报往往在集团营收中扮演重要角色，并对同集团的党报形成交叉补贴；党报则继续承担宣传功能。随着2005年以来报纸广告收入不断下滑，各地方财政加大对报业集团的支持力度。这种财政扶持的趋势在2012年报业广告收入出现逆转之后更为明显。近年来，中央和地方政府向各级报业集团发放财政补助引起了各界的关注。如2016年，河北省专门下发文件，要对新闻媒体加大"财政支持力度"，对各级媒体"全覆盖"；湖南省党代会上，有代表提议把各级媒体列入财政全额拨款事业单位。

对于这一现象，有人欢呼财政扶持正当其时；有人则忧虑，是对报业市场化改革的悖离，是"再行政化"。我们认为，对报业财政扶持政策的分析必须放在报业改革历史进程的语境之下，结合传媒组织制度变迁来进行，否则就容易出现非黑即白、过于简单化的价值评判。

对报业等传媒机构的财政投入，属于文化财政政策①的范畴，但现有文献中相关研究还比较少。我们希望探究，各级财政是如何对报业集团进行补助的；报业财政补助对中国报业改革方向将有怎样的影响，应如何规避不利的影响。不过，目前这一领域的研究文献、公开资料和相关报道都十分有限，作为一个初步的研究，我们尝试挖掘和分析了中央本级财政以及各报业集团历年的年度预决算报告，并访谈了相关一些报业集团的负责人。

财政补助主要与报业运营的资金来源有关，为了方便分析，有必要首先对中国报业改革中经营制度的变迁做一番简要的梳理和回顾。需要特别指出的是，谈及现阶段的报业财政支持政策，各界普遍笼而统之地称之为"财政补贴"，但严格来说，财政补贴、财政补助的概念应有所区别，不能混用。

一、回顾报业改革进程：经营制度的"市场化"取向改革

1978年以来的报业改革进程，呈现了明显的"市场化"改革的取向。有论者指出，在我国报业市场化改革中，政府是"宏观发动者、决策者、组织者和监督调控者"；政府行为是报业市场化进程的决定性因素、主导性力量。

大多数研究者认为，近四十年来，中国传媒体制的改革是以1978年中国

---

① 周正兵：《文化财政的国际经验与启示》，《国际文化管理》，2013年。

改革开放为起点,历经三个大的阶段,即初步市场化、传媒集团化改革以及"转轨改制"。①

(一)市场化起步阶段:"事业单位,企业化管理"

改革开放之前,报业是计划经济体制下的事业单位,办报开支主要依靠政府财政拨款。然而媒体单位的开支成为财政越来越难以承受的巨大负担。1978年,人民日报社等八家新闻单位联合向财政部申请实行"事业单位,企业化管理"的混合型管理体制,这表明了新闻单位对僵化的传媒体制的不满,但正希望甩掉媒体机构拨款"包袱"的财政部迅速同意了。

不仅如此,1979年4月,财政部还颁发《关于报社试行企业基金的实施办法》,意味着报社可以试行企业化管理模式。1981年开始,报业逐步自负盈亏;1983年,财政部对中央大报实行"利改税",税后利润全部留报社支配;从1985年起,新华社实行经费大包干。

到80年代中期,这种混合型体制在全国多数中央和省级新闻报纸单位普遍实行,"独立核算、自负盈亏、照章纳税、财政不给补贴"。1987年,国家科委将"新闻事业"和"广电事业"纳入"中国信息商品化产业"序列,标志着国家对新闻传播业产业属性的认可。

"事业单位,企业化管理"被普遍认为是中国传媒体制市场化改革的开端,形成的混合型体制成为此后报业改革的主线和基调:事业单位搞预算管理,由财政拨款;企业单位搞经济核算管理;报社则作为特殊的事业单位,纳入经济核算管理范围。②

(二)产业化阶段:报业集团纷纷组建

过往,作为"喉舌"的新闻机构重采编而轻经营。1992年十四大确立了社会主义市场经济体制的改革目标,报业开始真正走向市场,"集团化"成为

---

① 李明:《中国传媒体制改革研究述评》,《东南传播》,2010年第10期,第14~18页。
② 屠忠俊:《中国报业经营管理改革20年之轨迹(之一)》,《当代传播》(汉文版),1998年第4期,第23~26页。

发展的关键词。①

1993年，国务院发布《关于加快发展第三产业的决定》，把"报刊经营管理"正式列入第三产业。同年，国家税务总局发出通知，对出版业只征收增值税，不再征收营业税，多数机关报刊还可免征增值税。

1996年，广州日报报业集团成为中国第一家报业集团。1998年，又有五家报业集团成立：文汇新民联合报业集团、南方日报报业集团、羊城晚报报业集团、经济日报报业集团、光明日报报业集团。至2002年12月，在这一波"集团化"热潮中，全国共组建报业集团39家。

90年代末，顺应市场的需求，都市报开始陆续出现，并成为继周末报、晚报之后，中国报业大众化的第三次浪潮。在财政投入削减的市场化进程中，同一集团旗下的都市报往往可以弥补党报营收能力弱的缺陷，形成"交叉补贴""子报养党报"，减轻了党报的市场压力，令后者得以完成宣传任务。②

（三）"两分开"阶段：转企改制，培育市场主体

2003年启动的文化体制改革，不是"企业化经营"思路的延续，而是要实现真正的"企业化"——报业的转企改制。2003年7月，中央办公厅下发《关于文化体制改革试点工作的意见》，明确将文化单位分为"公益性文化事业"和"经营性文化企业"两类，要求：经营性文化企业实施公司制改造，完善法人治理结构，按照现代企业制度要求培育文化市场主体。

2005年，南方日报报业集团的改制就是这一改革思路的典型案例。当年，集团更名为南方报业传媒集团，启用"两元式法人并存"运营模式。南方日报社作为事业法人，南方报业传媒集团公司作为企业法人，各负其责：南方日报社实施"事业单位、企业化管理"，负责集团所有的采编业务、采编人员的管理和非经营资产的运营；按照现代企业制度发展要求和"一媒体

---

① 胡润斌：《报社总经理角色定位》，《新闻大学》，1995年第4期，第60~62页。
② 魏永征：《论党报和"都市报"的依存关系》，《新闻与传播研究》，1999年第4期，第14~22页。

一公司"原则,集团所属经营性资产剥离出来,设立国有独资的南方报业传媒集团公司。①此外,在南方报业传媒集团里设立管委会,广东省人民政府作为出资人,对管委会实施国有资产授权经营,管委会则代表出资人履行出资人职责和义务。"国有资产授权经营"模式后来也在浙江日报报业集团等地获准实行。

进入2007年,报业上市更是成为新的潮流。解放日报报业集团借壳新华传媒整体上市,广州日报传媒股份有限公司("粤传媒")2007年11月从三板成功转主板。2007年12月,作为中央文化体制改革中"采编与经营整体上市"的唯一试点单位,辽宁出版传媒股份有限公司在上海证券交易所挂牌上市。②

上市热潮的出现使得学界的关注点多集中于报业集团的资本运营,但实际上从报业改革的层面看,着眼于培养市场主体的"企业法人"的出现,才是在过往集团化("事业集团")基础上的关键一跃。但改革仍然是不彻底的,比如管办不分离、国有资产授权经营是授权给事业法人而不是企业法人,等等。

(四)股权多元化阶段:"特殊管理股"暂未展开试点

转企改制之后,市场化改革的下一步逻辑就是要建立现代企业制度,其核心则是公司治理结构、所有制的改革。报业传媒企业的改制是在国有企业混合所有制改革的大背景下展开的。2013年11月,十八届三中全会提出要对按规定转制的重要国有传媒企业探索实行"特殊管理股"制度。2014年2月,中央全面深化改革领导小组通过的《深化文化体制改革实施方案》把在传媒企业实行特殊管理股制度试点列为2014年工作要点。2014年4月,国务院办公厅发布《进一步支持文化企业发展的规定》,传媒企业经批准可开展特殊管理股试点。

---

① 朱静雯、汪全莉:《报业传媒集团改制模式分析》,《编辑之友》,2009年,第11期,第16~19页。
② 郭全中:《而立看百年——传媒经营管理30年》,载于人民网—传媒频道,http://media.people.com.cn/GB/8165863.html。

特殊管理股是一种特殊的股权结构安排,国际上主要有两种模式:一种是一股多权的双层股权结构,即普通股分为A、B股,创始人或原始股东的B股拥有的投票权是A股的若干倍;另一种是具有一票否决权的"金股制"。提出特殊管理股改革,意味着管理者已经认识到国有股"一股独大"的股权结构限制了国有传媒的活力。①作为对原有行政管理方式的一种更市场化的替代,特殊管理股的实施既有利于推动国有传媒企业的股权结构改革,促使其成长为真正的市场主体,又能保证党和政府对重要传媒企业的控制力和影响力。②

特殊管理股制度已经和《纽约时报》等国际传媒的做法十分接近,但是到目前为止,还没有看到国内报业、传媒机构的试点案例。这也说明,所有制改革已进入"深水区",在争议之下推进十分艰难。

(五)现阶段报业集团的事业单位属性与经费来源

从上述报业改革进程的回顾可以看到,改革的总体方向是在经营层面实现市场化,各级报业(集团)逐步摆脱了对财政拨款的依赖,实现自收自支、自负盈亏。但同时,报业的事业单位性质始终不变,政府的地位并未让步于市场,而是仍承担着媒体管理者、所有者和经营者的三重角色。

现阶段,按照经费来源划分,事业单位可分为全额拨款事业单位(所谓"纳入管理"单位)、差额拨款事业单位、自收自支事业单位(财政不拨款)。报业改革了将近四十年,报业机构中从事新闻内容的生产和传播的部分从来都是"事业单位"的身份,未有改变。不过,各单位的经费来源还是有所不同。有些报业是"差额拨款事业单位",例如,宁夏日报报业集团年度决算报告明确指出,集团是"自治区党委直属的差额补助事业单位"。

大部分报业集团是自收自支事业单位,财政不再拨款。比如,云南日报报业集团的决算报告指出,其为"企业化管理的事业单位","自收自

---

① 王立亚、张春朗:《"媒介融合"与我国传媒的"特殊管理股制度"改革》,《声屏世界》2014年,第5期,第14~17页。
② 潘爱玲、郭超.《国有传媒企业改革中特殊管理股制度的探索:国际经验与中国选择》,《东岳论丛》,2015年第3期,第123~129页。

支",使用企业会计准则,无零余额账户。虽然自收自支单位在通常情况下,财政不再拨款,但如果有财政拨款,则必须专款专用。如云南日报报业集团决算报告注明:财政拨款以项目支出形式拨到集团基本户,并严格执行专款专用;财政拨款不用于基本支出及三公经费支出。

严格来说,从会计处理上,对企业的财政拨款是"财政补贴",而对于事业单位而言,直接从财政部门取得的和通过主管部门从财政部门取得的各类事业经费称为"财政补助收入",包括正常经费和专项资金。在我国传统的预算体制和行政事业单位预算会计制度下,该资金也称为经费,收到的该笔资金称为"拨入经费"。因此,在报业集团的预决算报告中,可以看到财政补助、拨入经费等不同用词。

二、近年来报业财政补助的回归及其主要方式

在上述制度安排下,经营层面的市场化、多元化,以及一个报业集团内部都市类报刊与党报的"交叉补贴"模式等,固然使得一些报业集团的经营状况好转,但总体上依然无法解决党报自身营收能力不足的问题。

(一)报业寒冬来临,财政补助回归

2005年以来中国报业收入不断下滑,"报业寒冬论"引发热烈讨论。2012年以来中国报业广告收入断崖式下滑,都市报经营逐步陷入困境。CTR的数据显示,2011年国内报纸广告收入上升11.2%,2012年下降7.3%,2013、2014及2015年收入分别下降8.1%、18.3%、35.4%;2016年上半年报纸广告花费下降41.4%。[①]

在经济下行与新媒体迅速发展的双重冲击下,党报仍要保证宣传功能的正常行使,兼并重组、资源整合成为近年来的趋势。例如2013年10月,由解放日报报业集团、文汇新民联合报业集团合并而来的上海报业集团挂牌成

---

① 陈国权:《中国报业2016发展报告》,原载于"报业转型"微信公众号,http://t.cn/RS5uh8V。

立；2016年年底，南方报业传媒集团、广东广播电视台将财经类资源进行整合，成立南方财经全媒体集团。2017年年初，在中国证券报、上海证券报、经济参考报和新华出版社基础上成立的中国财富传媒集团也宣布正式挂牌。

同时，关停部分报纸成为节约成本、全面转型的另一选择：2014年，上海报业集团旗下《新闻晚报》停刊；2017年1月起《东方早报》休刊，原有功能转入澎湃新闻。同在2017年1月，北京日报报业集团旗下《京华时报》休刊，仅保留新媒体业务。根据《中国新闻年鉴》的统计数据，国内报刊种类总数已经从2008年的峰值1943种下降至1915种（2013年）。中央及省、自治区、直辖市级报纸数量从2008年的1050种下降至1018种（2013年）。

面对报业"寒冬"，当都市报的广告收入风光不再，交叉补贴难以持续，作为舆论和宣传阵地的党报便不得不"另谋出路"。除了"关停并转"等整合措施之外，近年来政府对报业集团直接的财政补助也成为一种越来越常见的举措。

从财政部公布的中央一般公共预算支出预算数据看，2015年至2017年三年的新闻传播预算有非常显著的增长。2010年至2014年新闻出版预算（中央本级）规模在40～50亿元之间，但2015年为将近65亿元，有近60%的增幅。2016年中央本级支出预算，新闻出版广播影视预算为140.7亿元，比上年预算执行数136.45亿元仅增长了3.1%。但在减去广播影视、出版发行等项的"新闻通讯"分项中（更接近本文研究的报业情况），预算为40.62亿元，比上年预算执行数33.53亿元增长了21.1%。在2017年中央本级支出预算中，新闻出版广播影视预算数为160.53亿元，比2016年执行数增加25.75亿元，增长19.1%，主要是加强新闻媒体建设等支出增加。在新闻通讯分项中，预算为33.53亿元，比上年预算执行数26.09亿元增长了28.52%。另外一项数据为"文化产业发展专项资金（支出）"，2012年至2017年每年预算数比上年执行数都有大幅度的增长。

附表：中央一般公共预算支出预算

单位：亿元

年度	项目	分项	上年执行数	本年预算数	预算数为上年执行数的%	增长率
2012	新闻出版广播影视		121.11	104.97	86.7	−13.33%
		新闻通讯	21.49	28.21	131.3	31.27%
	文化产业发展专项资金		7.22	34	470.9	370.90%
2013	新闻出版广播影视		108.88	111.18	102.1	2.11%
		新闻通讯	26.07	23.82	91.4	−8.63%
	文化产业发展专项资金		12.75	48	376.5	276.50%
2014	新闻出版广播影视		117.31	89.85	76.6	−23.41%
		新闻通讯	19.7	10.72	54.4	−45.58%
	文化产业发展专项支出		16.8	22	131	31.00%
2015	新闻出版广播影视		125.24	125.99	100.6	0.60%
		新闻通讯	19.79	28.96	146.3	46.34%
	文化产业发展专项支出		17.23	22	127.7	27.70%
2016	新闻出版广播影视		136.45	140.7	103.1	3.11%
		新闻通讯	33.53	40.62	121.1	21.15%
	文化产业发展专项支出		15.44	22	142.5	42.50%
2017	新闻出版广播影视		134.78	160.53	119.1	19.11%
		新闻通讯	26.09	33.53	128.5	28.52%
	文化产业发展专项支出		10.43	14.85	142.4	42.40%

说明：上表根据财政部网站公布的历年预算数据进行统计。因为预算编制项目的调整，2015年及之前的支出预算中，"新闻出版广播影视"数据由"广播电视""新闻出版"两项数据加总。2013年及之前的新闻通讯数据由"新闻出版"数据减去"出版发行"数据。

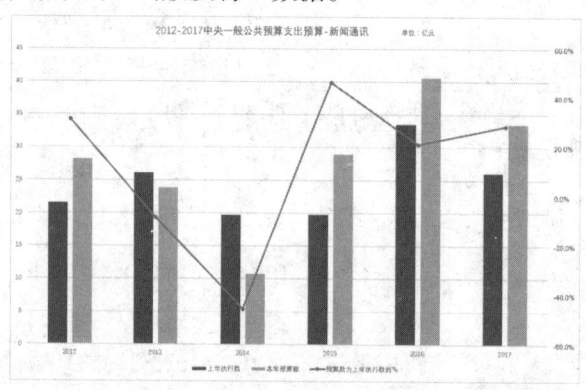

（二）现阶段财政补助的几种主要方式

经过整理研究，我们认为，近年报业财政支持政策大致可以归纳为以下几种方式（1）税收优惠和贷款贴息等。这是一种间接的财政补助方式，比如，2005年，为配合文化体制改革试点，财政部宣布对政府鼓励的新办文化企业免征3年企业所得税；2009年起，党报党刊将其发行、印刷业务及相应的经营性资产剥离组建的文化企业，自注册之日起所取得的党报党刊发行收入和印刷收入免征增值税。（2）对新闻产品或服务的政府采购。（3）直接财政补助，支持经营出现困难的媒体机构。（4）发放定向补贴、专项资金，主要用于媒介融合探索、新媒体平台建设。（5）绕道产业投资基金，支持党报集团新媒体发展。下文主要分析后四种补贴方式。

1. 新闻产品或服务的政府采购

财政出资对新闻产品进行采购，包括用财政资金订阅党报、党刊，或划定发行硬指标，并采取其他措施保证党报的发行量达标。

早在1999年，李良荣、林晖等就曾指出，在市场化前期进程中，党报往往同时面对来自市场和宣传任务的双重压力：一方面作为喉舌，党报需要发挥宣传执政党方针政策、引导舆论的作用，另一方面，其又要顺应市场规律，自负盈亏，逐步脱离对公费订阅的依赖。为减轻党报的生存压力，外部需要各级党委以组织形式、必要纪律保证党报发行；内部需要党报自身优化结构，围绕"党报姓党"，明确其工作报、干部报的定位。①

现阶段，在新媒体冲击下造成报业经营困难的背景下，财政资金订购新闻产品也重回视野。例如，湖北省明确规定，财政必须保证足额经费，省财政购买一定数量党报赠阅，省委、各市州成立党报发行督查室，并向基层党组织、公共机构等进行赠阅；对省直机关实施财政划拨、集订分送，财政一次性划拨专项订报资金到《湖北日报》。河南省划定了每200人拥有一份《河南日报》的硬指标，并要求财政收入单位以公共资金确保党报发行。②在直接采购方面，重庆市出资购买10万份《重庆日报》，而上海市则出资购买10万份《上海观察》。

根据《中国新闻年鉴》的数据，《京华时报》、《新民晚报》等众多都市类报纸发行在过去十年中逐步下降；而党报逆势上扬，《人民日报》发行量更从2005年的不足200万，上涨到2013年的每年超300万份。

2. 直接财政补助

2005年广告收入下滑以来，各级政府对报业集团加大支持力度：在中央级媒体方面，有业内人士指出，人民日报、经济日报、光明日报等近年除了获得财政拨款之外还能得到专项资金支持。③2008年人民日报、新华社等"国家队"成员得到巨额财政补助。④根据A股上市公司人民网（603000.SH）的公告，公司在2012、2013、2014、2015年度分别获得来自财政部等部门的补助：1262.7万元、50万元、2775.2万元及1142.8万元，其中最大一笔补助为2014年接受"文化产业专项资金拨款"，单笔即达到2500万元。

与此同时，各省、自治区、直辖市对于属地内党报集团补助力度也在不断加强：以传媒市场化开始较早、竞争激烈的广东省为例，2013年到2015

---

① 李良荣、林晖：《试析双重压力下党报面临的困难及其对策》，《复旦学报》（社会科学版），1999年第3期，第89~96页。
② 欧金玉：《扩大党报覆盖面 壮大舆论主阵地》，《湖南日报》，2015年10月31日第2版。
③ 詹国枢：《政府补贴党报，到底该不该？》，《经济》，2017年第3期，第8~8页。
④ 这一信息并未进行过公开披露，而是来自笔者与某报业集团相关负责人的访谈。

年,广东省委、省政府每年给予南方日报7千万元、羊城晚报5千万元,广东电视台3千万元的财政补助;2016年起补助总额更上升至2亿元。①

其他省份方面,2014—2016年,宁夏日报报业集团分别获得财政补助4400余万、6140万、1341.74万元,用于行政事业单位运营、职工工资发放;云南省、内蒙古自治区、河南省、宁夏回族自治区等地每年对本地党报集团的补助均在千万元级别。其中,甘肃省的《兰州日报》明确提及,本省党报经营陷入困境。2017年该报预算收入为7811.08万元,其中经费拨款6311.08万元、非税收入1500万元。②

《西安日报》的一位业界人士撰文表示:"许多省会城市党委机关报,都得到省市党委政府相应的政策支持和财政扶持。《兰州日报》每年都得到市财政给予的固定补贴,报社在岗事业编制人员工资由财政全额拨款,离退休人员生活补贴由财政供给。其他三个省会城市党报《银川日报》《西宁晚报》《乌鲁木齐晚报》等报社所有运营费用全由市财政供养。"③他呼吁,在目前西安日报社面临困难的情况下,市财政的扶持至关重要。此外,据《河北日报》报道,廊坊市委常委会专题学习省委办公厅、省政府办公厅下发的《关于加强对各级新闻媒体财政支持的通知》,提出在精确测算的基础上,2017年在全省率先实现对各级新闻媒体的财政支持全覆盖,切实做好对各级新闻媒体的财政保障,推动新闻单位加快改革发展。④

3. 发放定向补贴、专项资金

2014年4月,中宣部部长刘奇葆在《人民日报》撰文并明确提出,传统媒体的舆论引导能力面临挑战,互联网已经成为舆论斗争的主战场;传统媒体已经到了革新图存的重要关头。⑤在此前后,部分地区已经开始以"定向补贴"

---

① 郭全中:《2016盘点一:党报、党刊得益于政策等红利而逆势飞扬》,https://baijia.baidu.com/s?old_id=767346。
② 兰州日报社:《兰州日报社2017年部门预算编制说明》,http://www.lzbs.com.cn/gsgg/2017-01/18/content_4566302.htm。
③ 邢小俊:《改变与坚守:党报传媒集团转型的思考》,《今传媒》,2015年第12期,第77~78页。
④ 河北日报:《廊坊市加大对主流媒体财政支持力度》,http://hbrb.hebnews.cn/html/2016-12/09/content_142148.htm。
⑤ 刘奇葆:《加快推动传统媒体和新兴媒体融合发展》,《人民日报》,2014年4月23日第6版。

形式，指定资金用途，鼓励党报党刊发展新媒体。与前文所述的直接补助模式相比，进行定向补贴的省份更少，且主要集中在东部沿海地区，普遍以大手笔进行补贴，推动党报集团试水新媒体。

其中，上海市及广东省属率先尝试之列。上海市委、市政府对解放日报、文汇报各给予每年5000万元补助，作为新媒体发展基金，即此后上线的澎湃新闻、界面、上海观察等项目；另外5000万元用于支持《上海日报》《文学报》等外宣、具有文化影响力的报纸。①

如前文所述，广东省委、省政府给予南日、羊晚级广东电视台的财政补助，也被用于新媒体，尤其是手机端的建设。此外，深圳市委市政府每年各给深圳特区报业集团和深圳广播电视台1亿元现金，连给6年，用于集团主业转型和媒体融合；珠海市委市政府每年给珠海特区报社3000万元资金支持。

浙江省同样出资进行定向补贴，支持浙报集团的新媒体建设。2016年浙报集团预算显示接收财政拨款2630.95万元，主要用于《共产党员》杂志社红色新媒体矩阵项目、浙江在线新闻网站、浙江舆情网建设等。2017年浙报集团预算2970.50万元，其中文化支出1872.5万元，主要为浙江在线新闻网站、《宣传半月刊》办刊经费、省新闻工作者协会专项工作经费；文体与传媒支出1050万元，主要为浙江舆情网建设、县市报向区域公共文化服务平台转型。②

4. 绕道产业投资基金

以产业基金形式对党报集团进行补贴并不多见，重庆日报报业集团旗下的新媒体项目"上游新闻"是个中典型。上游新闻为重庆晨报的转型平台，原创团队主要来自重庆晨报的采编人员；其大股东为重庆晨报，持股80%。同时，国有全资投资集团——重庆文化产业投资集团向上游新闻注资6000万元，持股20%。此外，2016年年底，上海六家国有独资或全资企业对澎湃新闻网运营主体——上海东方报业有限公司（以下简称"东方报业公司"）战

---

① 张志安：《上海报业集团整合之策》，http://opinion.caixin.com/2013-10-25/100595585.html。
② 浙江日报报业集团：《浙江日报报业集团2016年部门预算》，http://www.8531.cn/jtdt/content/2016-03/07/content_111787.htm。

略入股,增资总额为6.1亿元。增资完成后,上海报业集团对东方报业公司的持股比例由100%变更为82.2%。

与单纯依靠财政出资相比,产业投资基金可以有效调动社会资本、资源,扩大资金来源和筹资规模。在以产业基金推动资源整合、媒体转型方面,广东省仍走在全国先列:2016年,在广东省委宣传部指导下,广东南方媒体融合发展投资基金宣告成立。基金发起方包括南方报业传媒集团、羊城报业传媒集团、南方广播影视传媒集团、广东省出版集团,并吸引到海通创意资本管理等社会资本进行投资。基金首批与6家新媒体公司进行签约,其中包括广东广电旗下的南方新媒体公司。①

广东省新媒体产业基金同样成立于2016年,其由省财政出资10亿元引导,并吸引社会资金参与。2017年,该基金与首批8个文化产业项目进行签约,除文化产业内民营中小企业外,基金同样对南方传媒产业并购基金、触电新闻App等国资背景产业基金及传媒集团旗下新媒体项目等进行投资。尽管更加充分地利用了市场化手段和社会资本,但必须承认,利用产业投资基金带动报业集团转型目前仅是个案。与直接进行补助、实行定向补贴等方式相比,其效果不够直接、迅速,也因此对一些正处于困境中的党报难以雪中送炭,而仅能起锦上添花的作用。

三、讨论:报业改革如何避免"再行政化"?

目前,各界对报业集团进行财政补助多持肯定和支持态度。比如,《人民日报》(海外版)原总编辑詹国枢认为:"政府补贴党报,从道理讲,确实应该,而且各地已以较大力度付诸实施。"②湖南省党代表朱锦辉等在该省第十一次党代会上提交提案,建议省、市党媒(党报党刊党台党网)全部列入全额拨款事业单位,列为公益二类事业单位,按编制拨付人头费,分别列

---

① 中国新闻网:《广东南方媒体融合发展投资基金首批项目签约》,http://www.chinanews.com/cj/2016/07-08/7932237.shtml。
② 詹国枢:《政府补贴党报,到底该不该?》,《经济》,2017年第3期,第8~8页。

入省、市财政预算;并将党报党刊发行纳入公共文化产品,统一实施政府采购。①有学者建议,公共财政支持党报党刊应根据公共性强弱程度而采取分类差异化的支持方式:对于中央级党党刊,给予重点财政扶持;对于地方重点党报党刊,给予财政扶持,适当引入国有文化资本,可采取差额拨款、贷款贴息等扶持方式。②

但詹国枢也指出,补贴是把双刃剑——"政府越是补贴得多,党报越是没有压力,也就越有可能不思进取,不想改革,这就很有可能非但不是爱护党报,反而害了党报。"③我们认为,对于本身属于差额拨款事业单位的党报进行财政拨款,争议较小;但报业改革至今,大部分报业集团已属于自收自支事业单位,"两分开"改革之后,也多数进行了转企改制的市场化改革,如果持续性给予财政补贴有可能不利于未来报业市场化改革的继续推进。

(一)"预算软约束"与再行政化之忧

从前文对报业改革进程的回顾可以看到,"市场化"其实从来都是文化传媒体制改革、报业改革的一个重要的目标取向。但同时"去行政化"也不同程度遇到阻力,因此一些媒体一直在市场化/企业化和行政化/事业化之间摇摆。我们前面已经指出,报业机构的事业单位性质并未有根本性的变化。市场化、去行政化不彻底,自然容易出现反复。

对于计划体制下,国有企业的预算"软化",匈牙利经济学家科尔奈描述道:"一方面,某一个国有企业如有严重的财政困难,通常就会得到赦免。这个企业就可能享受免税,得到财政补贴,或是被允许提高产品的管理价格,还有可能得到大量贷款以渡过破产的难关,保证企业的生存。"④不过,科尔奈也指出,如果政府出手援助陷入困境的企业只是偶发性事件,那

---

① 红网:《党代表提案:加大对全省党媒扶持力度》,http://hn.rednet.cn/c/2016/11/18/4140070.htm。
② 马明:《公共财政支持党报党刊发展的理论政策研究》,《中国文化产业评论》,2014年第2期,第126~136页。
③ 詹国枢:《政府补贴党报,到底该不该?》,《经济》,2017年第3期,第8~8页。
④ 转引自:屠忠俊:《中国报业经营管理改革20年之轨迹(之一)》,《当代传播》(汉文版),1998年第4期,第23~26页。

么并不足以导致预算约束的软化。只有当政府频频出手,而管理层也开始寄希望于政府援助时,"预算软约束"的症状才会逐渐显现。[①]我们也希望,带有"政府救市"性质的财政补助不会成为媒体融合进程中中国报业的常态,否则将不利于历经艰难、已取得了不小成绩的报业改革继续推进。

20世纪70年代末报业市场化改革的起步,其核心是事业单位的企业化,其背景则是政府财政不堪文化事业单位拨款的重负。如今,中央和地方各级政府财政财力雄厚,重新对包括报业在内的文化单位进行财政补助在财力方面已经没有障碍。在新闻媒体的冲击之下,对于政府而言,把握舆论阵地的主导权越来越凸显其重要性。因而,对报业传媒集团的财政补助越来越常见就不足为奇了。再加上,在财政支持之下,包括人民日报、新华社等中央媒体在新媒体领域的突出表现,客观上也增强了政府继续加大财政支持的决心。

从报业经营制度的演进历史我们可以看到,报业财政拨款和报业市场化改革是两种你增我减、你减我增的反方向力量。必须承认,政府一直是在报业市场化改革方面着力推进的。但是,在报业遭受互联网技术冲击而在经营上陷入困顿,中国政府财力渐增的背景下,传媒回归财政支持,市场化改革则有陷入停顿之虞。2013年以来,报业改革进入深水区,"特殊管理股"这个曾被反复提及的改革举措如今无法落实,或许正是这一境况的写照。

在移动互联新技术冲击之下,对传媒财政投入的加大如果只是临时性的救济,或许对传媒改革进程不会有根本性的影响。但令人担忧的是,如果这种救济举措长期固化,很可能变成"去市场化"的一种决定性力量。

(二)进一步区分媒体属性,避免财政补贴影响市场化进程

报业改革以来,学界对于传媒属性的讨论可以追溯到1993年,中国社会科学院新闻研究所等单位主办的"社会主义市场经济与新闻事业"学术研讨会。1995年,李良荣教授等第一次明确地界定了我国新闻事业的双重性,即

[①] 雅诺什·科尔奈:《预算软约束综合症》,《新财富》,2009年6月,http://money.163.com/09/0619/16/5C6E3JGI00253B0H.html。

新闻业既具有形而上的意识形态属性,又具有形而下的信息产业属性,成为我国新闻事业的"事业单位、企业化管理"的理论支撑。①

从2003年学者们开始对传媒属性、双重属性论有了重新的思考。如李良荣认为:"中国的新闻媒体都具有双重属性,双重属性是就新闻媒体而言,但就个别媒体,双重属性的体现会有不同的偏重,属于党的喉舌的新闻媒体具有更多的上层建筑即更多的事业性质,而不属于党的喉舌的新闻媒体具有更多的信息产业属性即企业性质。"②

根据媒体的属性不同,资金来源自然不同,经营机制也可以更加多元。在清晰划分的前提下,对国家传媒的财政补贴也就不会有太多争议,也不影响商业传媒继续市场化的发展道路。

在目前的政策背景和发展趋势下,未来党报是否会与都市报走上截然相反的道路?有业内人士指出,未来党报集团、非党报集团将进一步分野,党报集团强调公益性,非党报集团加速转企改制。③我们认为,无论媒体的发展环境如何演变,都应当坚持报业的市场化改革方向。未来,不同属性的报业可以在不同的平台进行运营,而不会因为财政补贴可获得性的差异而造成不公平的竞争。

(作者分别为中山大学传播与设计学院讲师、博士,财经新闻专业硕士。本文系教育部人文社会科学研究青年基金项目《互联网影响下编营分离制度的变迁与重构研究》的部分研究成果,项目批准号:16YJC860008)

---

① 李良荣、沈莉:《试论当前我国新闻事业的双重性》,《新闻大学》,1995年第2期,第6~8页。
② 李良荣:《论中国新闻媒体的双轨制——再论中国新闻媒体的双重性》,《现代传播》,2003年第4期,第1~4页。
③ 柳剑能、余锦家:《中国报业集团的发展历程和转型策略》,《传媒》,2014年第4期,第12~15页。

资本运作、平台搭建及价值变现

——2015—2016年中国财经新媒体发展趋势观察报告

吴非　龚彦方

【摘要】

本文梳理了2015—2016年中国移动互联网平台上财经新媒体的发展动态，指出资本运作、垂直细分及品牌营销等是其近两年财经新媒体领域生态变迁的主要特点。由此出发，总结了移动互联时代下财经新媒体平台升级、资本参与介入、短视频直播互动等新产业背景，并对财经新媒体未来发展转型提出具体的建议。

【关键词】

财经新媒体　移动互联网　生态变迁

2017年1月4日，上海巴九灵文化传播有限公司（财经新媒体"吴晓波频道"运营公司，下文简称"巴九灵"）正式对外宣布完成1.6亿元A轮融资，估值达20亿元。这一举创下近两年财经自媒体融资额新高，也是目前自媒体创业公司中估值最高者之一。

过去两年，伴随趣财经、泛财经类新闻阅读需求的不断增加，相较于专业严肃的传统财经媒体，主打移动互联网阵地的财经新媒体以其轻松有趣的财经内容受到读者好评，也成了资本眼中传媒的新宠。

据不完全统计，2015—2016年中国移动互联网平台的财经新媒体融资事件共13起，融资总额约为3.19亿元。其中，2015年融资事件3起，融资额5400

万元；2016年行业迎来资本风口，全年融资10起，总额2.65亿元。

就目前情况而言，尽管财经新媒体融资多处于初级阶段，大多位于"天使轮—A轮"之间。但凭借资本驱动、平台搭建和品牌营销，加上直播和短视频等新型的传播变革方式的来临，财经新媒体正走上一条迅猛发展的高速路。

资本运作与盈利模式分析

据中国互联网络信息中心统计：2016年，我国网民规模达7.31亿人，其中手机网民规模达6.95亿人，同比增长12.1%，占比提升至95.1%。伴随着手机网民的不断增加，人们对资讯信息的需求端口越来越多地从纸质、PC端转移到了移动端。在互联网碎片化阅读的时代，传播的话语权逐渐分散、信息市场的竞争性和流动性不断提升，这也为财经新媒体的创业热潮提供了契机。

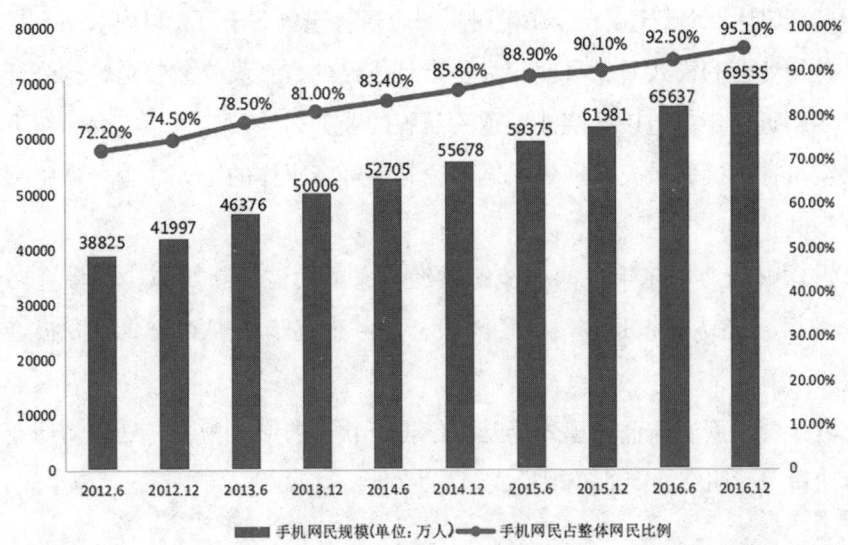

图1　2012.6—2016.12　我国手机网民数量及占比

2015年，传媒产业转型的大背景下，众多财经媒体人出走进行内容创业,财经新媒体如雨后春笋般不断冒出。例如,李晓晔(原无界新闻副主编)创立"野马财经"、王玉德(原《南方都市报》新闻总监)创立"无冕财经"、王牧笛(原广东电视台制片人)创立"功夫财经"、秦朔(原《第一财经日报》总编辑)创立"秦朔朋友圈"等。

可以看出,2015年这批初创的财新新媒体,创始人均为传统财经媒体人,不同于最初单打独斗的个人自媒体,他们均采用团队的形式运营财经新媒体的品牌。内容生产上,坚持独家和原创。

如果说2015年是财经新媒体爆发元年,2016年则迎来其资本风口。据不完全统计,2016年财经新媒体全年共发生融资事件10起,总额约2.65亿元。其中,华尔街见闻和蓝鲸财经均获过亿元融资。

从融资情况上看,雪球财经、华尔街见闻、蓝鲸财经三家业务主打金融数据资讯的财经新媒体较为受资本投资方偏爱。它们发展时间长,其中雪球财经成立于2011年,商业生态完整且团队、业务均较为稳定。2015年这三家媒体平台都已迈入B轮后融资,累计融资均过亿元。而近两年建立并发展起来的财经新媒体,多数还未迈入B轮融资,金额普遍也在千万元以内。

从商业营利模式看,目前较为稳定且成熟的有:吴晓波频道,据公开资料显示,近两年打造以吴晓波频道为品牌的业务,涉及广告、电商、线下讲座、会员社群等领域,发展势头迅猛,是财经新媒体的个人品牌变现中突出典型案例。

雪球财经、华尔街见闻、蓝鲸财经三家早期财经新媒体,凭借金融资讯、数据、交易服务业务站稳了脚跟,业务也逐步拓展到商业研究报告的出售。

其余财经新媒体商业模式仍是以广告、软文的形式为主,处在初期商业探索阶段,无明细的商业变现模式。

传播平台矩阵与差异化内容生产

传播平台是移动互联网时代下流量导入的端口,也是各大内容提供商争夺的用户群体的第一阵地。通过传播平台矩阵的搭建，可以连接和吸引各处的受众群体，提高品牌的传播影响力和资源聚拢的能力。因此，平台化战略的转型与升级也成了近几年财经新媒体生态变迁的一个缩影。

据笔者观察，2015—2016年财经新媒体的传播平台建设大致经历三个阶段。

平台1.0时代：依靠"两微"——微博、微信社交平台，以微博账号和微信公号为主体每天发布内容文章。内容的好坏以文章阅读量来判定，10W+更是成为公认的评判标准，更有一些公号主体凭借文章打赏功能，就能达到月入过万的盈利，平台维护成本几乎为零。不过，随着各大财经媒体开通微信公号以及苹果手机关闭了微信阅读打赏功能，只凭借社交平台作为发布主体，传播渠道过于单一，依附与第三方平台（微信、微博）的传播方式，虽然可利用其原有的庞大用户基础，但发布内容频率受限，无法形成自身相对闭环的运营环境。如野马财经、无冕财经。

平台2.0时代：手机APP客户端横空出世，目前仅有不到10家财经新媒体拥有自身的手机客户端。手机客户端的装载有利于拓展其传播渠道，塑造其自身品牌影响，更重要的是能掌握用户流量和阅读反馈等分析数据，从而进行精准的广告投放及商业模式构建，如阅读付费、会员付费等，价值变现的方式更趋于多元化。不过，手机客户端建设成本比1.0时代社交平台时代高，具有一定的开发运营成本。因此，财经新媒体APP的发布多发生在融资事件之后。如金融八卦女、吴晓波频道。

平台3.0时代：2016年直播盛行，短视频迎来风口，一场新的传播方式变革正在来临。财经新闻资讯与数据信息的天然相伴性，大数据、可视化、短视频等新传播方式不断运用到财经新闻中。值得注意的是，财经新媒体开始尝试生产短视频内容，以趣财经、泛财经的内容定位，与第三方视频网站（爱奇艺、优酷、土豆等）合作互利。如吴晓波频道、功夫财经。

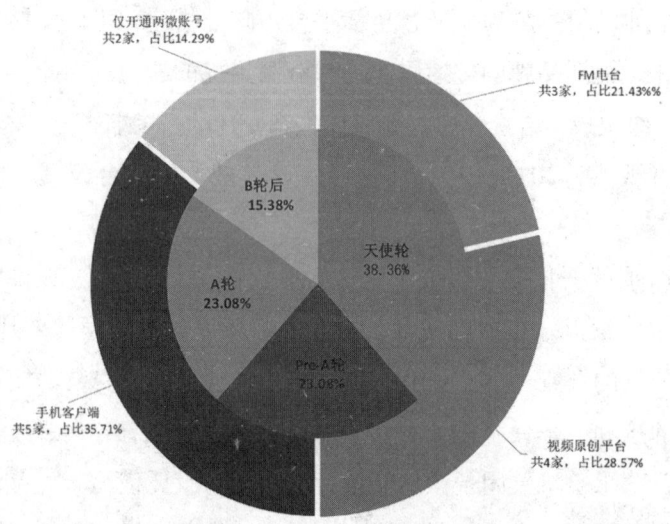

图2　2015—2016财经新媒体发展路径分类数据

除了传播渠道的拓建，信息长尾时代，在传统媒体垄断专业财经新闻话语权的情况下，财经新媒体另辟蹊径，根据自身产品市场或消费群体进行内容定位细分，笔者根据如今财经新媒体内容阵营，大致划分出以下几类。

a. **定位金融市场**：服务于金融专业领域投资者，类似于国外的彭博社和路透社，通过快速提供最新的金融类专业信息服务以及相关数据库服务等获得高度黏性的专业消费者。典型代表有雪球财经、华尔街见闻、蓝鲸财经。2017年还延伸出金融专业领域的垂直细分市场：典型代表有聚焦于大宗商品领域的"扑克投资家"、聚焦新三板市场的"读懂新三板"，不过这些垂直市场规模上还比较单薄，财经新媒体的数量较少。

b. **人格化内容营销**：以个性化的原创内容为主要产品，并注重这些内容产品的版权化延伸，例如付费讲座、书籍销售等，典型代表有吴晓波频道、秦朔朋友圈。两家分别搭建吴晓波和秦朔的个人影响力品牌，内容生产上带有鲜明的个人色彩。

c. **服务泛财经类信息**：向一般消费者提供的财经类新闻信息服务，注重趣味性、知识性和一定程度的应用性，典型代表有金融八卦女、功夫财经。前者是主要爆料金融圈八卦，后者则以趣味视频的形式解释分析财经现象。

d. **坚持深耕优质原创**：作为财经新闻的内容提供商，"内容为王"的战略方针无论在哪个时代都不会过时。不少财经新媒体在信息碎片化的移动互联网时代，依旧深耕优质原创内容，写下一篇篇优秀专业的文字报道。典型代表有野马财经、无冕财经。

"人格化"品牌营销与价值展望

2016年文化传媒领域掀起一阵IP热，财经新媒体IP化运作也已在行业中崭露头角。如果说传统媒体时代，在传播渠道有限的情况下，媒体还掌握着足够的话语权，享有品牌价值的天然性、共生性，那么进入移动互联网时代，传媒生态发生根本性的改变，IP化运作悄然成为财经新媒体运营的新形态和新趋势。

2017年1月4日，吴晓波的巴九灵拿到1.6亿元A轮融资，总估值20亿元，均创下近两年财经新媒体融资额新高。作为财经新媒体IP化运作的典型代表，吴晓波自2014年创建财经自媒体品牌"吴晓波频道"以来，至今已积累粉丝数过200万。据吴晓波频道微信公众号介绍，除了我们看到的专栏文章和每周三与爱奇艺合作的视频节目《吴晓波频道》，他还在全国80多座城市建立线下书友会，多次举办线下的课程讲座和会议论坛，还为腾讯著书《腾讯传》。在吴晓波个人品牌影响力带动下，其2015年年初次尝试电商卖酒，33小时里就售罄了5000瓶。

对于财经新媒体而言，人格化凸显的品牌营销方式有利于聚拢一批忠实用户，通过线上交流和线下互动增加了用户活跃度，将网络社群延伸至线下潜在消费群体实现价值变现。

我们可以看到，在IP化运作的探索上："功夫财经"打造了王牧笛、李大霄、马光远等财经"网红"，秦朔推出"秦朔朋友圈"，2016年财新传媒的《王烁学习报告》等均是财经新媒体在这方面的尝试和创新。诚然个人IP的品牌价值具有天然的不可复制性，但我们已经看到IP化运作和财经新媒体运营的融合趋势和潜在商业价值。

财经短视频兴起与传播方式变革

随着智能设备普及率的提高和与手机网络升级，移动互联网时代手机端观看视频内容的体验得到不断提升。2016年中国短视频内容行业迎来爆发，据《2016短视频内容生态白皮书》显示，2016年Q4视频播放量上，新闻现场类内容以13%的占比高居第二，仅次于搞笑类视频内容（占比20%）。

在读者受众碎片化阅读的时代，仅凭借冗长繁杂的文字数据罗列已经不能满足读者的信息需求。短视频具有易生产、易接受、易传播的特点，与轻财经、趣财经类内容的定位不谋而合。财经新闻内容与短视频传播方式相结合，一种新型的短视频类财经新媒体应运而生，典型的代表为"功夫财经"。

2015年11月11日"功夫财经"微信订阅号正式上线，主打短平快的视频和犀利独到的泛财经时评。2016年2月，"功夫财经"Pre—A轮融资，创始人王牧笛当时在微博中透露，公司估值达到6000万元。同年5月，"功夫财经"完成1500万元的A轮融资，估值已经超过2亿元。短短三个月的时间，让它的估值翻了三倍。资本对其的青睐可见一斑。与其他财经新媒体不同，"功夫财经"打从一开始就走上视频化发展的道路。通过与李大霄、马光远等财经"网红"共同合作，内容上以带有个人色彩的IP化方式运作，采取观点为主导评论形式展开，风格整体上轻松幽默。据数据显示，"功夫财经"上线13个月，视频点击量过1.2亿，广告收益也创造了自媒体领域的最大单记录——3000万元。目前为止，"功夫财经"已在优酷平台上播放333期。

尽管短视频类财经新闻节目面临的质疑不少，暴露出诸如内容量过少、直白浅显、专业性不足等问题，但从现实情况看，《财新传媒》《羊城晚报》等专业性的财经类媒体开始试水短视频栏目。将趣味性的轻财经内容，以短视频的形式呈现，这让不少从未接触过经济学的读者开始阅读和了解财经新闻，进一步拓宽了财经新闻的受众群体。财经短视频未来将会是昙花一现，还是将带来一场新传播方式的变革，这值得我们保持关注。

总结与思考

过去两年,财经新媒体在逐步向社会化媒体转型,主要体现在读者使用时感受到的内容满足、社交满足和过程满足三大方面。[①]移动互联网时代,用户的个性化阅读需求和多样化阅读体验,也给这几年新兴发展的财经新媒体带来巨大的挑战和机遇。一方面,国内财经新媒体行业整体总体上处于起步发展的初期,资本刚刚进场走马圈地,多种前所未有的新玩法也层出不穷,例如,财经"网红"、知识付费、短视频呈现,这些在未来的发展潜力巨大。另一方面,财经新媒体也存在不少内容同质化严重、商业变现模式不清晰、专业性不强等问题,也为今后的财经新媒体行业的发展带来不小的挑战。

未来财经新媒体应保持优质内容创作的同时,深一层的专业分工将会持续进行,更多的竞争者有可能出现在垂直细分市场;此外,直播和短视频也极有可能进入这个以静态内容为主的新兴领域,并带来新型的传播变革方式。

[作者吴非为中山大学传播与设计学院新闻传播学专业硕士(财经新闻方向);龚彦方为中山大学传播与设计学院副教授、硕士生导师]

[①] 《中国财经新媒体发展趋势报告(2016)》21世纪经济报道新媒体中心、华南理工大学新闻与传播学院、广东省新媒体与品牌传播创新应用重点实验室。

第二辑
中国新闻业年度观察报告2017

年度观察

2016年传媒事件点评

范以锦　陈薇　李帅　袁月　杨超　王艳　吴钰

2016年，大家对传媒转型发展的关注度越来越高，不仅传媒单位关注、媒体管理部门重视，而且国家高层也提出战略性的要求。从中央媒体到地方媒体、从国有媒体到各类社会化的传播平台，都以各自不同的方式尝试发展之路。传媒和各相关机构及个人有不少成功的经验，也有失败的教训，还有陷入舆论旋涡的尴尬。无论是顺境还是逆境，都值得回顾总结；无论是成功还是失败，都有启迪作用。

1. 习近平总书记主持召开党的新闻舆论工作座谈会，其重要讲话是指导做好新形势下党的新闻舆论工作的纲领性文献

事件回放：

2月19日下午，中共中央总书记习近平在人民大会堂主持召开党的新闻舆论工作座谈会。在听取了《人民日报》等中央媒体负责人和编辑、记者、主持人代表发言后，习近平总书记发表重要讲话，对新的时代条件下，党的新闻舆论工作的职责和使命归纳为：高举旗帜、引领导向，围绕中心、服务大局，团结人民、鼓舞士气，成风化人、凝心聚力，澄清谬误、明辨是非，连接中外、沟通世界。强调党和政府主办的媒体是党和政府的宣传阵地，必须姓党。同时指出，随着形势发展，党的新闻舆论工作必须创新理念、内容、体裁、形式、方法、手段、业态、体制、机制，增强针对性和实效性。

点评： 习近平总书记的讲话不仅在新闻界而且在全社会引发强烈反响，其讲话的重要意义正如时任中共中央政治局委员、中宣部部长刘奇葆所指出

的：从党和国家事业发展全局和战略高度，深刻阐明了党的新闻舆论工作的历史地位、重大作用、职责使命、目标任务和原则要求，科学回答了事关新闻事业长远发展的一系列带有根本性、战略性、全局性的重大问题，丰富和发展了马克思主义新闻理论，是指导做好新形势下党的新闻舆论工作的纲领性文献。

2. 国办要求重大事件24小时内发布，提高政务舆情回应实效的重要举措

事件回放：

8月12日，国务院办公厅发布关于在政务公开工作中进一步做好政务舆情回应的通知，强调对涉及特别重大、重大突发事件的政务舆情，要快速反应、及时发声，最迟应在24小时内举行新闻发布会，对其他政务舆情应在48小时内予以回应，并根据工作进展情况，持续发布权威信息。

点评： 在转型期社会矛盾错综复杂和传播形态千姿百态的背景下，涉及政府的舆情事件频发多发，因此做好政务舆情回应已成为政府提升治理能力的内在要求。然而有的地方政府重视不够，把握回应时机等措施不力，小风波闹成了大风波。国务院办公厅的这一通知，明确了各级政府及其部门政务舆情回应责任，把握需重点回应的政务舆情标准，尤其是强调了回应的时间。目前，各地正在按照这一要求强化舆情队伍的培训，这将会大大提高政务舆情回应实效。

3. 新华社全媒平台上线，三大服务功能助推各媒体融合发展

事件回放：

8月30日，新华社全媒平台在新华社新闻大厦正式发布上线，邀请各媒体签约入驻，第一批已有42家中央和地方主流媒体签署协议入驻，覆盖各省、自治区、直辖市。入驻之后，各成员单位将协力打造融内容生产、渠道分

发、版权追踪等功能为一体的新媒体平台。

点评：媒体正在纷纷转型，各自探索不同的发展路径。在这一过程中，各媒体也需要进行资源的整合，协同打造有利于优势互补、共进共赢的大平台。新华社经过几年的探索，已构建了集新闻采集与加工、生产与传播、反馈与分析于一身的现代化新媒体运行系统。现在将内部运行的新媒体系统升级为可以便捷接入、高效利用、效果可期的开放的全媒体平台，其所具备的内容生产、渠道分发、版权追踪三大服务功能，将助推各成员媒体融合发展。

4. 直播服务管理规定出台，互联网直播"双规定"引关注

事件回放：

11月4日，国家互联网信息办公室发布《互联网直播服务管理规定》，对网络直播平台的管理责任、服务范围、安全保障机制等工作提出明确要求。

点评：2016年多姿多彩的直播在丰富用户精神生活的同时，其乱象频出也给社会带来消极影响。相关管理部门正是根据行业的特点出台了这一管理规定，其中要求直播平台应具备相应资质、对互联网新闻信息直播内容实施先审后发管理的"双规定"尤为引发关注。

5. 东方明珠新媒体实施股权激励，对国有传媒上市公司有借鉴意义

事件回放：

9月19日，作为国有传媒类上市公司龙头股的东方明珠新媒体发布了股权激励计划。对国有控股的要求、管理层股权的比例、员工持股设定、持股方式等，都有明晰的规定。

点评：传媒业要做强、做大必须进行包括上市在内的资本运作，也需要对管理层建立激励机制。然而实施起来并不容易，这是因为传媒业具有很强的意识形态属性，不能像其他产业那样来做，需要有传媒业自己的范本。因

此，东方明珠新媒体实施股权激励，对国有传媒上市公司有借鉴意义。

6. 南方财经全媒体集团组建，做强财经传媒的战略举措具有长远意义

事件回放：

11月17日，南方财经全媒体集团揭牌。该集团经中央批准，由广东省委宣传部牵头推动，南方报业传媒集团、广东广播电视台共同发起组建，通过资源重组成立省属国有控股重点文化企业"广东南方财经全媒体集团股份有限公司"。在跨行业发展方面，提出要积极介入金融信息服务领域和交易领域，成为金融市场建设的参与者。在资本运营方面，引入战略投资者，择机推动整体上市。

点评：中国到目前为止没有实力强大的财经媒体集团，这与中国媒体行业的发展是不匹配的，也与中国经济发展的现实不相适应。南方财经全媒体集团的组建是具有长远战略意义的重大举措。立足于经济大省的广东，借助两大传媒机构具有的资源优势，打造这样的媒体集团具有其现实的可能性。当然，要做好并不容易，但从目前制订的雄心勃勃的方案来看，如能按预定计划进行，这将对中国财经媒体的生态和中国经济发展带来大的影响。

7. 魏则西根据百度搜索求医上当，百度调整竞价排名模式被推到风口浪尖

事件回放：

患有滑膜肉瘤晚期的大学生魏则西，于4月12日在咸阳家中去世。之前，魏则西在网上发布过求医经历。他用百度搜索滑膜肉瘤治疗方法，排在搜索结果首位的是北京武警二院"生物免疫疗法"。然而，魏则西治疗后没有效果。有人提出此疗法因为效率太低，国外20年前在临床阶段就被淘汰了。在五一节日期间，百度等相关单位被舆论推到了风口浪尖。

点评：国家网信办会同国家工商总局、国家卫生计生委成立的联合调查组要求百度整改，百度也宣布了落实整改的措施，对竞价排名模式进行调整。网络公司毫无疑问会在商业推广领域追逐经济利益，但必须恪守商业道德，推介服务项目应讲诚信，坚守对用户负责的原则。

8. "雷洋事件"一波三折，各种舆论关注较劲终会将真相呈现

事件回放：

5月7日，曾在人大读过硕士的雷洋突然死亡。北京昌平警方公布，在查处足疗店过程中将"涉嫌嫖娼"的雷洋控制并带回审查，此间雷某突然身体不适经抢救无效身亡。警方还通过媒体为自身行为辩解，而光明网、《人民日报》和新华社等媒体则发声追问真相。随后，检察机关公布尸检报告，涉案警务人员被逮捕。办案过程中，警方家属、部分校友也通过自媒体平台表达了看法。北京市人民检察院第四分院分别约见了"雷洋案"双方律师，听取意见建议。

点评：雷洋事件发生之后，无论是相关事件当事人、亲朋好友，还是社会各方面人士，都通过各类传播平台发声，引发了国家有关部门的高度重视。

9. 微博商业运作呈上升趋势，"草根经济"现象值得研究

事件回放：

据新浪科技讯：10月18日，在美国股市前一个交易日的交易中，微博股价在盘中上涨至53.12美元，市值达113亿美元，一度超过Twitter，成为全球市值最高的社交媒体。微博2016年第二季度利润涨225%。

点评：许多大V的活跃身影从微博转到微信，而各种"草根"千姿百态的行为与话语出现在微博视频直播上。大V淡出，草根进驻，微博的效益更好了。这种"草根经济"现象值得研究。

10. 专题片《永远在路上》获广泛关注，热议反腐话题彰显民心所向

事件回放：

10月，中央纪委宣传部、中央电视台联合制作的八集专题片《永远在路上》播出。专题片选择了一批典型案例，包括因严重违纪违法而落马的省部级以上官员，并由专家学者、纪检干部对典型案例进行点评剖析。

点评： 该片释放出我国坚定把反腐进行到底的决心，而且选择的案例为人们所关注，经过专家学者和纪检干部对典型案例的剖析，具有强烈的警示作用。专题片不仅观看的人多，而且成为人们茶余饭后热议的话题，可见反腐民心所向。

11. 女排精神力压王宝强婚变"狂欢"，媒体传播正能量方是正道

事件回放：

里约奥运会期间全民正在关注奥运赛事，突然王宝强婚变并自爆家丑在社交平台上引爆舆论，许多媒体跟随关注，出现全民少有的围观明星家事的现象。然而，女排以顽强拼搏精神夺冠之后，舆论很快转向对女排的关注，王宝强婚变"狂欢"退潮。

点评： 各类媒体都高调报道女排精神，具有权威性的机关报和有市场影响力的市民化报纸不仅大篇幅报道，还纷纷发表社论、评论，广播电视台也进行突出报道，许多商业互联网站和社交媒体也大力推送，网民互动点赞热烈。这说明正能量的传递有强大的社会影响力，媒体应多发现并大力传播正能量以影响社会舆论。

12. 快播涉黄案宣判，对网络从业人员具有警示作用

事件回放：

9月13日，快播涉嫌传播淫秽物品牟利案宣判，快播公司创始人王欣被判三年六个月。当事人从被抓捕到审理过程中，有责与无责、罪与非罪两种声音此起彼伏。在2017年1月的7日、8日两天的公开审理中，庭审内容甚至演变成网络"狂欢"。

点评： 同情也罢，鞭挞也罢，既然已进入法律程序最终应由法律说了算。网络具有开放性，但并非法外之地。作为从事网络运营的从业人员如何把持好自己，防止掉进法律的陷阱，相信此案具有警示作用。

13. "九江地震"等假新闻迅速传播，有资质的专业媒体更应防止失真

事件回放：

2016年春节期间，"上海姑娘吃完第一顿饭便逃离江西农村""霸气媳妇回农村掀翻桌子""东北村庄农妇组团'约炮'"等在社交平台广为流传，有的传统媒体办的新媒体也信以为真予以转载。之前的1月4日，"九江6.9级地震"的乌龙新闻，却是有采访资质的网站较早推送出来的，而国内具有权威性和高知名度的一批官网也"中招"。

点评： 一般人对自媒体人在网络上的传播往往难辨真伪，正因为如此才需要官方媒体去求证，他们有这个责任也有这个能力。如果连主流媒体都被卷进虚假传播中，其造成的严重后果绝不只是媒体自身的公信力的缺失问题，还直接关系主流媒体舆论引导力的问题。

14. 澎湃新闻CEO邱兵辞职，媒体人内容创业风生水起

事件回放：

担任东方早报社长、澎湃CEO的邱兵，于7月29日通过个人朋友圈宣布辞职，澎湃新闻管理团队的骨干也跟随其出走进行内容创业。

点评： 在邱兵辞职前已有一批媒体人辞职进行内容创业，今后还会陆续有一批媒体人投入这一行列。内容创业之"内容"与新闻内容不一样，微信上被追捧的文章、美妆达人上传的化妆视频、直播里美女主播唱歌给用户听，都属于内容创业。内容创业能否成功，要解决的关键问题就是语境与连接。用特殊的语境与用户连接上了，才有成功的可能。

15. 东方网总裁因公众号"新闻早餐"被封叫板马化腾，网络的开放与监管分寸如何把握需积极探索

事件回放：

因东方网旗下的微信公众号"新闻早餐"被人举报而封号七天，东方网总裁徐世平于11月4日发表公开信叫板腾讯CEO马化腾，认为腾讯借助公司资源挤压媒体人。腾讯回应后，徐世平再发第二封公开信。支持与反对的讨论异常热烈。

点评： 这里不去判断谁是谁非，就封号而言并非个案。互联网管理本来就错综复杂，既要营造其开放性的良好环境又要抓好管理，这是一个难点。具体运营机构当然要对此进行积极的探索，但毕竟这是整个媒体的生态问题，所以更为重要的是各相关监管部门应共同协调探索出有利于互联网健康发展的规制。

（作者范以锦系暨南大学新闻与传播学院院长、教授、博士生导师，陈薇、李帅、袁月、杨超、王艳、吴钰为暨南大学新闻与传播学院硕士研究生。本文刊登于《岭南传媒探索》2016年第6期，《新闻与写作》2016年第12期）

2016年传媒伦理问题研究报告

《新闻记者》年度传媒伦理研究报告课题组

在传媒领域里,没有哪个问题比职业道德问题更重要,新闻工作一旦丧失道德价值,它即刻便会变成一种对社会无用的东西,就会失去任何存在的理由。从2013年起,我们推出"年度传媒伦理问题研究报告",作为"年度虚假新闻研究报告"的姐妹篇,对我国传媒业伦理相关问题进行梳理、分析,以引起业界和学界的关注,推动传媒道德进步。

2016年,在上海市新闻道德委员会的组织下,我们继续建设传媒伦理案例数据库、开展相关理论研究。本文在对2016年传媒伦理相关高层要求、规范措施、学术研究进行梳理的基础上,挑选9件传媒伦理典型案例加以述评。文中未注明年份的表述均为2016年。

一、传媒伦理的高层要求、规范措施及学术研究概述

(一)习近平总书记有关传媒伦理的重要论述

党和政府对媒体工作极其重视,2016年以来,习近平总书记多次发表讲话,对新闻舆论工作、网络信息工作做出重要指示,其中不少涉及传媒伦理方面的要求,应该成为传媒人的行动指南。

2016年2月19日,习近平总书记在党的新闻舆论工作座谈会上指出:"在新的时代条件下,党的新闻舆论工作的职责和使命是:高举旗帜、引领导向,围绕中心、服务大局,团结人民、鼓舞士气,成风化人、凝心聚力,澄清谬误、明辨是非,连接中外、沟通世界。""要承担起这个职责和使命,必须把政治方向摆在第一位,牢牢坚持党性原则,牢牢坚持马克思主义新闻

观,牢牢坚持正确舆论导向,牢牢坚持正面宣传为主。"新闻舆论工作者要"做党的政策主张的传播者、时代风云的记录者、社会进步的推动者、公平正义的守望者。""新闻舆论工作各个方面、各个环节都要坚持正确舆论导向。""做好正面宣传,要增强吸引力和感染力。真实性是新闻的生命。要根据事实来描述事实,既准确报道个别事实,又从宏观上把握和反映事件或事物的全貌。""舆论监督和正面宣传是统一的。新闻媒体要直面工作中存在的问题,直面社会丑恶现象,激浊扬清、针砭时弊,同时发表批评性报道要事实准确、分析客观。""要转作风改文风,俯下身、沉下心、察实情、说实话、动真情,努力推出有思想、有温度、有品质的作品。要严格要求自己,加强道德修养,保持一身正气。"

2016年4月19日,习近平总书记在网络安全和信息化工作座谈会上强调建设网络良好生态,发挥网络引导舆论、反映民意的作用。"网络空间天朗气清、生态良好,符合人民利益。网络空间乌烟瘴气、生态恶化,不符合人民利益。"

2016年10月9日,习近平总书记在中共中央政治局第三十六次集体学习时强调:"互联网新技术新应用不断发展,使互联网的社会动员功能日益增强。要传播正能量,提升传播力和引导力。"

2016年11月8日,习近平总书记会见记协第九届理事会和中国新闻奖获奖者代表时对广大新闻记者提出四点希望:"一是要坚持正确政治方向,同党中央保持高度一致,坚持马克思主义新闻观,坚守党和人民立场,坚持中国特色社会主义,做政治坚定的新闻工作者。二是要坚持正确舆论导向,深入宣传党的理论和路线方针政策,深入宣传全国各族人民为实现'两个一百年'奋斗目标、实现中华民族伟大复兴中国梦进行的奋斗和取得的成就,弘扬主旋律,释放正能量,做引领时代的新闻工作者。三是要坚持正确新闻志向,提高业务水平,勇于改进创新,不断自我提高、自我完善,做业务精湛的新闻工作者。四是要坚持正确工作取向,以人民为中心,心系人民、讴歌人民,发扬职业精神,恪守职业道德,勤奋工作、甘于奉献,做作风优良的新闻工作者。一句话,就是要做党和人民信赖的新闻工作者。"

（二）管理部门相关举措

为进一步加强传媒行业自律和社会监督，治理突出问题，管理部门及行业协会也开展多方位、多层面的治理举措。包括加强对社会类、娱乐类新闻节目管理，加强对未成年人参加真人秀节目调控，加强对医疗养生类节目和医药广告播出管理，开展"净网2016""护苗2016""秋风2016"专项行动等。此外，国家新闻出版广电总局、国家网信办都发布了制止虚假新闻的要求，通报查处的相关媒体。（详见《2016年度中国传媒法治发展报告》，《新闻记者》2017年第1期）

行业协会方面，2015年12月29日，中国记协新闻道德委员会正式成立，依据国家有关新闻工作的法律法规和新闻工作者职业道德准则，开展新闻评议、举报核实、案例通报等工作，规范新闻单位以及新闻从业人员的职业道德行为，防范失德风险，推广典型经验，推动行风建设。2016年3月28日，中国记协新闻道德委员会召开首次评议会，评议《经济日报》、中央电视台、《中国青年报》、人民网、新华网5家中央媒体和新闻网站2015年度社会责任报告。2016年5月，中国记协新闻道德委员会办公室组织有关专家撰写文章，就网络低俗语言的成因、危害及治理举措等剖析论述。2016年9月27日，中国记协新闻道德委员会召开网络文明用语专题评议会，筛选若干网络不文明用语，倡导媒体和网站不使用、不传播。

（三）传媒伦理的学术研究

传媒伦理是学术研究的重要方面。2016年11月19日中国新闻史学会媒介法规与伦理研究委员会宣告成立，中国新闻史学会会长陈昌凤教授在成立大会上提出：互联网时代，传媒伦理已经超出专业研究的范畴，成为公民素养的一部分。社交媒体对传统的传媒伦理带来了前所未有的挑战，也给我们的研究提出了丰富而现实性的问题。

检索相关学术期刊，2016年传媒伦理研究主要聚焦以下三方面

一是全球新闻伦理建构的研究。全球新闻伦理（global journalism ethics）

是国际学术界最关切的传媒伦理议题，旨在探讨在全球化语境下各类媒体应遵循的相对统一的伦理标准问题。在这个话题上，中国学者也进行了广泛而深入的学术回应。有学者认为，建构全球媒介伦理需要回应世界主义与民族主义之间的冲突，消解这种冲突的方法是建构最低限度的全球媒介伦理，以及保障最低限度全球媒介伦理准则的道德优先性。具体到国际新闻报道，有学者提出"通过培养记者的伦理世界主义态度，推动新闻伦理的跨文化转向，从新闻伦理重构的路径探讨新闻全球化时代跨国、跨文化报道实践问题的解决之道"。

二是新媒体语境下的传媒伦理建设。新传播环境对传媒伦理带来新的命题、新的挑战。《中国社会科学报》组织了网络时代传播伦理讨论，学者们提出技术伦理、规范伦理和德行伦理，这构成了网络时代传播伦理建构的三个内在维度，"尊重—不伤害"是网络时代传播伦理的基本原则等命题。有研究者认为，传播伦理学发展到今天，仅仅突出职业伦理的一面已经无法为破解数字化时代的传播道德难题提供有效指导。当今的传播伦理学，有必要在新的高度向普通伦理学回归，将公民也作为道德主体纳入研究的范畴。有研究者基于中西比较的视角，探讨新媒体环境下记者拒证权的价值内涵及其演变，对记者拒证权的主体界定、举证责任等核心问题做出新的阐释。还有对美国近年兴起的"事实核查新闻"浪潮研究发现，被事实核查新闻机构认为不实的言论，反而因为曝光率和话题性，使得被"批评"对象的社会支持度提升。也有学者提出，记者道德和媒介群体道德应该区分开，用个体道德去规范群体行为，或反过来仅用群体道德要求个体，都可能造成道德沦丧。新闻职业道德规范应该被从业者充分讨论接受，并被结构化于记者价值观念中。

三是结合传媒伦理热点案例展开的分析与研究。如对雷洋事件、王宝强离婚案、大学生掏鸟获刑、"丢肾门"等案例的报道，都有学者进行了相关研究。但是总体看来，此类研究比较零散，新意略欠，传播不广，尚难以对传媒业现实起到批判、校正效果。

二、2016年传媒伦理典型事件及分析

通过对2016年我国传媒伦理失范现象的梳理，我们发现：

第一，虚假新闻现象仍然突出，这成为2016年最受关注、各界批评最多的传媒伦理问题。这在我们发布的《2016年度虚假新闻研究报告》中已经述及，本文不再具体展开。

第二，标题党、侵犯隐私、报道偏颇等传媒伦理的老问题仍时有体现。值得注意的是，由于问题重复出现，个别的典型案例影响了媒体业整体的公信力。比如关于医患关系，"医疗和新闻两大行业的对撕和互掐似乎有了固定模式：前者称媒体离间了医患关系，造成了仇医，后者称前者需要反思医德医风，从自身找原因"。在2016年安徽"丢肾门"、山东"纱布门"事件中，新闻媒体的角色受到广泛质疑。

第三，一些过去未被重视的伦理问题进入大众视野。比如涉嫌歧视表述引发国际社会的关注、不雅内容进入大众传播领域、未成年人参加成人节目的尺度把握、记者以何种姿态进入采访场域等问题，都值得进一步讨论和思考。

在这里，我们以时间为序，对2016年9起较为典型的传媒伦理案例展开述评。

（一）网易财经"标题党"事件

【事件】

4月21日晚，网上流传一份云台山景区发布的通告称，4月19日9时25分，上海籍游客翁懋在河南焦作云台山景区潭瀑峡景点出口处，被一块猴子蹬落

的石头砸中脑部，不治身亡。网友及媒体发现，逝者翁懋曾任上海冠生园集团董事长。于是，"猴子"以及逝者的身份成为某些媒体报道的噱头，出现了"猴子砸死董事长竟是大白兔奶糖董事长""活久见！冠生园董事长被猴子砸死　网友：猴子大闹天宫了？"等标题，使一桩意外事故变成博人一笑的社会奇闻。

4月22日，网易财经更是使用了《上海冠生园董事长被猴子弄死》的报道标题，由于缺乏对死者的基本尊重，引发舆论指责。

当天，网易财经刊出致歉声明，表示"发布过程中使用词语严重不当，缺乏对宝贵生命的基本尊重，虽然在第一时间进行了修改，但造成了不良影响，伤害了遇难者家属以及广大读者的感情，特此表示诚意道歉"。

12月5日，北京市网信办通报了多起网络媒体涉及"标题党"违规行为的案例，其中包括对网易财经的通报："4月21日，网易财经发布自行采编报道《上海冠生园董事长被猴子弄死》，以调侃甚至戏谑的口吻叙述这一悲惨的意外事故，消费了遇难者，同时也误导了受众对事实的认知。"

【点评】

游客遇难不幸身亡，无论如何都是一起悲剧。而以网易财经为代表的部分网媒，以戏谑、调侃的口吻来报道这则消息，不但不恰当地挑动社会"仇富""仇官"情绪，更是对逝者的不敬，违背了尊重生命的社会良知。这不由得使人想起前些年某些都市报的"标题党"行为，比如报道农民工从大楼上掉下摔死，标题叫《昨夜上演高空飞人》，报道一个骑自行车的人被农用车从头部轧死，标题叫《骑车人中头彩：惨死》，报道广州酷热三十余人中暑身亡，标题叫《广州"酷"毙三十余人》。也许编辑还为自己的"创意"而得意扬扬，其实却丧失了同情心这一人类基本道德准则。

"标题党"现象愈演愈烈，与网络时代媒介技术变迁不无关系。互联网带来海量信息，对受众注意力的争夺越发激烈。而且从PC时代开始，内容的呈现结构就变成两层——标题成了入口，点击后才能看到内容，因此标题承担了"引诱点击"的重任。客观地说，为吸引受众，在标题制作上动足脑筋，出新出彩，是值得肯定的新闻专业追求。但这种专业追求有个前提，就是不能偏离新闻价值的基本要求,恶意夸张夸大,有悖于公序良俗,刻意放大不良价值观。但是,从2016年北京市网信办通报的多起"标题党"违规行为中可以看出,"标题党"现象不仅屡禁不止,且套路越来越深,底线越来越低。

比如,2016年4月28日,网易在转载新华网报道的《多地整治网约车探索"规范路径"》时,将标题改为《官方:网约车属高端服务不应每人打得起》。改后标题与文章原意完全相反,且有故意激化社会矛盾之嫌。

再如,2016年7月28日,凤凰科技在转载新华网《我国公布建设网络强国的时间表和路线图》报道时,将标题改为《中国将成为网络强国:2050年世界无敌》,以夸大的方式吸引眼球,无中生有。

又如,2016年4月24日,新浪娱乐自行编发题为《baby胸部丰满 金钟国盛赞:中国最好女演员》的报道,故意制造出之所以被赞为"中国好演员"是因为"胸部丰满"这样的逻辑,标题用词露骨低俗。

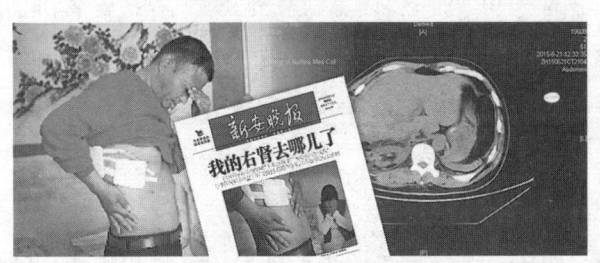

(二)《新安晚报》"丢肾门"事件

【事件】

2016年5月5日,安徽《新安晚报》头版及A3版以《我的右肾去哪儿了》为题,报道了刘永伟在徐州医学院附属医院做胸腔手术,出院后第二天发现右肾"失踪"的消息。根据报道,刘永伟2015年6月12日因车祸被送往医院救治,6月19日转院至徐州医学院附属医院手术,7月1日,医院进行了第二次手术。8月18日,刘永伟出院。次日,在山东省立医院CT检查时发现"右肾缺如"。刘永伟就此事询问涉事医院和徐州卫生部门,却迟迟没有调查结果,患者后续治疗受到影响。

报道一出，立即引发网络舆论对医院的强烈质疑，各种想象和推测的帖子此起彼伏，包括医生隐瞒了医疗事故、肾被偷摘等说法也被大肆传播。

5月5日下午，徐州医科大学附属医院发表声明，认为媒体报道严重失实，患者在"术后分别于2015年6月21日（术后第1天）和6月25日（术后第5天）的2次CT复查均显示该患者的右肾存在"，并附有CT复查结果影像资料。一些网络媒体也报道称，患者右肾仍在体内，只是呈现萎缩状态。

由此，网络舆论也转为抨击《新安晚报》是"无良媒体""恶意造谣"，被"打脸"等。

徐州市卫计委随后介入调查，与刘永伟一同选定解放军南京军区总医院作为第三方医院再次检查。5月10日，徐州市卫计委公布检查结果："综合第三方检查结果和专家组意见：刘永伟术后右肾存在，目前呈现为外伤性移位、变形、萎缩。"

10月18日，国家新闻出版广电总局办公厅下发《对〈新安晚报〉等媒体发布虚假失实报道查处情况通报》称："经查，该报道表述不准确，解释医学术语'右肾缺如'为右肾'失踪'，对'右肾缺如'原因追究不彻底，展现医患关系各方观点不对等，引发社会误读为'切肾''盗肾'，造成严重的负面影响。"

【点评】

事件调查过程中，与《新安晚报》同属安徽日报报业集团的中安在线发表署名"宛新平"的评论《"肾去哪儿了"事件中，媒体不能缺位》认为："刘永伟讨要了大半年的说法，在媒体的关注下，一个星期就得到了。但该新闻却被很多人当作媒体"打脸"、患者"恶意索赔"的证据。难道这个结果不是医院和相关部门早就应该提供的吗？如果相关调查部门及时给了患者一个说法，怎么还会有患者"找肾无门"、求告媒体的事？"从此事件中可以看出的是，一个普通人想要一个说法有多难……"可见，《新安晚报》自认为是怀着满腔热情，为民纾困的道德感、责任感采访报道这一事件的。但正是这种先入为主的情感，并在某种"公共性"或"正义性"的前提下，力图动员公众舆论，促进社会或个体问题的解决，造成"动作变形"，在采访报道中失却客观平衡的立场，挑动民粹主义情绪加剧甚至激化社会矛盾。

回溯"丢肾"案例，患者、医院、媒体、公众，事件各方看似都有自己的道理，却都多少存在一些问题，最终让矛盾不断扩大，酿成一起轰动全国的医疗纠纷事件，荒诞而真实地反映了社会信任体系的缺失。

对媒体来说，医疗报道属于科学报道之列，因为它具有极强的专业性，对报道科学、准确、严谨的要求远远高于一般的社会事件。医患问题，涉及广大群众的切身利益，属于社会敏感领域。而在本案例中，《新安晚报》将"右肾缺如"的医学检查结果，表述为"离奇失踪"，显示出对事件的轰动性、刺激性高于对准确性的价值判断，显然是不妥当的，从而引发社会误读，受到网友批评。

另一方面，"宛新平"的文章中，也委婉地提示了媒体开展报道中的委屈。评论说：在多起医疗纠纷报道中，很多医疗界人士甚至普通网友指责记者"缺乏专业知识"，而似乎没有人去思考，记者同样不是专业人士，他获取"真相"的前提仍然取决于各方信息的有效沟通……医患关系到了今天，患者以及他们求助的媒体人和医生们之间的沟通仍然非常艰难，只要其中一方的缺失，就可以发酵成网络上一边倒的舆论判断和抨击。一篇新闻稿背后究竟是记者专业知识的缺乏，还是采访通道的被迫关闭，还是很多人认为的"居心叵测"，在这个无序时代很难判断。

看来，院方对相关媒体不够信任，沟通不善，也是造成媒体偏听偏信的原因之一。但所谓"无序时代"、沟通不善并不能作为报道无序的遁词，媒体只有通过更加准确、专业的报道，打造公信力，才能赢得医疗界的信任，才能获得更多良好沟通的机会。

（四）八达岭野生动物园老虎咬死游客事件中的虚假信息传播

【事件】

7月23日下午，赵某一家人自驾小汽车游览北京八达岭野生动物园。在东北虎园区，赵某下车，被一只老虎扑倒叼走。她的妈妈周某下车救女。母死女伤。

当晚，《法制晚报》微博账号用"年轻男女在车内发生口角，女子突然下车去拽男司机的车门，结果被蹿出来的老虎叼走"的说法报道了这起事件。这是夫妻"吵架"这一说法的唯一来源。赵某被贴上不守规则、撒泼逞强的"恶妇"标签，成为道德谴责的对象。此后，各种各样的说法在各种网络媒体、社交媒体流传，包括赵某是"小三"、医闹，赵某一家的户籍信息，她躺在手术台上的血腥照片等。

事后，赵某接受媒体采访时表示，自己是因为晕车下车，并非《法制晚报》所言夫妻"发生口角"。应该说，这个起因对事件结果影响不大，却导致了不同的网络舆情。据《南方周末》报道，《法制晚报》的爆料人是动物园工作人员。《新京报》记者也接到类似爆料，但因无法核实，在当晚发出的即时新闻报道中并没有提到这一点。

【点评】

汽车内是个相对私密的空间，赵某临时下车的原因恐怕只有车内当事人知情，但《法制晚报》在未采访到当事人的情况下，就引用匿名消息源的"发生口角"说，无疑是不妥当的，随着事件在网络上发酵，间接导致了赵某被污名化。

这个事件也提醒我们，社交媒体时代传播伦理中值得重视的一个新问题。无论是动物园工作人员揣测赵某下车原因，还是批评赵某家人有"医闹"行为，在前网络时代，无非道听途说，街谈巷议，属于人际传播范畴，即便是谣言，也是传播者的私德问题。但是在社交媒体时代，人际传播场域与大众传播场域联通，原本属于街谈巷议的私人话语，很可能流入大众传播渠道后，便成为公德问题。

在类似公私模糊、是非交融的领域，专业媒体应当发挥澄清事实、避免侵犯个人隐私的示范作用，而不是反过来为不当信息传播推波助澜。

（五）狗仔记者无人机拍摄明星婚礼事件

【事件】

7月31日，明星霍建华和林心如在巴厘岛举行婚礼，各路"娱记"纷纷去现场蹲点采访。但是举办婚礼的酒店安保严格，不放任何媒体进去。霍建华方工作人员也出来给记者发红包，并表示："华哥知道大家辛苦了，但是内场不会让媒体进的。"面对这种情况，自称"中国第一狗仔"的卓伟所设风行工作室，动用无人机进行航拍，没想到受到当地警方干预，强制降落无人机，删除拍摄素材，摄影师也被赶出酒店。

当日17点卓伟发布"网友星探莫悲哀，下次婚礼咱还拍"的微博，并配发现场记者集体拇指向下的照片，疑似表达对不能报道这次婚礼的异议，因此引发网友的批评。配图中涉及的部分记者也澄清，这本来是一张记者表示自嘲的合影，却被卓伟用来表达对明星的不满。

卓伟在回应舆论批评时表示，其微博表达的是自己无奈的心情，以及以后遇到类似事件继续追求报道的"责任"，对新人并没有恶意。

【点评】

目前，我国的娱乐新闻方兴未艾，相关规范却仍模糊。特别是在对明星的报道中，一直存在是否侵犯个人隐私的伦理争议。比如卓伟一直认为，其偷拍行为不是侵犯隐私，而是维护公众知情权，"明星作为公众人物，对社会承载更多责任和义务。新闻报道有一条共识，就是明星的隐私权在一定程度上是让渡于公众的知情权的。明星本身具有商品属性，公众对其代言的商品有知情权，我们娱记只是恰恰去帮助维护公众的知情权，这并不是侵犯隐私"。

然而，媒介法专家魏永征则对包括未经本人邀请拍摄的情况下去用无人机等技术手段拍摄明星婚礼现场的做法，表示明确反对。

他认为，通常说对隐私的侵犯，主要有两种方式：一是对个人信息的擅自披露或进行不当利用；二是对个人生活及其场所的不当干扰，这在法律上叫作入侵（intrusion）。现在对个人信息保护谈论很多，对个人生活的保护相对注意少一些。人们常说，公众人物隐私比普通人少，这是因为公众人物由于自身事务同公共事务、公众利益存在较多联系。但是公众人物和普通人一样有个人生活及其场所，媒体和他人也不应该擅自打扰。这次霍建华和林心如的婚礼，作为公众人物，受到公众关注，媒体报道他们结婚的消息，或者发布他们的婚礼照片，应该没有问题。但是在主人明确表示不邀请媒体人参加之后，卓伟竟然派记者用无人机在婚礼现场上空拍摄，就是对隐私的打扰或入侵。婚礼是私人活动，婚礼场所就是私人场所，卓伟的行为有可能影响原先安排好的婚礼的顺利进行。参加观礼的人们都去注意天上的无人机了，这婚礼怎么举行下去？如果发生技术故障，无人机掉下来，打坏器物甚至砸伤人，这种后果卓伟估计到吗？

说到公众兴趣，他说，有正当的兴趣，也有病态的兴趣。窥私欲人皆有之，这是人性的弱点，所以我们要用伦理道德来约束自己。正当兴趣的底线一是不能损害当事人的包括隐私在内的合法权益。公众关心自己喜欢的娱乐圈人士的各种信息，包括他们的成长历史、业余爱好、恋爱和婚姻，这些应该都可以满足。但是像狗仔新闻那样，把所谓公众兴趣建立在损害他人合法权益的基础上，是不足取的。二是不能损害公共利益。这种跟踪、偷拍行为本身就是败坏社会风气，干扰正常社会秩序，现在又发展到动用"新科技"、使用无人机来进入私人场所强行拍摄，巴厘岛警方采取措施是理所当然的。

（六）国航期刊用语涉嫌种族歧视事件

【事件】

中国国际航空公司（Air China）的空中期刊《中国之翼》杂志9月号内页的"国航提示"中写道："到伦敦旅行很安全，但有些印巴聚集区和黑人聚集区相对较乱。夜晚最好不要单独出行，女士应该尽量结伴而行。"

美国CNBC广播公司制作人Haze Fan搭乘国航航班看到后，将相关内容的图片发布在Twitter，引发热议，被认为是对印巴裔及黑人的歧视。多印度裔居民定居的伦敦Ealing Southall区议员夏尔马致信中国驻英国大使，要求国航道歉及删除相关言辞。夏尔马在声明中表示，自己所在的具有多元文化的选区不仅安全，还具有巨大的参观价值。

9月8日，中国之翼杂志社通过《环球时报》对此事做出道歉，承认相关文字表述不当，已经撤下所有航班上的这期杂志。

中国外交部发言人华春莹也在例行记者会上对这一问题做出回应。她说，希望随着调查的深入，国航可以妥善处理有关问题。中国有关部门也会督促国航来进行必要的调查。中国政府一贯主张和坚持各民族一律平等，坚决反对一切形式的种族歧视。

【点评】

虽然国航道歉、撤下杂志，外交部也表明态度，但在中国的社交媒体上，许多评论都表示不解：这不过是事实，有什么可道歉的？其实，国航安全提示中的错误，并不在于指出伦敦存在不安全的街区，而在于把高犯罪率与少数族裔聚居想当然地联系在一起，给出了这些街区不安全是由于印巴裔和黑人聚集的因果推定。

20世纪80年代以来,欧美国家开展的"语言净化"运动,倡导文化多元论,要求语言和思想要有正确的政治导向,使用最"中立"的字眼,防止歧视或侵害任何人。如为了避免种族、性别、性取向、身体残障和信仰的不同而产生的歧视或不满,在美国称呼"黑人"为"非洲裔美国人",盲人、近视则要称之为"视觉受到挑战者"等。

比如,2016年5月,国内某品牌洗衣溶珠广告也被指种族歧视。在广告中,一个黑人吞下洗衣溶珠后被按进洗衣机里清洗,洗完后竟变成黄种人。发布广告的涉事企业不得不发表声明表示歉意,并撤下广告。

新华社曾发布过一批"禁用词",其中要求:对有身体伤疾的人士不使用"残废人""独眼龙""瞎子""聋子""傻子""呆子""弱智"等蔑称,而应使用"残疾人""盲人""聋人""智力障碍者"等词语。在报道社会犯罪和武装冲突时,一般不要刻意突出犯罪嫌疑人和冲突参与者的肤色、种族和性别特征。比如,在报道中应回避"黑人歹徒"的提法,可直接使用"歹徒"。

在国际传播日益频繁的情况下,增强这方面的意识,表达更审慎、更严谨,杜绝歧视嫌疑,大有必要。

(七)厦门女记者打阳伞采访灾后重建事件

【事件】

9月15日凌晨,厦门遭遇超强台风"莫兰蒂"正面袭击。这是2016年以来全球最强台风,也是1949年以来登陆闽南最强台风。台风使厦门遭受重创,出现大面积断电、停水现象,部分行道树被刮倒折断,道路受阻,车辆被砸,窗户破碎。台风过后,厦门上上下下都投入灾后重建工作。

9月20日下午,厦门本地自媒体微博@看厦门转发网友拍摄的照片及爆料称:厦门电视台女记者在同安采访灾后重建现场的时候,戴着墨镜,打着阳伞,扭着腰采访的形象,与街上大扫除的志愿者的形象格格不入。

这位女记者遭到众多网友批评,两个多小时后,@厦门广电火速发布通告,认为该女记者的不当行为"违反了新闻记者的职业规范""损害了新闻工作者的形象",对她做出停职处理。

【点评】

其实,在对这一事件的评论中,网友也持不同意见,除了批评意见之外,也有人认为,女记者也是人,也有爱美之心,如何穿着是个人自由。还有人批评厦门广电的"雷霆处理",有被网络舆论绑架之嫌。

记者的穿着当然是个人自由,但在工作场合,却有职业上的要求。新闻采访教学中有个比喻:深入=身入+心入。这个"身入"的含义,就包括记者的穿着、姿态和行为等,应与采访环境、氛围,以及采访对象的身份相符合。以这位记者的打扮和姿态,把话筒"杵"到志愿者面前,恐怕不但听不到真心话,反而会招致公众的反感。因此,对这位女记者的大量指责,也是对新闻业中普遍存在的"骄娇二气""不接地气"的不满情绪的发泄。这一点,值得新闻业者深思。

(八)湖南卫视将女童和成年男子组成临时父女事件

【事件】

10月开播的湖南卫视真人秀综艺节目《爸爸去哪儿》第四季中,由击剑运动员董力和4岁小女孩阿拉蕾组成了临时父女,在节目中同吃同住,亲密互动,天真的小女孩还对"爸爸"董力告白:"等我长大了,妈妈就把我嫁给你。"本来童言无忌，但随着节目的播出，观众们批评，湖南卫视在剪辑和配图配字甚至是官方微博的广告上，刻意都把两人关系往CP（英文couple，网络常用语，往往指夫妻关系）方向引导，比如网络视频主打推广语是"董力红唇索吻阿拉蕾"。另外，阿拉蕾裸露肩膀和穿内裤的画面也被播出。董力也在多个采访中表示要等阿拉蕾长大，理想型恋人就是阿拉蕾。不少观众提出质疑：不应该让女童用这样的方式跟陌生男人相处。这些画面、玩笑，到了对女童有企图的人眼中会变成什么呢？《爸爸去哪儿》这档节目也是有儿童观众的，孩子看了小朋友跟董力这么亲，会怎么对待生活中碰到的陌生人？

11月20日《爸爸去哪儿》的官方微博发表题为"单纯的总是最美好的"公开回应，表示：节目以亲情为本，不支持变了味的过度解读。网络上的一些媒体为了博眼球，对嘉宾和未成年儿童都会造成伤害，希望大家能用善良的眼光看待节目，同时也会对节目加以检视，更加慎重。

包括阿拉蕾对董力说长大后嫁给你的一些片段，在后来的节目播出版本中也被删除。

【点评】

或许湖南卫视这档节目真的是要传播亲情，呼唤父爱回归，但以"娱乐"的方式让年轻男子与未成年女童组成临时父女关系，甚至有导向情侣关系并故意炒作之嫌，有哗众取宠、误导受众之虞。

正如中国青年政治学院少年儿童研究所所长童小军在接受财新媒体采访时所说的，"从幼童保护的专业视角看，（这么做）肯定是有问题的。其实，公众所反对的，不是正常人怎么理解，而是可能导致怎样的误解，尤其是孩子自身的误解"。他说，误解很容易给儿童保护的典型施害人有空可钻。"儿童保护不仅是体现在宣传上，从保护孩子利益出发，正向的交往取向，女童不应该与陌生男子有这种相处模式。节目组还是没有从儿童保护的视角看问题。"

@公安部打四黑除四害微博也截取中央人民广播电台《中国之声》相关文章表示，"专家认为，节目最大的误导是让儿童对'熟人'失去防范意识，而80%被性侵的儿童是熟人作案，且目前网上已经有了一些言论、图片与解读，表明有些内容、宣传成了恋童幻想素材"。

（九）山东电视台"纱布门"事件

【事件】

10月29日，山东电视台生活频道"生活帮"栏目播出报道《潍坊产妇子宫内留纱布　重磅调查　还原事件真相》，称徐女士在潍坊市妇幼保健院进行了剖宫产手术后出现小腹疼痛的症状，原来是一块纱布留在子宫里。

报道播出后引发了对医患关系的热议，很多观众和网友认为这是一起明显的医疗事故，医院还置患者的病痛于不顾，迟迟不取出纱布。

不过，事情很快发生了反转。10月30日，潍坊市妇幼保健院在其官网上发布《关于对产妇徐女士诊疗经过的说明》：产妇徐女士就医经历的报道与事实严重不符；填缝纱布是为了防止出血，保全子宫，拆除时发现部分纱布取出困难，余留纱布条2cm左右，观察半月左右待可吸收线吸收后纱布条自行脱出，如不能脱出时可在超声引导或宫腔镜下取出；患者家属知情并签字；患者家属提出30余万元赔偿要求，未达到索赔要求的情况下拒绝配合治疗。

一些长期关注医患纠纷问题的微博自媒体也披露，类似情况并不是什么"医疗事故"，而是用纱布填充止血和缝针的过程中很常见的一种情况。而且当初已经明确告诉了患者家属这一情况，家属当时一度签字表示同意。但是后来家属涂抹了签字。

舆论由此发生压倒性的变化。网友转而支持妇幼保健院依法维权，徐女士的角色从受害者转变为"医闹"。

11月2日，@环球时报微博发布了一段视频显示，《生活帮》栏目存在通

过剪辑偷换概念,误导公众的嫌疑。《生活帮》的后续报道中采访了潍坊市妇幼保健院副院长修霞,节目中院方承认纱布残留"有问题",然而院方人员在旁边录制的采访完整版本却显示,这只是修霞接受采访中的一小段,前后语境都被《生活帮》剪掉了。在完整版的采访中,修霞不仅讲述了为什么会有纱布存留,还讲了强行取出的后果以及医院的后续治疗方案。从中可以看出,纱布残留是急救时的措施,并非疏忽遗忘。

在这期间,实名认证为"北京积水潭医院烧伤科主治医师"的新浪微博名人 @烧伤超人阿宝等披露,《生活帮》栏目在报道此事件过程中一直滚动播出"生活帮联合山东省优生优育临床评估亿元'济南中医不孕不育医院'组成'快孕项目'"的广告,而这家"济南中医不孕不育医院"不但属于备受诟病的"莆田系"医院,且涉嫌虚假宣传有资质开展人类辅助生殖技术(试管婴儿)。专业医疗网络社区"丁香园"发文质疑:"生活帮""既然是一家为民负责的'良心媒体',有没有对内容以及医院的资质进行审核,有没有想过节目播出后,将对多少孕期的家庭产生不良的影响?公然为莆田系医院站台,这是收了多少钱?"

11月8日央视新闻直播间报道此事,北京协和医院妇产科主任医师万希润教授在接受采访时表示,潍坊市妇幼保健院通过纱布压迫和缝扎最快止住患者大出血保留了患者子宫,抢救医生做了最优选择。

11月9日,山东广播电视台发布了《山东广播电视台就"纱布门"向潍坊妇幼保健院致歉》一文,认为《生活帮》的报道"基本准确",但也表示,"在患者事先是否知晓腹中异物为纱布的问题上,记者的表述容易让人产生患者事先不知情的误解,就此我们向潍坊市妇幼保健院及广大观众表示诚挚的歉意"。

【点评】

同样是2016年度有影响的医患纠纷报道事件,《生活帮》栏目比《新安晚报》有更多值得诟病之处。比如,患者家属明知手术方案及风险,有"医闹"嫌疑,媒体却没有相应调查;媒体剪辑中断章取义,歪曲了受访者原意;媒体与相关医疗机构有着说不清、道不明的利益关系,后者有左右其报道倾向的可能……

除了前文提到的尊重医学专业规范、保证客观平衡报道的原则，在这一案例中还要特别提出媒体角色的问题。

网络搜索可以发现，《生活帮》栏目与济南中医不孕不育医院有密切关系，不但合办各种社会活动，还多次报道该院使患者成功受孕等"新闻"。这不能不让人怀疑，《生活帮》究竟是新闻栏目，还是软广告创收栏目？媒体在相关争议性事件报道中，究竟是扮演的客观公正的社会监督者角色，还是被相关利益绑架，有意误导受众，成为某方利益的代言人？

简短的结语

从以上问题出发，本文对2016年传媒伦理典型案例进行了梳理。但对于媒体来说，"合规""不越轨"只是最基本的要求，新闻业最大的善，最高的道德律令，"全球媒体的首要伦理准则"，则是挖掘事实，探求真相。在这里，必须提到2016年的聂树斌案改判事件，这既是推进法治中国建设的一次里程碑式事件，也是媒体坚持舆论监督、艰苦挖掘真相的里程碑式事件。

聂树斌案从执行死刑到改判经历了21年，其关键转机是2005年《河南商报》的一篇报道《一案两凶，谁是真凶？》。当时以总顾问身份代理总编辑之职的马云龙和记者一起进行了采访调查，并主动放弃首发权，把报道发给全国一百多家报纸，欢迎转载，不收稿费。由此，聂树斌案进入公众视野。正如《新京报》整理全国各大媒体相关271个版面时所言："聂树斌案中媒体的身影不曾缺席。翻过22年来那一个个有力的标题，一篇篇有力的报道，小到聂家的辛酸苦楚，大到国家的历史变迁，似乎都触手可及。"

"职业伦理越发达，它们的作用越先进，职业群体自身的组织就越稳定、越合理。"当前，传媒业正在经历一个困难与机遇同在的转型时代，只有更好地履行挖掘事实、探求真相的职责，更坚定地遵守职业伦理规范，才能奠定自身生存发展的基础，在媒体融合进程中实现凤凰涅槃般的历史性变革。

参考文献

罗文辉、李淼、安晓静:《新闻伦理研究》,见洪浚浩主编:《传播学新趋势(上)》,清华大学出版社2014年,第204页。

牛静:《世界主义、民族主义与全球媒介伦理的建构》,《新闻与传播研究》,2016年第2期。

唐佳梅:《全球新闻伦理的跨文化问题与重构》,《暨南学报》,2016年第5期。

张咏华、贾楠:《传播伦理概念研究的中西方视野与数字化背景》,《新闻与传播研究》,2016年第2期。

冯建华:《新媒体环境下记者拒证权的伦理困境与核心问题》,《华南师范大学学报》(社会科学版),2016年第4期。

虞鑫、陈昌凤:《美国"事实核查新闻"的生产逻辑与效果困境》,《新闻大学》,2016年第4期。

陈绚:《论记者的私德与媒介的公德》,《山西大学学报》,2016年第1期。

张田勘:《用新闻伦理约束医疗报道》,《中国青年报》,2016年5月13日。

凤凰评论:《冠生园原董事身亡,报道别猎奇化》,http://finance.ifeng.com/a/20160422/14340528_0.shtml。

叶铁桥:《标题党为何骂而不绝》,《青年记者》,2016年第21期。

《北京市网信办通报多起网媒"标题党"违规案例》,新浪新闻http://news.sina.com.cn/c/nd/2016-12-06/doc-ifxyiayr9194688.shtml。

哑河:《雷洋事件的新闻伦理与法律常识》,共识网,2016年5与16日。

央视新闻频道前制片人王青雷的离职感言,http://blog.sina.com.cn/s/blog_8753b65e0101ddrm.html。

刘敏:《被老虎咬伤之后》,《三联生活周刊》,2016年12月。

《全网公敌：八达岭虎咬之后》，《南方人物周刊》，2016年11月。

王宁、罗彬心、周珊珊：《卓伟派无人机拍摄老干部婚礼，算不算侵犯隐私权呢？》，西风独自凉：《有哪些政治正确的东西是错误的？》，来源于知乎https://www.zhihu.com/question/21094902/answer/24106674。

童小军：《"真人秀炒父女CP"谁是谁非》，财新网http://opinion.caixin.com/2016-11-22/101009959.html。

烧伤超人阿宝：《生活帮还是莆田帮？——潍坊产妇纱布留子宫事件背后的故事》，来源于微信公众号"烧伤超人阿宝"，2016年11月1日。

《制造"纱布门"的生活帮：收过莆田系多少钱？》，丁香园http://6d.dxy.cn/article/507538。

克利福德·克里斯蒂安：《论全球媒体伦理：探求真相》，《北京大学学报》，2012年第11期。

新京报动新闻：《聂树斌案，我们搜罗了22年40家媒体的271个版面》，

［法］涂尔干：《职业伦理与公民道德》，渠敬东译，商务印书馆，2015年，第8～9页。

（本文执笔：周岩、王侠，新闻记者杂志编辑。感谢课题组专家：上海市新闻工作者协会主席、上海市新闻学会会长、上海市新闻道德委员会主任宋超，新闻记者杂志顾问魏永征、吕怡然、贾亦凡，上海社科院新闻研究所副研究员白红义，上海市新闻工作者协会常务副秘书长马晓青，上海市新闻工作者协会副秘书长、上海市新闻道德委员会办公室主任于殿武，上海市新闻道德委员会办公室副主任吕智凡、余玉辉，新闻记者杂志主编刘鹏的指导）

2016中国新闻摄影年度观察

杜江　马敏慧

根据CTR媒介智讯和中广协报刊分会提供的广告趋势数据，2016年报纸广告降幅则下降38.7%，报纸广告资源量下降40.78%，为连续五年下降来降幅最大，较之2011年降幅已超过七成。[①]由此持续性裁员、减版、缩印、停刊在发展，以北京《京华时报》、上海《东方早报》等都市报为代表，已有超过40家报纸停刊或休刊。

都市报的集体退场，为中国新闻摄影造成结构性损失；在采访环节，摄影记者承担视频、直播、VR拍摄等工作；在传播平台，"图文结合"的静态照片被融合到视频、图表、H5等全媒体报道之中。VR、无人机、直播技术等为新闻摄影人带来了新业态、新机遇、新视野，但中国新闻摄影总体上面临队伍主体游移、职业边界模糊、传播形态泛化、重要作品缺失等严峻现实。

本报告继续着眼新闻摄影组织方式的改变，关注摄影记者在转型压力下的调适与反应，探寻VR、无人机等新技术与新闻摄影的关系，并从传统新闻摄影向全媒体可视化报道演进的角度适当切入直播、视频等话题。

一、融合与创新：重大报道中的新闻摄影

［事件1］

长江流域抗洪报道

2016年夏天，长江流域遭遇了特大洪水，全国473条河流发生超警以上洪

[①] 姚林：《报业融媒体经营新生态初现端倪——2017年中国报业经营趋势及展望》，《中国报业》，2017年第1期（上），第28页。

水，192座城市受淹，洪水量级、影响范围达近20年之最，仅新华社便组织了百余名记者深入抗洪一线，创新使用无人机航拍、VR等先进技术，H5等表现形式，直击抗洪抢险现场，增强报道现场感。

7月14日上午7时，长江防总决定对湖北牛山湖破垸分洪，一场规模空前的无人机新闻大战在此上演。凌晨，20多家媒体的无人机聚集在离爆破点1000多米的广家洲游船码头，湖边空地俨然变成"机场"。随着连串"嘭嘭嘭"的巨响，掀起的沙土形成几十米高的水幕，多架无人机在爆炸点上空盘旋。爆破引发强大的冲击波还造成一些无人机失联。不到一刻钟，湖北日报新媒体集团云图航拍中心的航拍图片在荆楚网和动向新闻客户端发布，第一时间被腾讯、凤凰等近百家媒体转载。该记者表示："如果不用无人机，这样的场面根本拍不到，在过去的新闻报道中，记者用双腿跑新闻，因为无法到达环境复杂的新闻现场而徒劳无果。"①

新华社融媒体报道"新华社记者直击抗洪一线"，整合文、图、视频等各种形式的产品，融合报道《洪水，刻下他们成长的年轮》②，将摄影记者拍摄的人物进行拼版，配以精短文字及VR产品，全方位、立体化呈现了九代人在洪水中的感人故事。

抗洪报道中，新华社共播发相关稿件近1000条，其中文字报道530余条、图片报道300余张、音视频报道100余条、网络新媒体报道100余条。《人民日报》头版累计刊发报道1篇次，要闻4版等其他版面刊发各类稿件60余篇/次。《人民日报》借助"两微一端"，采取现场直播、H5等新媒体报道方式，拓展传播渠道，扩大受众覆盖面。人民日报客户端组织7次现场直播，每次参与人数都在1万以上。人民网先后在首页大头条位置推出9条重要报道，刊发图文报道427篇（幅）、420篇（幅），视频新闻14条、10条。③

---

① 陈勇：《无人机在抗洪报道中的创新应用》，《新闻前哨》，2016年第10期，第29～30页。
② 吴晓凌等：《洪水，刻下他们成长的年轮》，http://xinhua-rss.zhongguowangshi.com/425/-622380394845431009/970820.html。
③ 高方：《中国记协召开防汛抗洪抢险救灾宣传报道工作座谈会》，《传媒》，2016年第8期（下），第32～34页。

[事件2]

纪念红军长征胜利80周年

在纪念长征胜利80周年的报道大潮中,新华社打造的《红色追寻——三个年轻人的长征路》系列网络直播。三个85后、90后年轻人,历时11天,跨越五省区,跋涉7000多千米重走长征路,由曾斩获荷赛大奖的新华社摄影记者费茂华、吴晓凌掌镜直播,在网络上创造了过1亿人次点击观看的佳绩,三位主播也成为备受关注和喜爱的"红色网红",以正能量被誉为"简直是直播界的一股清流"!

《解放军报》与解放军档案馆合作推出的特刊《长征·印象》,每期以图片形式披露涉及长征行动部署、作战计划、作战地图、战术资料等珍贵档案资料,构成了一套宝贵的"档案历史",结合文字摄影记者采访幸存老红军形成图文报道,形成了"口述历史+档案历史"的立体报道。利用VR、环物成像、H5等技术,制作了"英雄史诗不朽丰碑"主题展览实景漫游作品,"走出泥沼""而今迈步从头越"等系列VR全景画、首部军事3D全景MV《四渡赤水出奇兵》等作品,打造出"永不落幕"的全景交互式长征主题展览,为受众带来沉浸式体验。①

中国青年报摄影部主任赵青等3名记者历时30多天重走长征路,以图文、视频、H5完成全媒体报道的同时,赵青坚持用一台禄莱2.8F120相机(该型号诞生于20世纪60年代)以胶片拍摄。他认为:"在重走长征路这样一个复杂、庞大的选题操作中,我要从报道出发,但是抵达终点时能提供的又不仅仅是报道。我希望在照片的边界尽力做一些拓展和突破,让影像有一些厚味。"②

赵青表示,摄影记者当下的工作由见证和告知——为某个事件拍下照片,让人眼见为实变成了评价事实,从客观的叙事转变为展示视角与态度,传递现场的情绪与气氛。《中国青年报》也改为周五刊,周六、日版出版

---

① 孙继炼:《重大纪念主题宣传战役的创新探索——〈解放军报〉纪念长征胜利80周年融媒体报道的回眸与启示》,《中国记者》,2016年第12期,第8~12页。
② "当摄影报道与艺术相伴而行——专访赵青",http://www.toutiao.com/i6394598549966815746/。

"移动周末版"——所幸,其首创于1995年的"摄影专版"得以保留。这家报纸明确地对纯技术说"不",拒绝大规模投入航拍,或把摄影记者变成纯粹的视频记者,而"首先要考量的是它对我们内容和价值的传达有没有益处"。

[事件3]
G20杭州峰会

9月4日至5日,G20领导人第11次峰会在杭州举行。在这场全球瞩目的重大国际时政题材报道中,约70个国家的5000名记者聚集杭州,仅会议主办地媒体浙江日报报业集团就组建了包括73名前方注册记者在内500余人的采编团队。

在G20峰会报道中,《人民日报》、新华社等以文、图、视频、VR视频、H5等媒介与手段全媒体系列报道。新华社"天空之眼"无人机队通过"申报飞行",在峰会倒计时十天分两个时段、三个起飞点,对峰会主场馆杭州国际博览中心及附近地标建筑进行航拍,成功实现重大报道的无人机"第一飞"。《人民日报》推出了《习近平主席的G20微信群》《习主席首款原声VR,带你飞跃G20》新型融媒体产品,让人耳目一新。[①]中国青年报社联合北京新媒体集团,创新报道方式,全程全景直播峰会盛况,上线四个多月的"北京时间"总点击量(PV)达到3723.3万,访问人数(UV)达974.5万,成为G20峰会中国网站全网第一。[②]

[事件4]
新中国成立95周年纪念与《红色气质》

在迎接中国共产党成立95周年之际,新华社精心打造的微电影形态可视化全媒体产品《红色气质》于20日上午9时50分陆续在各类新媒体终端和户外

---

① 陈利云:《让主场成为有效传播阵地——人民日报 G20 杭州峰会报道的启示》,http://media.people.com.cn/n1/2017/0510/c192371-29266628.htm。

② 钟雅、杨毅沉:《"北京时间"联手中青报全景直播 G20 杭州峰会创新融合报道》,http://www.bj.xinhuanet.com/bjyw/2016-09/06/c_1119521659.htm。

大屏发布。该片以9分5秒时长高度浓缩了中国共产党95年的光辉历程。①李大钊、瞿秋白、方志敏、赵一曼、杨靖宇、左权、彭雪枫……不同时期的共产党人一个个从历史深处走来,展现着中国共产党人特有的"红色气质",在读者中掀起"红色旋风",一周内仅网络阅读量就超过5000万人次,唤起了整个国家和民族共同的"红色记忆"。该片"用照片来说话"的基本思路,目标是"把个人历史和国家历史、个人相册和国家相册结合、把宏大叙事与个人情感结合起来,触动人心最柔软的地方"。《红色气质》由新华社高级编辑陈小波担任讲述人,微电影按照院线标准制作,适合电视、网络与移动终端等多平台、多渠道传播,是新华社在全媒体报道中的又一创新成果。其图片素材全部来自新华社中国照片档案馆,这是目前全世界馆藏量最大、内容最丰富的照片档案馆之一,收藏了自1949年中华人民共和国成立以来的珍贵历史影像,藏有1000余万张数字化照片和200余万张胶片底片。延续《红色气质》的元素,新华社又推出《国家相册》(至2017年4月7日,片长5分钟,已播出32期)系列微纪录片,以经典历史图片、严格的文字叙述、新媒体的制作与传播方式,以唤醒历史记忆、不忘来路、不忘初心,与《红色气质》一起成为新华社融合创新的代表作。

此外,巴西里约热内卢第31届夏季奥运会采访中,新华社派出了41人的摄影团队,包括遥控摄影设备、自主开发水下摄影机器人、360全景相机等设备,首次在开幕式、田径、体操、篮球场馆的马道上架设了高点相机,采用远程遥控拍摄方式,完成百米飞人、艺术体操、篮球决赛等照片拍摄。为保障现场稿件安全、高速、可靠传输,新华社参加了美联、路透等9家通讯社组成的里约奥运会VLAN(局域网)小组,在30个场馆布设VLAN网线156条,长度近万米。赛间80%的照片通过场馆VLAN发回新华社前方发稿中心,实现开幕式、奥运首金以及中国选手夺取金牌的照片的即拍即传。②

---

① 翟铮璇:《从〈红色气质〉到〈国家相册〉:新华社领衔编辑陈小波讲述背后的故事》,《中国记者》,2016年第12期,第25~27页。

② 王剑锋:《VLAN利器出鞘 奥运报道添彩——2016年里约奥运摄影报道技术创新侧记》,《中国传媒科技》,2016年第8期,第14~15页。

二、告别与转身：《京华时报》与《东方早报》

《京华时报》自2001年5月28日创刊。"从创刊到休刊，15年时间《京华时报》占据北京都市报半壁江山，京华摄影记者第一时间突破新闻现场，那些年，没挨打的摄影记者不是京华摄影记者。"

《京华时报》坚持只做"事件性新闻"，有人喻其"像卖鲜鱼一样卖新闻"，在新闻摄影上严格要求"新闻现场的到达"与"信息的有效传达"，一位摄影记者形象地表达："拍火灾拍到火苗，拍一次割车救人，拍一个警察抱住跳楼者的一刹那。"

同日休刊的还有上海《东方早报》，该报创刊于2003年7月，是国内首家将报纸的新闻视觉化为理念运作的媒体。该报草创之始即意识到"报纸的视觉形态已是报纸商品质量与阅读价值的第一要素"，由此成立视觉中心，在组织架构上解决平面媒体采编中文本系统和视觉系统的分工协作问题。同时制定《东方早报视觉手册》，是国内媒体第一份指导图片采集与使用的规范性文件，由此开创新闻视觉传播时代的"东早模式"①。

2008年前后，以都市报为主体的部分中国新闻摄影人意识到摄影记者的转型必将到来，由此开始了从新闻摄影出发的"流媒体"②变革，《南方都市报》《京华时报》《东方早报》设置视频记者编制生产多媒体视频，时任《南方都市报》图片总监王景春甚至提出，"流媒体"的引入将是新闻摄影的第三次革命。2009年，中国新锐视觉联盟年度评选，流媒体成为参评对象。2012年，摄影记者王磊拍摄多媒体作品《向上看的人——海南长臂猿守护者》曾获首届荷赛多媒体项目大奖，是亚洲唯一获奖者。《南方都市报》《东方早报》等在多媒体内容生产上也多有建树。

原《京华时报》图片总监骆永红曾希望该报流媒体小组"为纸媒的未来

---

① 常河：《新闻视觉传播时代的"东早模式"》，中国新闻摄影学会：《完善图片机制、提高履职能力——第十届全国新闻摄影理论年会论文集》（2004）。
② 流媒体，由包括视频、音频、幻灯以及动态图表等互联网时代的多媒体形式，后统称多媒体。

能找到一块不败的阵地"①。但不幸的是,"在多媒体短视频兴起的今天,一切却戛然而止",俨然有一次"失去的机会"。

截至2016年12月,目前我国手机视频用户规模接近5亿,年增长9479万人,增长率为23.4%。②为此有媒体称"视频是次时代的图文",新浪微博、今日头条、腾讯企鹅媒体平台投入数十亿资金扶持,视频日均播放量分别增长了500%(3.4亿次到20.4亿次)、605%(1.8亿次到12.69亿次),2464%(0.78亿次增加到20亿次)。2017年,BAT、新浪、今日头条等已宣称投入超过150亿元(相当于中国报业全年广告收入)的资金支持短视频创作,掀起一个"全民移动视频之年"。

不久前,新京报社社长戴自更表示,"视频是新闻的终极表达","是传统媒体转型的最后一个机会",高调宣示视频内容生产在其全媒体转型中的战略地位。③他认为,随着5G时代的到来,视频会进一步大量生产。视频已成为新闻报道的标配,原来报纸两个版五六千字的内容,用一个五分钟的视频短片即可完整表达。去年9月,《新京报》与腾讯合作的短视频新闻项目——"我们视频"上线,形式包括直播、短视频、长片。该报在年度新闻报道作品奖项中,特意增设"视频直播奖",将视频纳入日常报道与评价体系。

需要补充的是,作为印刷媒体,《新京报》一直保持着较高视觉化水平。在2016年度第38届世界新闻视觉设计协会(SND)大赛评选中,《新京报》揽获三奖。这是该报自2008年起参加SND大赛来连续十年获奖,获奖作品共计39组。④此外,在(SND)最佳多媒体设计奖中,澎湃新闻占据其中两席⑤,获奖作品之一《好人耀仔——一位宁德村支书的45岁人生》以动漫的形式,讲述了福建宁德村支书周炳耀面对台风为保护村民而牺牲的故事。可见《东方早

---

① 大众DV记者:《"寒冬"来临,我们一起流媒体——专访〈京华时报〉图片总监骆永红》,《新传播环境下的摄影》,中国摄影出版社,2011年9月第1版。
② 据CNNIC《第39次中国互联网络发展状况统计报告》。
③ 戴自更:《视频是传统媒体转型的最后机会》,新京报传媒研究(xjbcmyj),2017年4月28日。
④ 新京报文娱年度人物策划特刊《2016数英雄,谁是英雄》获得特别新闻专题类(Special News Topics)银奖和特别报道(版面)优秀奖,《悬崖村系列目击》获特别报道(单一主题)优秀奖。详见微信公众号:新京报传媒研究(xjbcmyj)。
⑤ "浙江新闻"客户端占据另三席。人民日报媒体技术:《新闻可视化的"奥斯卡",看"全球多媒体设计大赏"亮点纷呈》,2017年3月12日。

报》视觉团队成整建制转型这支视觉队伍，在多媒体报道方面表现优秀。

由澎湃新闻团队分离出来"梨视频"，作为新闻视频制作"PGC"团队备受业界关注，因未取得互联网新闻信息服务资质、互联网视听节目服务资质等原因，被责令整改，在内容生产上面转型。

在"都市报模式已经到了被彻底抛弃的时候"，报业的全媒体转型，应吸收都市报在新闻摄影转型上的探索与经验，借鉴其可视化方面的大胆尝试。

三、摄影记者：坚守与融合

[记者1]

吴芳："百万+""千万+"的照片如何炼成？①

截至10月10日，腾讯芒种计划公众号"乙图"（作者：吴芳）的阅读量超过6000万，成为企鹅媒体平台摄影类账号总阅读数过1000万的10个账号之一，且进入最活跃摄影师之三甲。其作者吴芳——一名目前供职于《合肥晚报》，多次在"华赛"获奖的摄影记者认为："当众多传统摄影记者还在为出路焦虑、挣扎的时候，一些新闻摄影从业者已经走在前面，加入新媒体行列。"

吴芳认为，首先好图片≠高流量。在新媒体时代，一张作品的影响力，很容易被数据化，其表现为流量，或用阅读数、跟帖量、PV值②来衡量。而"好图片未必收获高流量，差图片未必没有高流量"，"在自媒体中，好内容就是要引发网民阅读兴趣，就好比在他的伤口上撒一点盐，让他痛得叫起来，就是所谓触及他们内心最脆弱的地方或者获得认同感"。

例如，其在传统媒体刊发时标题为"留守妻子"的一组稿子，在新媒体

---

① 吴芳，《合肥晚报》首席摄影记者，作品曾多次获得"华赛"奖项。参见其文章：吴芳：《自媒体：新闻摄影的危机还是第二春》，《中国摄影报》，2016年12月26日第1版。吴芳：《"百万+""千万+"的照片如何炼成？》，《中国记者》，2016年第12期，第118～119页。

② PV（page view）即页面浏览量，通常是衡量一个网络新闻频道或网站甚至一条网络新闻的主要指标。

发布时，则改为"留守妻子的夜：何人遭遇背叛，有人痴情等待"，"虽然作为传统摄影记者，最初些标题很不屑，但实实在在的流量让不重新思考、认识……这就是网络。"

[记者2]

陈杰：报道摄影的"改变"和"无力"①

大凉山地区支尔莫乡阿土列尔村离县城昭觉72千米，地形以山地悬崖为主。勒尔社海拔1400多米，与地面垂直距离约800米。此前要下山，村民们需顺着悬崖断续攀爬17条藤梯，其中接近村庄的几乎垂直的两条相连的藤梯长度约100米。2016年5月24日，新京报摄影记者陈杰以《悬崖上的村庄》为题报道此事。之后，陈杰与同事三次重返阿土列尔村，推出包括图片、视频和直播在内的系列报道。与此同时，其他多家媒体也加入后续报道中。引起广泛关注后，当地政府积极作为，带扶手的钢梯于8月开始修建，11月正式通行，孩子和村民上下更安全了。

陈杰表示，"悬崖村"事件，和所有报道一样，我的职责就是告诉公众自己深入采访后看到的真实现状，并没有先入为主地认为报道能带来改变。不过，我相信，报道有可能带来改变，而带来改变的是事实本身的力量。"报道改变不了什么，但报道有可能带来改变。2016年，我的关键词是改变和无力。"

一年来，他跋山涉水，探访环境难民、大坝移民、贫困地区……行走、停留、采访、记录、拍摄……唯其相信摄影带来改变的这种可能性。

[记者3]

孙俊彬：2017，我想吐槽下深度摄影记者这个职业②

孙俊彬，大三在南都实习，几经曲折，2010年毕业后加入"国内新闻

---

① 《新京报》2017年1月15日，微信公众号：拍者。
② 孙俊彬，1986年出生于广东潮州，2010毕业于华南师范大学摄影系，现为界面新闻中国组调查新闻高级记者。色影无忌2016新锐摄影奖获得者。孙俊彬：《2017，我想吐槽下深度摄影记者这个职业》，微信公众号："大众摄影"2017年1月13日。

摄影的硬招牌","刚入职那两个月,跑了157单活,很累,但有简单的快乐","第二天在报亭看到自己拍的照片上了封面,那种得意扬扬,现在真是无法再有的……"

2013年,孙成为南都视觉深度小组三名成员之一,为《视觉周刊》供稿。2015年4月《视觉周刊》停刊,孙离职北上。

一年后,其单位解散,彷徨之际,孙以自由摄影师身份策划《缅甸华人生存调查》项目。在初夏的一天,带着拼凑来的摄影器材与同伴躺在橡皮艇中偷渡缅北。40天的历险,在果敢偷拍赌场时差点被逮,在佤邦被当地军队当作缅甸政府军间谍扣留,又靠一张盖章的"落地签"逃生……缅甸归来,为一张赴乌鲁木齐的免费机票,以完成拍摄项目,孙加了某公司"4小时逃离北上广"活动,半推半就在机场做了回"直播",自感"真惨,我就是想占个便宜继续去拍我的项目,没想到还要抛头露脸"。更糟的事在后面,孙回京后被盗,笔记本电脑以及照片、视频全部丢掉,一贫如洗,"彻底陷入谷底……"

孙俊彬说,传说中的读图时代好像还没来,就被视频和直播席卷了。高质影像技术普及之后,新闻摄影变成了业余爱好者和专业人员相混合的事业。新媒体在重新定义摄影记者……"新闻摄影"的主体性在逐渐模糊。或许,这就是"新闻摄影"正在死亡……但是,依然舍弃不了那种照片的"主体情结",那种捕抓一个静态瞬间饱含的激情和不可言说的神秘。

[记者4]

谢匡时:融合中的坚守[①]

对这位年轻的澎湃新闻摄影记者来说,2016年有着极其强烈的两面性:一方面是对短视频、直播、360全景的尝试,另一方面是对摄影的坚守,时有融合,时有"打架"。"但在最关键的那一刻,我没有扔下相机,依然会选择按下快门,记录打动自己的那个瞬间。"

谢匡时说,2016年应该是媒体记者受到冲击最严重的一年。2016年也

---

① 微信公众号:"人民摄影",2017年2月20日。

被称作直播的元年，在各种大小新闻的现场，能够去到一线采访的媒体记者越来越少，反倒是各种平台的直播和拍客越来越多。很庆幸，澎湃新闻在前往一线采访的态度上依然强势，能到大事件的现场采访，但采访任务不再是单一的静态影像，而是直播、图片、视频、360全景等多媒体任务。这个过程中，快门按得少了，但留在核心现场的时间更长，自主采访的内容更为丰富和深入。比起以往作为一个单一的摄影记者，自己更能把握事件的核心要点，图像的表达也更为准确和深入。

谢匡时认为，越是在行业变革的时候，越能看清大浪淘沙后的真面目。一方面，直播和短视频能够让网友更直接、更便捷地获取信息，是不可逆的传播趋势。另一方面，经过摄影记者思考之后凝固下来的一张静态影像记录当下的时代，也更具有传播的价值。静态影像依然是更有力量的存在。两者并不是一个此消彼长的过程，而是互相补充的关系。

四、视觉机器：VR与无人机及钢铁侠

（一）"VR+新闻"与"沉浸式新闻"

2016年，所谓中国VR发展元年。"两会"期间，《人民日报》、新华社、《光明日报》《北京晚报》等各大媒体均推出VR报道。5月6日，在新华网联合工信部举行虚拟现实和增强现实国家及行业标准征集发布会上，新华网VR/AR频道正式上线。6月6日，《重庆晨报》"上游"新闻APP客户端率先推出全国首个VR新闻频道。8月17日，由"虫洞VR"公司发起的CHINA VR新闻实验室在北京成立，首批实验室成员包括《广州日报》《辽沈晚报》《潇湘晨报》《大连晚报》《郑州晚报》《青岛晚报》《重庆商报》《沈阳晚报》《海南日报》《生活报》《重庆晚报》《法制晚报》12家单位。

VR作为一个高科技概念，传统媒体出于全媒体转型策略，得到快速应用与推广，但内容生产方面尤其乏力，以Insta360° 4K全景相机拍摄的视频为主，其"3I"体验不佳。10月25日，新浪举办2016年未来媒体峰会，核心是讨论——"浸媒体时代（The Age of Immersion）"，但对何为"浸媒体"仍

语焉不详。①

以《纽约时报》为代表，《华尔街日报》《今日美国》《赫芬顿邮报》、美联社、CNN、BBC、《卫报》等积极应用虚拟现实技术。尽管在实践中几乎所有媒体都面临硬件设施昂贵、制作成本高昂、内容乏力、体验不佳，但其潜力仍然不可低估，CNN副总裁Jason Farkas就认为，虚拟现实技术将成为电视和数字化之后第三波推动内容发展的浪潮。②2017年3月8日，CNN设立了沉浸式新闻部门"CNNVR"，计划每周一期发布虚拟现实新闻。

在此继续关注"VR教母"佩娜（Nonny de la Peña）所探索的"沉浸式新闻"（Immersive Journalism），其最新VR影片 Across the Line 首次将360度全景视频与计算机图形学结合起来，讲述了一名年轻女子到堕胎门诊流产的故事。佩娜也表示："我们依然处于具有真正变革意义的媒介诞生的早期阶段。"③

原《卫报》数字化执行主编Aron Pilhofer也受佩娜的"叙利亚项目"启发，独创《6×9：身临其境体验单独监禁》VR研发项目，让观察通过安放在一个囚犯鞋上的摄像机，感受牢狱生活。④

2016年9月，联合国发布了自己的第一个VR应用UNVR，观众观看公益电影后，会出现一个行动按钮，观众可以打开菜单，选择捐款、捐物，可谓佩娜"同理心机器"（Empathy Machine）的具体应用。如《锡德拉湾上的云》讲述了一名12岁的约旦女孩的故事，她来自居住着84000名贫苦难民的约旦札塔里难民营，在科威特的募款活动中利用放映该片筹得38亿美元善款，近乎原计划的两倍。

---

① 据新浪《"漫媒体"时代来临，人们将"沉浸"何方》一文："漫媒体"一词始于2014年8月。业内人士认为，移动端的深度阅读铸就"漫媒体"。普通大众由原来在移动设备上的泛读，逐渐转变为由于多样化的媒介形式而形成的深度阅读，并对移动阅读产生了依赖感，形成一种"泡吧"式阅读，从而产生了"漫媒体"。

② CNN设立沉浸式VR新闻部门名为"CNNVR"，http://vr.hiapk.com/business/s58bfa2d2d388.html。

③ 《VR触发人类移情反应，将借纪录片革新媒介？》，http://tech.163.com/16/1125/15/C6NQEVB600097U80.html。

④ 传送门：你知道单独监禁在5平米的牢房是什么感受？《卫报》用VR技术带你关注特殊群体 | 案例。

（二）无人机新闻

2016年7月，新华社举办了历史上第一次专职记者无人机航拍取证培训班，30多名专职摄影记者参加培训，取得无人机"机长"合格证。"天空之眼"无人机队以此为基础形成一支由30余名"机长"领衔，100余架无人机和近200名"记者飞手"组成的专业化无人机新闻报道队伍，实现新闻报道中的无人机"按规飞行、合理飞行、持证飞行"。

目前有中国航空器拥有者及驾驶员协会（AOPA）、中国航空运动协会（ASFC）、中国航空运输协会通用航空分会（CATA）等机构参与无人机培训。

8月17日，新华网无人机培训学院揭牌仪式在京举行。新华网无人机培训学院是中国航空器拥有者及驾驶员协会（AOPA）认证、授权的"民用无人驾驶航空器驾驶员"培训机构，也是全国媒体行业第一家获得无人机培训资质的媒体[1]。新华社图片中心和中新社图片网络中心联合主办新华社"媒体无人机航拍操控员培训班"，颁发ASFC证照，每期学员约50人，至2017年4月共举办6期。

截止到2016年12月31日（AOPA）共颁发10255个无人机驾驶员合格证，而据有关数据，2016年国内无人机销售量近39万台。[2]无人机拥有量与持证驾驶员严重失衡，这也是导致"黑飞"盛行的重要原因。仅2017年4月，成都地区连续发生8起无人机扰航事件，其中6起影响航班运行，造成138架次航班返航备降。为此，中国民航局宣布从2017年6月1日起正式对质量在250克以上的无人机进行实名登记注册，这也意味着对无人机全面管控。

2017年5月7日，经由中国记协批准，中国新闻摄影学会在北京宣布成立无人机摄影专业委员会。中国新闻摄影学会会长徐祖根表示，无人机作为媒体融合发展中的一项重要创新技术，为新闻摄影带来了新的发展空间，成为摄影记者的重要采集技能。但相关的行业规范还不够完善，理论研究也有所欠缺。学会将在新闻传播领域推广无人机技术、提升无人机摄影水平、规范

---

[1] Http://www.gs.xinhuanet.com/news/2016-08/17/c_1119408686.htm
[2] 据中国产业调研网《中国消费级无人机行业市场调查研究及发展前景预测报告》（2017年版）。

发展方面发挥作用。

三、"现场新闻"与钢铁侠

2016年年初，新华社蔡名照社长提出"现场新闻"全新新闻理念①，新华社客户端3.0版首创"现场新闻"类稿件是一款汇集了文字、音频、图片、视频、直播流、H5全息化、直播态的融合型信息流，以源头创新再造采编发流程。

"现场新闻"集展示端与采集端于一身，以手机+现场新闻APP发稿，依托新华社全球采编网络，利用"云+端"的传播结构，在线生产"活"的新闻。实现前方记者即采即拍即传，后方编辑即收即审即签；既可单兵单人直播，也可多人多机直播，以视频、图片取代文字，实现语境语态行进式发稿。

截至2016年10月，新华社组织"现场新闻"报道400多场，场均浏览量达60万次，最高场次浏览量高达200万次，报道题材涵盖重大主题、突发事件、科技文化等诸多领域，报道范围覆盖国际国内，新华社全球3000记者中已有1000多人参与"现场新闻"报道。②

2017年2月19日③，新华社正式启动基于"现场新闻"技术平台的"现场云"全国服务平台，为国内媒体共享成熟的"现场新闻"直播态产品提供"一站式"整体解决方案，中央媒体、地方媒体、地方党政机关在内的首批102家机构同步入驻该平台。

"钢铁侠"多信道直播云台是光明网最新打造的全媒体报道单兵设备，以斯坦尼康和易事背为支撑，搭载Insta360Nano、iPad-mini、Go-pro4、OSMO+等设备（总重近15千克），以一名记者实现视频、全景、VR等内容

---

① 刁毅刚、陈旭管：《踏浪移动网络大潮，挺立视频直播风口，新华社全息直播态产品"现场新闻"系列创新引发业界热议》，《中国传媒科技》，2016年第10期。
② 刁毅刚、陈旭管：《踏浪移动网络大潮，挺立视频直播风口，新华社全息直播态产品"现场新闻"系列创新引发业界热议》，《中国传媒科技》，2016年第10期。
③ Http://news.cnr.cn/native/gd/20170219/t20170219_523608558.shtml.

的同步直播与录制,一键同步实现PC端、新闻客户端及H5页面等跨平台视频内容的分发与适配,实现多种媒体产品在同一平台快速生产聚合。①

为了适应互联网新闻竞争,传统媒体用"网红""颜值"等标准来要求记者,澎湃新闻副总编辑常河提出,"未来的记者不是网红可能就不是一个好记者"②,南方报业集团对"名记"提出"既要做'纸红',更要做主流'网红'"要求,要按照有"颜值"、有素质、有气质,腹有诗书、心有用户、肩有担当的标准③,以创造性地生产优质全媒体产品。

一方面,随着视觉机器的智能化,不远的将来站在摄影机后的摄影记者将与公众道别,不再介入现场。同时,又呼唤摄影记者以"网红"的面目,以泛娱乐化的姿态,参与到新媒体的"注意力争夺战"中来,不再是一个纯粹的记录者,而是一个有魅力的表演者。

五、"荷赛":变革与分裂

2017年2月13日,第60届世界新闻摄影比赛揭晓,59岁的美联社摄影师Burhan Ozbilici以《土耳其暗杀》获得年度照片,如其所言"一个人在我身前被射杀,一个生命在我眼前离去……我当时也很害怕,万一枪手向我射击,我知道后果是什么。不过,我在现场,即使我受伤了,也依然是一名摄影记者,我必须完成我的工作"。"荷赛"组委会称,这些"'具有重要新闻价值'的影像,它们所勾勒的世界,将成为我们与未来的集体记忆的一个侧面"④。

中国摄影师王铁君以《汗水铸就中国梦》⑤获日常生活类(单幅)二等奖,这是中国摄影师在本届"荷赛"获得的唯一奖项。这位从事摄影30多年获奖无数的摄影师自信地表示,"得奖为意料之中""只是试试我的世界摄

---

① Http://www.hbjzw.org/system/2016/12/20/011112149.shtml.
② 澎湃新闻常河:《未来的记者都要把自己修炼成网红》,原创2016年5月27日腾讯传媒/全媒派。
③ 黄常开:《既要做"纸红",更要做网红——南方报业人才培育工程的创新思路与实践》《中国记者》,2016年第12期,第11~13页。
④ Http://www.shangtuf.com/article/show/6986.htm.
⑤ 获奖作品英文名"Sweat Makes Champions",直译为"冠军梦"。

影语境的理解和把控能力而已"。他进一步诠释自己的作品:"这幅照片包含了小运动员自己的梦想。我拍摄这幅作品的时候有种触景生情的感觉,首先是这些孩子用自己的汗水付出想成就自己的梦想,这种梦就是'中国梦'。"①

自1984年②以来中国体操题材在第7次获奖(其中4次出自中国摄影师之手),为此有人诟病,获奖照片体现了"荷赛"评委对于中国的"刻板印象"。在荷赛奖的历史中。此前,中国摄影师拍摄的体育类型图片共有10人次、11幅作品获得奖项。③

王铁君为徐州市摄影家协会副主席兼秘书长,这也意味着自2002年以来,中国职业摄影记者在"荷赛"获奖名单上首次缺席。

印刷媒体,特别是都市报媒体的衰落必然带来新闻摄影生产萎缩,中国摄影师迄今在"荷赛"中获得47个奖项,其中晚报、都市报、商报等市场化媒体摄影记者获奖19个,占40%。国内最有影响力的摄影"金镜头"评选结果也说明了这一点,该比赛年度最佳新闻照片第一次颁给了一张体育照片,且弥补了年度最佳图片专题的空缺。评委们的感受是:"我们的记者无论是拍摄单幅还是组照,从影像拍摄本身来看,显得很粗糙,从本届年度杰出图片专题评选看,作者选送20幅作品都显得勉强,这说明记者拍摄功夫在弱化,网络时代,记者们很急躁。"(王文澜)"作品'有高原没高峰',真正评选奖项时,还是选不出最满意的。"(李舸)WPP17/第60届:单独设立纪实表演类比赛。一项调查勾勒了摄影记者的面貌:男人的事业(85%),一半人自己雇用自己④,没钱(85%收入少于4万美元),非常危险(91%),相当开心(66%)⑤。

---

① Http://www.shangtuf.com/article/show/6986.htm.
② 1984年第27届"荷赛"中,法国摄影师热拉·兰西南(Gérard Rancinan)以"中国的体育——中华人民共和国为参加奥运会作准备的体操小将"为主题获得了当年的体育系列一等奖。
③ 《2016年度"金镜头"评委有话说》,微信公众号"人民摄影",2017年3月3日。
④ 自由摄影师46%,机构媒体54%:包括12%报纸、9%新闻通讯社、4%杂志、4%在线新闻网站、4%图片社、2%非政府组织、2%非媒体公司。详见荷赛官网。
⑤ Https://www.worldpressphoto.org/.

为应对当下的新闻摄影危机，近年来"荷赛"频繁调整参赛规则①，最新举措是在2017年10月，世界新闻摄影比赛（荷赛，WPP）将发起以"创意纪实摄影"为主题的新赛事。该比赛将彻底舍弃传统"荷赛"及其同类新闻摄影大赛通用的严格规则，奖励各类视觉叙事领域的创新者。同时，每年年底的传统比赛的规则和标准将继续保留。"荷赛"组委会如何以作品定义与诠释这个"不设限制"（Not have rules）而又充满"创意"（Creative）的"纪实摄影"（Documentary Photography）比赛，其结果令人期待。

另外，年届七十高龄的马格南图片社Lens Culture举办了首届摄影大赛，中国/岳阳籍摄影师罗娴以作品《梦》入围了"艺术类"的最终名单，成为获得"学生之星奖"项目的5名摄影师之一。罗娴两年前曾在美国纽约国际摄影中心（ICP）学习艺术摄影，并获该中心颁发的2015年度"丽塔·希尔曼杰出奖"。

另据中国新闻摄影学会公告，因技术与经费的原因，第13届国际新闻摄影比赛（"华赛"）评选工作暂时推迟，待条件具备后再恢复举办。②

结论：持摄影机人的告别

新闻摄影是一种摄影记者借助于机器的人对人的观察与记录。在摄影报道中，记者进入现场，成为事件的见证者与记录者。这既是一种人的观看，也是一种机器观看。

无人机、VR、机器人相机等视觉机器的智能化，令站在摄影机之后的摄影记者与公众道别，不再介入现场。或许，不久的将来，传统的二元观看将

---

① 1.WPP04/第47届：设立当代热点类（Contemporary Issues）、自然与环境类（Nature And the Environment）调整为自然类（Nature），在体育类（Sports）下分设体育动作（Sports Action）体育特写（Sports Feature）、艺术类（The Arts）调整为艺术与娱乐类（Arts and Entertainment），取消了科技类；2.WPP13年/第56届：取消了文化艺术类（Arts and Entertainment）和新闻人物类（People in the News），在人物类（People）下分设观察肖像（Observed Portaits）与表演肖像类（Staged Portaits）；3.WPP15年/第58届：合并了体育类（Sports）与肖像类（Portaits）下的再分类；4.WPP16/第59届，增设长期专题项目类（Long-Term Project）个人项目；5.WPP17/第60届，新增长期专题项目类（Long-Term Project）团体项目。

② http://www.cnpps.org/2017-04/02/content_24121562.htm.

让位于纯粹的机器观看。新闻摄影在采集上借助于视觉机器的记录，在发布与传播上让权于社交媒体的"算法"①，必然引发观看秩序与观看结果的混乱。因为谁，以何种形式，做何种记录，这会关系到当下被描绘为一幅什么样的图景，也关系到会形成何种集体记忆，并为未来留下何种历史记忆。

（作者分别为中山大学传播与设计学院副教授、2014级影像传播专业学生）

---

① 1972年6月8日，美联社摄影记者黄公吾（Huynh Cong Nick Ut）拍摄了被凝固汽油弹灼伤9岁的女孩潘金富（Phan Th? Kim Phúcs）赤身裸体从逃生的照片。照片直击战争对无辜平民的伤害，加剧了大规模的反战浪潮，被认为是让越战提早结束的两张照片之一。2016年9月，挪威作家汤姆·埃格兰（Tom Egeland）在Facebook上传该照片，Facebook以该照片违反公司政策为由，要求从其账户上撤除。《挪威晚邮报》使用同张照片报道该事件，并分享到Facebook后，也收到通知要求撤除或模糊照片。《挪威晚邮报》的主编汉森（Espen Egil Hansen）在质疑Facebook的审查制度，把"见证历史"的照片和裸露照片混淆。

2016中国公益报道与公益媒体年度观察

周如南　陈敏仪

引言

2016年,由于公益领域发生的重大变革,这一年也是公益传播发展不平凡的一年。第一,2016年9月1日中国第一部《慈善法》正式施行,塑造了公益领域的基本运行规则,公益事业迎来快速规范发展的机遇期。第二,互联网企业积极履行社会责任,实现规模化社会创新。如阿里XIN公益大会、腾讯99公益日相继举办,互联网+公益的大趋势爆发出空前的力量,用技术改变公益生态、推动公益变革。第三,伴随着公益传播事业的快速发展,风险与机遇通行。我们不得不看到,2016年公益传播领域争议不断并成为社会热点:1月,知乎大V"童瑶"因自编自演女大学生无钱治病求捐助的戏码骗捐被苏州市公安局刑事拘留;2月,在德留学生因患白血病而在轻松筹发起众筹被质疑有保险,最终被冻结;11月,罗尔在微信公号记录患白血病女儿治疗过程引发捐助被疑营销炒作。个人求助传播事件在一个个争议中走过了2016年,不断反转的剧情将个人网络求助的种种问题暴露在公众面前。在质疑与争议中,关于个人求助与公开募捐的区别被越来越多的公众所知晓,公益组织的作用受到了更多的认可,公众公益启蒙逐渐完成。

伴随移动互联网对社会生活的高度介入,传播技术不断丰富与升级,社会公众在公益领域方面的需求也发展得更为多元化与个性化,传统的劝募方式已经不能满足公众对参与感、价值感的追求,公益传播也正在倒逼公益行动走向领域细分和专业。本文通过对2016年公益传播发展历程的梳理,试图展现2016年公益行业的变革图景，分析当前移动互联网发展以及政策与社会环境对公益传播产生的巨大革新与深刻影响。

一、公益媒体全面进入移动互联时代

随着新媒体的出现和发展，公众获取信息的方式也发生了较大改变，传统媒体的受众逐渐萎缩，从微信、微博等社交媒体获取资讯成为不容忽视的一大趋势。为了争取转移到新媒体的读者，传统媒体也在不断开辟新媒体的阵地，将传统媒体的内容平移至新媒体便是其中一种方式。这一过程中，传统媒体公益报道内容也随之新媒体化并持续进行。如《中国慈善家》这本公益深度报道月刊，在杂志发行一周后便开始将杂志内容转载到自己的微信公众号，并坚持每日更新，每日至少一篇，而周末则选择推送一些相对轻松又带有公益属性的文章，有时候因为时事热点，旧文重发，抑或发相关的报道。同样情况的还有公益报道媒体《公益时报》。而另一家专业公益媒体《社会创业家》在这一趋势中甚至取消纸质版发行，只做新媒体推文。相较于《中国慈善家》与《公益时报》，《社会创业家》在新媒体中运营手段更为多样，在内容选择上也不局限于公益报道，活动、培训、社群运营、话题讨论等皆有体现。

手机智能终端硬件技术的革新升级以及互联网技术的发展，使得以社交媒体为主要信息流通与交互形式的移动互联网传播渐成时代特征。移动互联时代，每个品牌都可以成为媒体，人人也都是媒体，所有人向所有人传播，受众不再处于被动，这是一个信息高速流通、信息数量巨大的时代，也是一个众声喧哗、信息鱼龙混杂的时代。这个时代不再有强势的媒体中心，传统媒体渠道不再是公益组织进行传播和沟通的唯一选择。公益传播借助易得的社交媒体平台进入移动互联时代。线上线下的即时联动，场景化更为明显。除了微博、微信外，今日头条、一点资讯、凤凰自媒体、网易自媒体、搜狐自媒体、百度百家、简书等移动互联网资讯客户端的公益传播号也日渐增多。更有甚者，如凤凰自媒体等在2016年主动邀请具备内容生产能力的公益号入驻平台,一来丰富平台内容,二来借助平台流量也扩大了公益传播的覆盖面和影响力。根据2016年今日头条上的公益文章数据统计,2016年1月1日至12月14日,共发布公益文章16.9万条,总阅读数达4.37亿。经过梳理发现,10月的公益文章为全年阅读量最高,共计6910万次。在领域关注度上,排名最高的是教育,其后依次是儿童、扶贫、助学、助残、救灾、医疗救助、环境保护、妇女。传播渠道、传播技术在革新,但读者对公益报道与公益文章的兴趣与关注度并没有消亡,而是随着载体的转移而持续跟进且高涨。同时,对于阅读场景、阅读体验、报道选题、内容生产等有了更多元化、更高层次的需求,这也意味着公益报道的受众对于传统公益报道的形式转型与媒介融合有了进一步的倒逼与更高的要求。基于用户阅读习惯的移动化,可以认为,公益报道与公益媒体已全面进入移动互联时代,并逐渐开始深耕与细分化,用户的细分需求将被进一步挖掘,公益报道的选题、形式与载体在未来会有持续的创新。

目前,主流的公益媒体基本均建立微信公众号,且不再局限于报道内容的平移,而是发展出了多种运营形式,如垂直领域的增值服务,包括评奖、发布榜单和举办会议论坛等,并大有媒体与媒体联合、媒体与研究机构联合、媒体与公益组织联合之势。2016年,《南方日报》与南方舆情数据研究院联合发布的"南方公益传播奖"成为面对企业社会责任的品牌奖项;新浪公益、公益时报、网易公益、凤凰公益、新华网、头条公益、善达网、人人公益、WTO经济导刊等专业公益媒体主持评审的"中国公益致敬奖"上线揭晓;界面新闻发布"2016年中国最透明慈善公益基金会排行榜",从基本信息披露、筹款信息披露、项目执行信息披露、财务信息披露、日常披露、披露渠道/频次等方面全面衡量50家基金会的透明度;《中国慈善家》发布"2016中国慈善名人榜",对包括演艺明星、艺术家、运动员、主持人及作家在内的,凭借知名度和影响力获得市场回报的公众人物在公益慈善领域的表现进行年度评价;环球网、凤凰公益、中新网等32家媒体连续第六年联合举办的"中国公益节";《公益时报》联合九家大型基金会举办的2016中国公益年会发布了"2016十大公益新闻",对百名2016年度中国公益人物、百家2016年度中国公益企业、50位2016年度中国公益记者进行了表彰……如今看来，这种传统媒体的转场已渐成主流，一定程度上也缓解了传统公益媒体经营模式难以为继的状态。

二、互联网平台的公益传播带来蝴蝶效应

（一）"99公益日"风采依旧

在上百家企业、公益机构、明星名人的共同跨界发力下，通过线上线下的多元化渠道，"互联网+公益"的大生态也爆发出了空前的力量。2016年9月7日至9月9日，第二个"99公益日"延续了去年的辉煌。通过腾讯公益平台，"99公益日"爱心网友捐款3.05亿元，共有677万人次参与捐款，为3643个在筹公益项目献出力量。加上腾讯公益基金会的1.9999亿元配捐和企业的1.01亿元配捐，总计善款金额超过6亿元，刷新了国内互联网的募捐纪录。与2015年3天逾200万人次捐赠1.27亿相比，2016年的捐款金额达到上一年的2.4倍，参与人次达到上年的3.3倍，可以看到，爱的力量正呈几何级放大。

通过互联网的连接，更多元、更多层次的力量也正在加入公益。

其一，更多交互新玩法，"指尖公益"更有趣。和2015年相比，迈入第二年的"99公益日"在交互上有了更多的玩法。基于移动化支付、社交化场景和趣味化互动的各种跨界联动，提供了更多的令人眼前一亮的"指尖公益"方式。时下最火的"虚拟现实"技术，就和公益有了亲密接触。在"99公益日"线下体验区，一个"名画扫一扫"的展区吸引了来往观众的驻足围观。打开手机里的"微信—扫一扫—封面"，参观者会惊奇地发现名画动了起来，蒙娜丽莎用灿烂的微笑呼吁关爱兔唇患儿，被雾霾遮蔽的凡·高星空则倡导大家为大气环保项目捐款。在业内看来，这是一次"技术+艺术+公益"的新尝试。一方面，通过互联网的连接力，公益可以融入用户生活，为用户践行公益提供更多可能。另一方面，从用户的兴趣点出发，去触发不同领域的用户群体参与公益，则可以让公益触达用户生活的方方面面。

其二，企业深度参与，更大程度激发联动效能。2016年的"99公益

日",企业的多维度接入,是互联网公益生态的又一次演进。滴滴出行除了捐赠数百万的善款外,还开放全平台渠道资源为公益发声;肯德基则发动线下5000家门店,推出370万个"公益全家桶";coco都可、太平洋咖啡则把传统的线下捐款箱变成了"电子捐款箱",顾客完成支付后,选择"随手捐",就可以与企业合力捐一元钱……企业参与公益的方式也正在变得多元而丰富。

其三,借助社群动员聚合更多力量。"99公益日"的筹款过程其实也是一个社会动员的过程。通过在朋友圈发起的"一起捐",不少用户纷纷变身社交网络里的平民英雄,其中最极致的网友总共动员了7541位好友,为公益项目筹款共超过169万元。对社交媒体使用,能够大大地提高公益项目的资源动员能力,尤其是腾讯乐捐特有的"一起捐"机制,能够有效地发挥社会关系网络中强大的人际传播能力,以超线性增长的速度带来捐助人数的提升,从而大大提升项目的资源动员能力。

"99公益日"作为中国公益界的盛会,虽然每年都会引起一些争议,例如有自媒体(NGOCN)提出善款不透明等质疑,也有人批评互联网传播筹款尚未走出"小圈子",但无疑它对于人人公益氛围形成的动员力量是巨大的。对于中国的公益行业来说,如何利用互联网的公开高效、连接互动的特性,来让公益运转得更为顺畅、更加透明,这将是一个需要很多人长久为之努力的命题。

(二)"蚂蚁森林"上线即火

2016年8月,蚂蚁金服对旗下支付宝平台的4.5亿用户全面上线个人碳账户"蚂蚁森林"。用户依靠步行、地铁出行、在线缴纳水电煤、网络购票、网上缴交通罚单、网络挂号等行为节省的碳排放量,将被计算为虚拟的"能量",用来在手机里养大一棵棵虚拟树。虚拟树长成后,蚂蚁金服和公益合作伙伴阿拉善就会在地球上种下一棵真树。

从2016年8月上线到2017年1月,蚂蚁森林的用户超过2亿人,累计种树111万棵。未来一年,还将有数百万棵梭梭树和胡杨林落地生根。这是一次传统公益互联网化的新尝试。"蚂蚁森林"定位高，基于公益、环保和场景更为具体的"碳交易"主题，为用户开设一个"碳账户"，用户持续不断使用就相当于持续不断在做公益。据蚂蚁金服方面测算，如果每个人完成3个一次：每天一次1千米内步行上班代替其他交通方式；每月线上缴一次水电煤气费；每周在超市等使用5次支付宝消灭纸质单据，能够实现人均每天减排量142克。如果所有支付宝用户都能这样行动起来，每年完成的减排总量可以折合为在中国东北地区新造约4.1万平方千米乔木林一年的林业碳汇量，造林面积相当于小半个大兴安岭的面积。另一方面，蚂蚁森林将严肃的传统公益充分互联网化，简单有趣，操作门槛很低，用户不需要阅读复杂的操作说明，以社交互动小游戏的形式就能完成所有流程。

　　量化公益行为增强用户黏性。"碳账户"这个概念着重突出了用户碳减排的公益价值，它被设计为一款"蚂蚁森林"公益行动：用户如果进行步行、地铁出行、在线缴纳水电煤气费、网上缴交通罚单、网络挂号、网络购票等行为，就会减少相应的碳排放量，可以用来在支付宝里养一棵虚拟的树。用户创造绿色能量—蚂蚁森林花钱向公益组织买树—用真实的树购买绿色能量，在这样一个链条里，用户付出了绿色行为，也收获了真实的公益效果。每个人的绿色生活，都能够拥有自己的碳账户并积攒下所谓的能量，这些能量都是可量化的、具备实际价值的。也正是这个原因，使人们总会挂念着自己的小树苗，期盼着小树苗能够尽快积累够能够变为一棵正式的植物被种植下去。而在这种微小的责任感和成就感驱使下，蚂蚁森林的用户开始有意无意地在更多的情景下使用支付宝，尤其是在"蚂蚁森林攻略"中提到的地铁出行、在线缴费、网络购票等能减少碳排放量的行为。

　　以游戏的方式运行的支付宝个人碳账户平台，正是通过"群众路线"，汇聚广大消费者和小微企业的力量，让人人都能参与绿色公益和绿色金融，成为绿色生活的践行者，具有"从0到1"的重大意义。用户通过绿色出行、绿色消费的日常行为获得帮助虚拟树苗成长的绿色能量。在获得能量的同时，实现了节能减排的目标。而这些低碳减排贡献经过科学的测算量化之后，又通过线下实体种树的形式来进一步改善环境。这种对环境产生二次正

效应的方式，使得老百姓对互联网业务中的低碳行为和效果有更直观的理解，也是借助互联网平台带来的一次"互联网+公益"的蝴蝶效应。

三、"直播+公益"成为公益传播新风口

2016年6月1日22点，演员郑爽参与由红豆Live与新浪微公益联合发起的"连麦挑战"公益直播活动，为听障儿童筹款。当晚3000万观众拥入直播平台观看，一度导致服务器崩溃，直播的火爆可见一斑。

2016年以来，归功于直播在互联网的炙手可热，"直播+公益"作为互联网公益的新形式开始风靡。在线视频直播，就是利用互联网网络资源进行的现场视频直播服务，通过现场的视频拍摄同步发布到网络上，用户可以同一时间在网络上看到实时的现场情况。① 在线视频直播是一种实时性、互动性显著的互联网传播内容的形式。不同于传统的文字、图片、视频的传播形式，直播紧密地将用户与直播内容交互在一起，用户本身也是内容生产的一分子。数据显示，目前中国在线直播平台数量超过200家，大型直播平台每日高峰时段同时在线人数接近400万人，同时进行直播的房间数量超过3000个，28.2%的用户观看直播的频率较高，经常观看。②

在线视频直播在中国的历史可以追溯到2005年，十年间PC端的直播产业布局趋于成熟。而随着移动互联网的发展，2015年，美国Meerkat、Periscope上线后引爆移动直播，映客、花椒、章鱼、熊猫等纷纷效仿，移动端直播热度反超PC端。进入2016年，移动直播呈爆发式增长，直播内容拓展到生活的方方面面，吃饭、睡觉、学习、娱乐、购物无处不直播，全民直播、垂直直播APP层出不穷。截至2016年12月，网络直播用户规模达到3.44亿，占网民总体的47.1%。③ 在中国媒体行业变现水平上，网络直播超过了网络游戏、电视

---

① 谢琪琪、周懿瑾：《在线视频直播的历史、现状与未来》，2016年8月12日，http://www.nfmedia.com/cmzj/cmyj/jdzt/201608/t20160812_369897.htm。
② 艾媒咨询：《2016上半年中国在线直播市场研究报告》，2016年9月22日。
③ 中国互联网络信息中心：《第39次中国互联网络发展状况统计报告》，2017年1月22日。

等其他媒体,跻身最前列。①据估计,2016年中国直播市场的总量超过250亿元,比2015年增长160亿元。②直播成为互联网领域的现象级风口,2016年也因此被称为"中国网络直播元年"。

移动直播技术逐渐成熟,移动开播更便利,大大降低了主播门槛,一部联网智能手机便能进行直播,突破了空间限制,极大拓展了直播场景。这也使得大量用户从只能看直播,变成可以随时随地进行直播,"全民"直播正在成为趋势。在传播技术不断革新的大环境下,公益也搭上顺风车,形成了"直播+公益"这种全新的、更具影响力的劝募方式,小至直播个人用户,大至大型直播平台,纷纷加入以直播为渠道的公益行动中。其中,"明星+直播+公益"的形式最先流行。2016年5月22日,免费午餐携手新浪微公益在微博发起#爱心一碗饭#直播类公益活动。活动规定参与者在微博进行直播做饭或吃饭的全过程,而直播过程中所产生的全部收益将捐赠给中国社会福利基金会免费午餐基金,用于为贫困地区的学生改善午餐营养。活动一经上线,便受到"微博女王"姚晨的支持,其后张杰、张馨予、何润东、邓飞等知名人士纷纷加入,截至2016年7月25日,已有累计超过300个名人及媒体账号参与活动,直播总时长超过222小时,累计播放次数超过2.78亿,微博话题阅读数16.6亿,点赞数超过9亿,为贫困学童筹集到共计332470份免费午餐,价值超过132万元。8月15日至9月9日,一直播携手2016 BAZAAR慈善夜,发起公益直播活动#画出生命线#活动,由参与者手绘救护车,呼吁更多社会人士筹集善款转化为真实救护车,用于改善贫困山区医疗机构的基本医护支持。杨幂、古力娜扎、张一山、张艺兴、马思纯等共计140位明星参与到公益直播中,累计播放次数超过4亿次,直播总时长近100小时,最终筹集144.7万元。与传统劝募公益活动相比,"明星+直播+公益"的影响范围之广、传播速度之快、公众关注之高、参与人群之众,都令直播这种方式成为互联网公益中的"一股清流"。

名人明星利用直播为公益行动发挥光与热的同时,草根的直播用户也在

---

① 玛丽·米克尔著,腾讯科技译:《2017年互联网趋势报告》,2017年5月31日。
② 瑞信:《娱乐新时代:手机直播》,2016年7月15日。

扶贫济弱、疾病救助上展现出了较大的公益热情。2016年9月起，映客直播与中央人民广播电台Music Radio音乐之声、中国儿童少年基金会共同发起"2016 Music Radio我要上学　映客直播　1200助学行动"——针对山东、青海、湖南、云南、贵州五省贫困留守儿童展开一系列助学行动，通过持续直播探访山区小学、直播授课等公益行动，让留守儿童的生存状态成为社会关注的热点。在9月1日到12月11日期间，所有映客用户只要使用"我要上学"公益礼物，官方活动账号的映票收入都会被映客捐给"我要上学"公益项目；同时，用户每送出一个该礼物，映客就会捐出1分钱。活动上线即得到了用户的积极响应，活动两个月内即送出1.58亿个公益礼物。截至2016年12月10日，活动已筹集到7158位留守儿童3年的生活费。主播方面，斗鱼主播魏雍只身前往云南丽江最贫困的地区之一小落水村，将当地留守儿童极为恶劣的居住环境和饮食条件即时传递出去，启发爱心捐赠；六间房发起首期公益直播"拯救罕见病儿童小添翼"，成立爱心公社，通过在线直播将不幸罹患Denys-Drash综合征罕见病的4岁孩子"小添翼"所面临的困难以及罕见病现状直观地呈现在观众面前，为"小添翼"募集50万元的治疗费用。直播用户自发的公益行动在动员社会资源、引起社会关注的层面上，同样形成了"有钱的出钱、没钱的捧场"的人人公益的氛围。

互联网公益强调的是全民参与并创造价值，充分利用互联网的大众性与传播性来扩大影响力，时下风靡移动互联网的直播平台可成为公益的良好载体。从效果来看，当前，无论是以明星主播为核心的公益直播，抑或是致力于关注受助对象的全民直播，均初步形成主播、用户、直播平台、公益组织、受助对象等多方共赢的局面。对于主播而言，"直播+公益"放大并推动了公益事件的裂变式传播，并使得自带流量与粉丝效应得到充分发挥，提升了个人与行动的影响力。对于用户而言，"直播+公益"契合了当下用户与明星社交与互动的需求，用户能通过直播画面实时评论进行提问或者用送礼打赏等方式进行支持。在公益活动中，直播构造了主播、用户都能参与的公益空间，用户打赏金币和礼物是公益捐赠的来源，同时能够拉近明星与粉丝的距离，也是参与公益慈善事业的成就感、价值感与参与感的体现。

直播行业草莽生长，某些平台为了追求关注度铤而走险，影响了大众对直播的观感，问题根源是优质内容的稀缺。直播平台讲究内容为王，而在一定程度上，明星+公益是直播平台优质内容的代名词。相比于草根网红，明星更在乎通过直播与粉丝增加互动，而不是急功近利地"捞钱"，这就在互动层面上保证了直播的质量。事实上，优质内容在提升用户黏性的同时，也在悄然改变直播平台形象。直播平台以"明星+公益"为切入点获取广泛关注，使越来越多的用户意识到直播作为工具的中立性，以及正确使用可以成为推动社会进步的一股重要力量，而不是一味靠打擦边球吸睛。换言之，"直播+公益"可以使平台摆脱低俗、恶搞、无下限的固有形象，提升平台的整体调性，让受众知道直播平台也有正能量的一面。长远来看，"直播+公益"可以扭转行业以往的画风，公益板块的加入不仅丰富平台内容，而且有利于整个行业正面形象的塑造，逐渐使大众去除成见。活动本身营造正能量的社会价值以及十足的趣味性，在给直播平台带来巨大流量的同时也树立了良好的口碑，达到互利共赢。同时，直播技术的应用，也将公益行业推向进一步的专业化与透明化；更强大的社会动员、更广泛的公众卷入、更快速的传播与募捐，都有效地提升了公益行动的社会影响力。"直播+公益"的模式优势在于更直接、更透明、更互动。在直播中，公众可以更直接地与主播沟通，形成一种有效互动，主播可以全面、直观地将所支持的公益项目传递给公众，包括帮扶形式、受助群体等，进一步解决互联网公益信息不透明、信息不对称等痛点。所有信息和救助都有机会在第一时间触达所有关注者，使公益传播速度和转化发生巨大转变，直播活动的趣味性、互动性也有助于带动公众对公益的态度转变，扭转公众对传统公益的刻板印象。

四、互联网公益显现传播风险与舆情生态复杂性

由于互联网与移动互联网的发展以及电子支付的普及，2014年开启"公益众筹元年"，网络捐赠逐渐发展成为个人小额捐赠的主要渠道。数据显示，新浪微公益平台、腾讯公益、蚂蚁金服公益平台、淘宝公益四家平台在

2015年度捐赠总人次超过30亿，是2014年的3倍，共获得捐赠9.66亿元，较2014年上涨5.41亿元，涨幅达127.29%，呈现大幅度增长的趋势。①以公益众筹为主要形式的网络公开募捐成为一种重要而高效的互联网公益模式。但是，互联网高度的开放性、自由性以及虚拟化运作和高度不确定性意味着互联网在给社会公益事业带来优势与便利的同时也会产生诸多风险与问题。在方兴未艾的网络募捐中，诸如受助人信息造假、善款使用不透明、诈捐骗捐等问题也影响着这一互联网公益模式的健康发展，网络募捐一不小心甚至成为不法分子借公众善意敛财的工具。互联网公益也需要有法可依，依法而行。2016年9月1日新出台的《慈善法》对互联网公益做了若干规定，对慈善法的热议焦点，互联网公益便是其中之一。《慈善法》第二十三条明确规定："慈善组织通过互联网开展公开募捐的，应当在国务院民政部门统一或者指定的慈善信息平台发布募捐信息，并可以同时在其网站发布募捐信息。"同时，《慈善法》授权民政部对具有公信力和影响力的互联网公益平台进行公开的资质评选，并遴选首批符合要求的平台。此次公开遴选，先后有49家平台提交资料参与选拔，最终有13家平台脱颖而出。其中包括腾讯公益、淘宝公益、中国慈善信息平台等平台。这意味着少数慈善组织掌握公募权的局面将被打破，更多慈善组织将可以通过努力争取公募资质，平等地参与竞争。在《慈善法》出台的大背景下，互联网公益基本进入规范发展期。然而，由于配套法规的待建设与监管制度的不成熟，互联网公益的自主性、低门槛和规模化意味着其本身仍然存在着许多潜在的传播风险。

2016年11月，《慈善法》正式实施三个月后，"罗尔门"事件将互联网公益推上舆论的风口浪尖。2016年9月14日，5岁的深圳女孩罗一笑被确诊为白血病，11月21日，罗一笑病情加重，进入重症监护室接受治疗。25日，罗一笑父亲罗尔发表在微信公众号的文章《罗一笑，你给我站住》开始刷屏，罗一笑的故事打动数以千计的热心网友，打赏金额当天便达到了每日5万元的上限。而到了30日凌晨，文章的打赏金额已猛增到超过200万元且持续涌入。

---

① 中国慈善联合会：《2015年度中国慈善捐助报告》，2016年11月29日。

然而当天，网友开扒罗尔名下财产与所花费的医疗费用，质疑罗尔的经济负担远不如所说的那么沉重。此时许多大V、大号开始介入并谴责，事件持续发酵，后来更是被批为"带血的营销"。事件本身情节跌宕起伏一波三折，多次翻转。虽然后来随着深圳市民政局和微信平台的介入，事件以饱受争议的267万善款原路退还作为暂告段落的结果，但是作为《慈善法》正式落地之后的第一个互联网慈善资金筹集爆点事件，"罗尔门"有其特殊性，也有其代表性。从公益传播视角来看，目前监管制度性缺失的背景下，罗尔事件凸显公益领域的互联网舆情生态复杂性。

第一，技术赋权背景下的互联网舆情显示出一定程度上的自净功能。爱心被利用事件屡屡发生，但也多次遭遇翻转和打脸。互联网时代，信息透明度高，通过网友的"人肉""众包"等行为，事实真相在众声喧哗中不断逼近，呈现出一种强大的纠错机制，也表现出了对利益相关方的倒逼和卷入功能。罗尔一天当中的多次声明、深圳市民政局和微信平台的介入，都是基于对舆情走势的回应。当然，网络可以自净，制度更需完善。杜绝爱心被消费还是要依赖法律、政府、互联网平台、NGO组织和公众多方监督机制的完善，明确其行为边界，增加其越轨成本。

第二，互联网舆论中的群体极化（Group Polarization）现象仍然严重。群体极化是指群体决策往往让观点和意见走向极端。其一，互联网的"广场效应"让网民更容易被偏激而非理性的声音所吸引；其二，互联网上网民具有固化的情感结构和非此即彼的舆情结构。网民围观过程中，常常要简单二元区分"是非黑白"，而网络事件经常是信息碎片化和不对称的，基于不完整的信息的讨论往往远离真相和事实本身而变成观点的群殴。热点事件中常见的"互撕"和"翻转"让人应接不暇，恰恰说明公共领域的讨论秩序和理性沟通的习惯目前尚未建立。

公众对"罗尔门"的谴责，不在于其和商业合作，而在于首先这个事情本身没有满足充分的公众知情权，有意或无意隐瞒了自己有车有房等资产情况，也没有对医院医保和医药费的具体金额进行坦白。信息不对称误导公众的决策，从而引来道德层面的谴责。其次这种商业合作是不足够透明的，目前尚不清楚其背后的利益关系。一个让公众信任的公益与商业合作项目，前提一是是否有足够专业和具有资质的公益组织接受善款，二是信息是否充分披露，满足公众知情权。

结语

回顾2016年，总体而言，公益传播的发展依旧令人激动，公益行业首度有了专门的法律规范，公益传播拥抱新技术的变革也逐步进入深水区。面对科技创新的席卷以及人们的消费升级，公益并没有落后，而是紧跟时代的发展坚定前行。我们可以看到互联网巨头在公益行动上的创举，也可以看到普通人在日常生活中的公益点滴。"指尖公益""随手公益"摆脱了狭义上的慈善捐资捐物，开始结合人们的日常行动，成为一种生活方式。如何引导社会舆论有序化表达、如何规范互联网公益传播，需要社会的共同探讨，也需要媒体与公益组织的自律。移动互联网时代，每个个体都可以成为公益的践行者，同时也承担起传播者的重任。无论技术如何革新，"让世界变得更好"，应是公益传播秉持不变的主旋律。

（作者周如南为中山大学传播与设计学院副教授；陈敏仪为中山大学传播与设计学院2017级研究生。本研究得到CM公益传播的参与和支持，在此一并对CM公益传播创始人陈炳炎和执行主编吴璟表示感谢）

2016年中国互联网法治发展报告

卢家银　江文华

2016年以来，我国互联网法治建设进程进一步加快，《反恐怖主义法》和《网络安全法》开始正式实施，网络空间治理开始全面进入法制化轨道。在此基础上，《未成年人网络保护条例（草案征求意见稿）》《互联网新闻信息服务管理规定（修订征求意见稿）》《互联网直播服务管理规定》《互联网信息搜索服务管理规定》《互联网域名管理办法（修订征求意见稿）》等法规与规章相继出台。在《网络安全法》的总体框架之下，我国对互联网各相关领域的法制治理不断细化和专门化，逐步形成了相对完整的互联网法律体系。本文将围绕国家网络安全、个人信息保护、网络新闻信息规制、互联网产业监管四个方面，对过去一年的互联网法治进展予以梳理。

一、网络安全法律体系日臻完备

2017年6月1日，全国人大常委会审议通过的《中华人民共和国网络安全法》开始正式实施。该法提出"国家坚持网络安全与信息化发展并重"的原则，对网络设备设施安全、网络服务安全、网络运行安全、网络数据安全、网络信息安全等多个方面进行全面规范。《网络安全法》开篇明义，首先确立了网络空间主权原则。该法第一条即规定："为了保障网络安全，维护网络空间主权和国家安全、社会公共利益，保护公民、法人和其他组织的合法权益，促进经济社会信息化健康发展。"①

---

① 全国人民代表大会常务委员会：《中华人民共和国网络安全法》，《中华人民共和国全国人民代表大会常务委员会公报》，2016年第6期，第899～907版。

其次,《网络安全法》明确了各类网络运行者的安全义务,规定实行网络安全等级保护制度、用户实名登记制度、网络安全应急预案制度和为犯罪侦察提供技术支持等制度。其中,《网络安全法》第二十一条规定:"网络运营者应当按照网络安全等级保护制度的要求,履行下列安全保护义务,保障网络免受干扰、破坏或者未经授权的访问,防止网络数据泄露或者被窃取、篡改……"[①]对于网络安全突发事件,该法第二十五条指出:"网络运营者应当制定网络安全事件应急预案,及时处置系统漏洞、计算机病毒、网络攻击、网络侵入等安全风险;在发生危害网络安全的事件时,立即启动应急预案,采取相应的补救措施,并按照规定向有关主管部门报告。"[②]对于关键信息基础设施运营者的安全义务,《网络安全法》单列一节明确指出关键信息基础设施要在网络安全等级保护制度的基础上实行重点保护。该法第三十八条规定:"关键信息基础设施的运营者应当自行或者委托网络安全服务机构对其网络的安全性和可能存在的风险每年至少进行一次检测评估,并将检测评估情况和改进措施报送相关负责关键信息基础设施安全保护工作的部门。"[③]

另外,《网络安全法》也对互联网管理部门的权责范围进行了界分。对于网络安全专用产品目录,该法第二十三条规定:"国家网信部门会同国务院有关部门制定、公布网络关键设备和网络安全专用产品目录,并推动安全认证和安全检测结果互认,避免重复认证、检测。"对于规划网络安全项目统筹,第十六条规定:"国务院和省、自治区、直辖市人民政府应当统筹规划,加大投入,扶持重点网络安全技术产业和项目,支持网络安全技术的研究开发和应用。"对于对网络信息安全监管,第五十条强调:"国家网信部门和有关部门依法履行网络信息安全监督管理职责,发现法律、行政法规禁止发布或者传输的信息的,应当要求网络运营者停止传输,采取消除等处

[①] 全国人民代表大会常务委员会:《中华人民共和国网络安全法》,《中华人民共和国全国人民代表大会常务委员会公报》,2016 年第 6 期,第 899~907 版。
[②] 全国人民代表大会常务委员会:《中华人民共和国网络安全法》,《中华人民共和国全国人民代表大会常务委员会公报》,2016 年第 6 期,第 899~907 版。
[③] 全国人民代表大会常务委员会:《中华人民共和国网络安全法》,《中华人民共和国全国人民代表大会常务委员会公报》,2016 年第 6 期,第 899~907 版。

置措施，保存有关记录。"对于管理部门的法律责任，该法在第七十二至七十四条均做了详细的处罚规定。

根据《网络安全法》的相关规定（第四条），2016年12月27日，国家互联网信息办公室发布了《国家网络空间安全战略》，重点分析了当前我国网络安全面临的"七种机遇"和"六大挑战"。① 与此同时，国家互联网信息办公室于同年6月25日发布了行政规章《互联网信息搜索服务管理规定》等相关规定。2016年3月25日，工业和信息化部政策法规司则发布了《互联网域名管理办法（修订征求意见稿）》，面向社会公开征求意见。

2016年1月1日，《中华人民共和国反恐怖主义法》（以下称为《反恐法》）开始正式施行。②《反恐法》第十八和十九条对互联网服务提供者提出了相关义务的规定，要求电信业务经营者和互联网提供者为"公安机关、国家安全机关依法进行防范、调查恐怖活动提供技术接口和解密等技术支持和协助"③。其中，第十九条明确规定："电信业务经营者、互联网服务提供者应当依照法律、行政法规规定，落实网络信息内容监督制度和安全技术防范措施，防止含有恐怖主义、极端主义内容的信息传播；发现含有恐怖主义、极端主义内容的信息的，应当立即停止传输，保存相关记录，删除相关信息，并向公安机关或者有关部门报告。"④

为了保障网络安全，我国不断加强与国际社会的合作。2016年5月11日，第二次中美打击网络犯罪及相关事项高级别对话在美国华盛顿举行，双方就"网络空间的国家行为规则及其他关键国际安全问题"议题进行会谈。⑤同年6月25日，《中俄关于协作推进信息网络空间发展的联合声明》发布，12月7日，第三次中美打击网络犯罪及相关事项高级别对话在华盛顿举行。

为应对网络安全威胁，网络安全威胁治理行动于2015年全面启动。截至

---

① 王春晖：《解读〈国家网络空间安全战略〉》，《通信世界》，2017年第3期，第9页。
② 全国人民代表大会常务委员会：《中华人民共和国反恐怖主义法》，《中华人民共和国全国人民代表大会常务委员会公报》，2016年第1期，第5～17页。
③ 全国人民代表大会常务委员会：《中华人民共和国反恐怖主义法》，《中华人民共和国全国人民代表大会常务委员会公报》，2016年第1期，第5～17页。
④ 全国人民代表大会常务委员会：《中华人民共和国反恐怖主义法》，《中华人民共和国全国人民代表大会常务委员会公报》，2016年第1期，第5～17页。
⑤ 张明：《中美共商网络空间国际规则》，《光明日报》，2016年5月9日，第12版。

2017年2月26日,"共接到广大网民举报的网络安全事件109972起,处置网络安全事件71220起,发布黑名单地址54614条。DDoS攻击事件次数由行动启动前的日均1491起下降到现在的日均265起,大幅下降82.2%;境内被篡改网站相比行动启动前下降21.4%,其中被篡改政府网站相比下降了56.2%"①。专项治理行动获得一定收获,有效减少了互联网安全威胁。

二、个人网络信息安全保护形成体系

个人网络信息保护仍然面临巨大压力。技术在为人们带来大量便利的同时,信息泄露、信息非法使用等现象也屡禁不止。根据中国互联网协会发布的《中国网民权益保护调查报告(2016)》显示,中国54%的网民认为个人信息泄露情况严重,84%的网民曾亲身感受到因个人信息泄露带来的不良影响;网民因为垃圾信息、诈骗信息、个人信息泄露等遭受的经济损失为人均133元,比去年增加9元,总体经济损失约915亿元。②为此,新近生效的《网络安全法》全面加强了对个人信息的保护,《民法总则》和《未成年人网络保护条例(草案征求意见稿)》正式出台,公民个人信息隐私得到了法律前所未有的保障。

在现行法律的基础上,2016年出台的《网络安全法》(该法于2017年6月1日起正式实施)进一步加强了对公民网络个人信息的保护力度。《网络安全法》专设一章(第四章)共11条,对公民个人信息收集使用许可、信息泄露报告和删除与更正权等做出了详细规定。其中,《网络安全法》第四十一条就公民个人信息的收集使用许可做出明确规定:"网络运营者收集、使用个人信息,应当遵循合法、正当、必要的原则,公开收集、使用规则,明示收集、使用信息的目的、方式和范围,并经被收集者同意。网络运营者不得收集与其提供的服务无关的个人信息,不得违反法律、行政法规的规定和双方

---

① 《互联网网络安全威胁治理行动效果显著 中国互联网网络安全威胁治理联盟成立》,来源:中国互联网协会,链接 http://www.isc.org.cn/zxzx/ywsd/listinfo-33273.html,2016年2月26日。

② 中国互联网协会:《中国网民权益保护调查报告2016》,来源:中国互联网协会,链接 http://www.isc.org.cn/zxzx/xhdt/listinfo-33759.html,2016年6月26日。

的约定收集、使用个人信息,并应当依照法律、行政法规的规定和与用户的约定,处理其保存的个人信息。"①该法第四十二条对公民个人信息泄露与损坏的报告问题做出明确规定。同时,该法还要求网络运营者建立网络信息管理制度和网络信息安全投诉制度,加强对用户信息的管理。

同时,2017年3月15日第十二届全国人民代表大会第五次会议通过的《中华人民共和国民法总则》也明确提出保障公民隐私权与个人信息。该法在《侵权责任法》的基础上进一步将隐私权予以明晰。《民法总则》第一百一十一条规定:"自然人的个人信息受法律保护。任何组织和个人需要获取他人个人信息的,应当依法取得并确保信息安全,不得非法收集、使用、加工、传输他人个人信息,不得非法买卖、提供或者公开他人个人信息。"②2017年5月8日,最高人民法院、最高人民检察院发布《关于办理侵犯公民个人信息刑事案件适用法律若干问题的解释》,对"公民个人信息""违反国家有关规定"和"情节严重"等进行司法解释。其中,该司法解释第五条规定,"非法获取、出售或者提供行踪轨迹信息、通信内容、征信信息、财产信息五十条以上的"或"非法获取、出售或者提供住宿信息、通信记录、健康生理信息、交易信息等其他可能影响人身、财产安全的公民个人信息五百条以上的"将被认定为《刑法》第二百五十三条规定的"情节严重",将被追究刑事责任。③

另外,为保护未成年人网上个人信息与权益,2016年9月30日,国家互联网信息办公室发布了《未成年人网络保护条例(草案征求意见稿)》。该条例第十六条规定:"通过网络收集、使用未成年人个人信息的,应当在醒目位置标注警示标识,注明收集信息的来源、内容和用途,并征得未成年人或其监护人同意。通过网络收集、使用未成年人个人信息的,应当制定专门的

---

① 全国人民代表大会常务委员会:《中华人民共和国网络安全法》,《青海日报》,2016年11月8日,第7版。
② 全国人民代表大会:《中华人民共和国民法总则》,《中华人民共和国全国人民代表大会常务委员会公报》,2017年第2期,第191~206页。
③ 《关于办理侵犯公民个人信息刑事案件适用法律若干问题的解释》,《人民法院报》,2017年5月10日,第03版。

收集、使用规则,加强对未成年人网上个人信息的保护。"①对于违反该条例规定的行为,将由网信、工信等部门依据职责给予警告、责令限期改正,并可处五万元以下罚款,情节严重或拒不改正的,处五万元以上五十万元以下罚款,并可责令暂停或停止相关服务。

三、网络新闻信息内容规制力度增强

针对互联网新闻信息服务中出现的诸多问题,2016年至今我国相关管理部门先后出台了一系列行政法规与部门规章,继续全面规范网络新闻信息服务。

首先,在网络新闻信息服务领域,为规范互联网新闻信息服务活动,2016年1月13日,国家互联网信息办公室修订《互联网新闻信息服务管理规定》,并发布了《互联网新闻信息服务管理规定(修订征求意见稿)》。此次修订最大的变化是将各类新媒体纳入管理范畴,修订后,除了网站,应用程序、论坛、博客、微博客、即时通信工具、搜索引擎以及其他具有新闻舆论或社会动员功能的应用都在管理范围内,这些应用向社会公众提供新闻信息采编发布、转载服务之前都应当取得互联网新闻信息服务许可。2017年6月1日,新修订后的《互联网新闻信息服务管理规定》正式出台。该规定除了要求互联网新闻信息服务提供者和用户不得制作、复制、发布、传播法律、行政法规禁止的信息内容之外,还对信息转载、采编资质和服务许可等问题做出了详细规定。其中,第十一条规定:"互联网新闻信息服务相关从业人员应当依法取得相应资质,接受专业培训、考核。互联网新闻信息服务相关从业人员从事新闻采编活动,应当具备新闻采编人员职业资格,持有国家新闻出版广电总局统一颁发的新闻记者证。"②

---

① 国家互联网信息办公室:《国家互联网信息办公室关于〈未成年人网络保护条例(草案征求意见稿)〉公开征求意见的通知》,来源:中国网信网,链接http://www.cac.gov.cn/2016-09/30/c_1119656665.htm,2016-09-30。

② 赵新乐:《〈互联网信息搜索服务管理规定〉发布》,《中国新闻出版广电报》,2016年6月27日,第001版。

其次，在信息搜索服务方面，2016年6月25日，国家互联网信息办公室发布了《互联网信息搜索服务管理规定》，首次明确互联网信息搜索服务提供者应当履行的七大义务，对网络信息搜索服务监管主体、非法网络公关、付费搜索规范与用户权益保护等进行全面规范。对于监管主体，该规定第八条指出："互联网信息搜索服务提供者提供服务过程中发现搜索结果明显含有法律法规禁止内容的信息、网站及应用，应当停止提供相关搜索结果，保存有关记录，并及时向国家或者地方互联网信息办公室报告。"[1]对于非法网络公关，该规定第九条要求："互联网信息搜索服务提供者及其从业人员，不得通过断开相关链接或者提供含有虚假信息的搜索结果等手段，牟取不正当利益。"[2]

再次，在移动网络信息服务方面，为加强对移动互联网应用程序（APP）信息服务的规范管理，2016年6月28日，国家互联网信息办公室发布了《移动互联网应用程序信息服务管理规定》，首次明确了国家网信办作为移动应用程序信息服务的主管单位，将移动互联网应用程序信息服务纳入了法制化轨道。该规定第六条指出："移动互联网应用程序提供者和互联网应用商店服务提供者不得利用移动互联网应用程序从事危害国家安全、扰乱社会秩序、侵犯他人合法权益等法律法规禁止的活动，不得利用移动互联网应用程序制作、复制、发布、传播法律法规禁止的信息内容。"[3]同时鼓励各级党政机关、企事业单位和各人民团体积极运用应用程序，推进政务公开，提供公共服务，促进经济社会发展。

最后，在网络直播领域，2016年11月4日，国家互联网信息办公室发布《互联网直播服务管理规定》（2016年12月1日起施行），对直播资质、审核机制、直播内容、互动管理和实名认证等进行了规制。对于直播资质问题，该规定第五条明确指出："互联网直播服务提供者提供互联网新闻信息服务的，应当依法取得互联网新闻信息服务资质，并在许可范围内开展互联网新

---

[1] 赵新乐：《〈互联网信息搜索服务管理规定〉发布》，《中国新闻出版广电报》，2016年6月27日，第001版。

[2] 赵新乐：《〈互联网信息搜索服务管理规定〉发布》，《中国新闻出版广电报》，2016年6月27日，第001版。

[3] 《移动互联网应用程序信息服务管理规定》，《中国信息安全》，2016年第7期，第17页。

闻信息服务。"①对于责任落实问题，该规定第七条要求对互联网新闻信息直播及其互动内容实施先审后发管理：互联网直播服务提供者应当落实主体责任，配备与服务规模相适应的专业人员，健全信息审核、信息安全管理、值班巡查、应急处置、技术保障等制度。提供互联网新闻信息直播服务的，应当设立总编辑。对于直播内容问题，该规定第十条强调："互联网直播发布者发布新闻信息，应当真实准确、客观公正。转载新闻信息应当完整准确，不得歪曲新闻信息内容，并在显著位置注明来源，保证新闻信息来源可追溯。"②

另外，在网络版权保护方面，国家新闻出版广电总局与工业和信息化部于2016年2月4日公布了《网络出版服务管理规定》。该规定对网络出版服务的管理职责、准入条件、管理要求和处罚方式等做了明确的规定。该规定第二十三条要求："网络出版服务单位实行编辑责任制度，保障网络出版物内容合法。网络出版服务单位实行出版物内容审核责任制度、责任编辑制度、责任校对制度等管理制度，保障网络出版物出版质量。"③在此基础上，2016年11月4日，国家版权局办公厅发布了《关于加强网络文学作品版权管理的通知》。该通知主要针对网络文学，细化了著作权法律法规的相关规定，提出要"建立网络文学作品版权监管'黑白名单制度'"④。在国家版权局等多部门于2016年7月至11月联合开展的专项治理"剑网行动"中，"共查处行政案件514件，行政罚款467万元，移送司法机关33件，涉案金额2亿元，关闭网站290家"⑤。

四、互联网产业监管全面提升

在过去一年，我国在互联网广告、互联网金融、电子商务等方面均出台

---

① 《国家网信办发布〈互联网直播服务管理规定〉》，来源：中国网信网，链接http://www.cac.gov.cn/2016-11/04/c_1119846202.htm，2016年11月4日。
② 《网信办〈互联网直播服务管理规定〉发布》，《中国信息化》，2017年第3期，第19~21页。
③ 国家新闻出版广电总局、工业和信息化部：《网络出版服务管理规定》，《中华人民共和国国务院公报》，2016年第14期，第79~87页。
④ 国家版权局办公厅：《关于加强网络文学作品版权管理的通知》，《中国出版》，2016年第23期，第2~3页。
⑤ 《"剑网2016"专项行动总结会在京召开》，来源："剑网2016"专项行动网，2016年12月23日，链接http://www.ncac.gov.cn/chinacopyright/contents/9880/311523.html，2017-04-26。

了相应的行政规章，进一步规范互联网产业并推动其健康发展。

在互联网广告领域，2016年年初发生的魏则西事件将百度付费搜索问题推向了舆论的风口浪尖，该类搜索方式遭受广泛质疑。针对互联网广告当中的类似违法违规现象，国家工商行政管理总局于2016年7月发布了《互联网广告管理暂行办法》（自2016年9月1日起施行），试图在《广告法》的框架之下，全面规范互联网广告活动，保护消费者的合法权益。该办法将互联网广告分为五类，并明确规定：通过网站、网页、互联网应用程序等互联网媒介，以文字、图片、音频、视频或者其他形式，直接或者间接推销商品或者服务的商业广告服务都属于互联网广告的范畴。其中，第七条强调："互联网广告应当具有可识别性，显著标明'广告'，使消费者能够辨明其为广告。付费搜索广告应当与自然搜索结果明显区分。"①

在互联网金融领域，为规范网络借贷信息中介机构的业务活动，2016年8月17日，《网络借贷信息中介机构业务活动管理暂行办法》发布并实施。该办法，明确了网贷活动的基本原则、网贷监管体制和网贷业务规则，采取负面清单的方式划定了P2P行业的边界红线。特别是对于风险管理，该办法第十条明确了包括不得吸收公众存款、不得设立资金池、不得提供担保或承诺保本保息、不得发售金融理财产品、不得开展类资产证券化等形式的债权转让等十三项禁止性行为，旨在规范以网贷为名行非法集资之实的违法违规行为。②对于网络募捐，全国人民代表大会2016年3月16日通过的《慈善法》（自2016年9月1日起施行）第二十七条指出：广播、电视、报刊以及网络服务提供者、电信运营商，应当对利用其平台开展公开募捐的慈善组织的登记证书、公开募捐资格证书进行验证。③在此基础上，2016年8月30日，民政部、工业和信息化部、国家新闻出版广电总局、国家互联网信息办公室印发《公开募捐平台服务管理办法》，进一步规范公开募捐平台服务，维护捐赠

---

① 《互联网广告管理暂行办法》，《中华人民共和国国务院公报》，2016年第29期，第49～52页。
② 《四部门出台〈网络借贷信息中介机构业务活动管理暂行办法〉》，《上海信息化》，2016年第10期，第82～83页。
③ 《中华人民共和国慈善法》，《中华人民共和国全国人民代表大会常务委员会公报》，2016年第2期，第207～217页。

人、受益人和慈善组织等的合法权益。①

在电子商务领域，2016年12月19日，十二届全国人大常委会第二十五次会议初次审议了《中华人民共和国电子商务法（草案）》，这是我国第一部电商领域的综合性法律。该草案"基本明确了电子商务的经营主体、交易与服务、交易保障、跨境电商、监督管理和法律责任等内容"②。对于广泛使用的电子支付，该草案第三十二条规定："电子支付服务提供者应当提供安全的支付服务。电子支付服务提供者提供的服务不符合国家有关金融信息安全管理要求，造成电子支付服务接受者损失的，应当承担返还资金、补充差额、赔偿应偿利息损失的责任。电子支付服务提供者为电子支付服务接受者开立账户的，应对账户实行实名制管理，不得开立匿名、假名账户。"③同时，该草案还规定电子商务经营主体应当依法从事经营活动，需要取得相关行政许可的，应当依法取得行政许可。

在网约车服务领域，为促进出租汽车行业和互联网融合发展，2016年7—8月，《国务院办公厅关于深化改革推进出租汽车行业健康发展的指导意见》和《网络预约出租汽车运营服务规范（征求意见稿）》先后公布。由交通运输部、工信部等七部委联合发布的《网络预约出租汽车经营服务管理暂行办法》于2016年11月1日起正式实施。该办法内容涵盖网约车平台公司、网约车车辆与驾驶员、网约车经营行为、监督检查、法律责任五方面。该办法要求"网约车运价实行市场调节价，城市人民政府认为有必要实行政府指导价的除外"④。对于网约车平台，该办法第五条规定：申请从事网约车经营的，应当具备线上线下服务能力，应当具有企业法人资格，具备开展网约车经营的互联网平台和与拟开展业务相适应的信息数据交互及处理能力，具备供交通、通信、公安、税务、网信等相关监管部门依法调取查询相关网络数据信

---

① 《公开募捐平台服务管理办法》，《中国社会组织》，2016年第18期，第17页。
② 黄颖：《电商威胁给好评可吊销执照》，《新京报》，2016年12月20日，第08版。
③ 《中华人民共和国电子商务法（草案）》，来源：中国国际电子商务网，链接http://www.ec.com.cn/article/dszc/dslf/201612/13596_1.html，2016-12-28。
④ 《网络预约出租汽车经营服务管理暂行办法》，《中华人民共和国国务院公报》，2016年第31期，第35~41页。

息的条件等六项法律条件。①

五、结语

2016年以来，随着社会主义法治进程的不断推进，我国相继出台（并实施）了《网络安全法》《反恐法》《民法总则》《慈善法》《电子商务法（草案）》等多部高位阶的法律，修订与发布了《互联网新闻信息服务管理规定》和《未成年人网络保护条例（草案征求意见稿）》等行政规章，在现行法律法规的基础上，全面解决了互联网治理中有法可依的问题，既为网络法治运行的守法、司法、执法与监督问题提供了基础，又为法律运行各个环节的有序性、有效性以及彼此的衔接、良性互动提供了体系支撑。互联网领域的立法、司法和执法过程较为明显地体现了依法治网的思路，对网络信息及其活动的规制力度明显增强，互联网法制的逐步体系化继续推动网络治理与国家治理步入现代化轨道。

总体而言，在过去一年，依法治国、依法行政与依法治网共同推进，法治国家、法治政府、法治网络一体建设。从网络安全法律体系的日臻完备到公民个人信息保障体系的快速发展，从网络新闻信息服务的深度规制到网络产业监管的全面加强，互联网管理部门在现行法律框架下，通过制定行政规章的方式，培养法治文化、重塑网络空间，迅速加强了对互联网的行政规制力度与频度，力图平衡与重构国家、社会与网络之间的关系，实现国家法治、网络秩序与公民权利三者的协调发展。

（作者卢家银为中山大学传播与设计学院副教授，江文华为中山大学传播与设计学院硕士研究生）

---

① 《网络预约出租汽车经营服务管理暂行办法》，《中华人民共和国国务院公报》，2016年第31期，第35～41页。

2016年中国互联网监管趋势分析

曾 茜

2016年伊始,经国务院授权负责互联网信息内容管理的国家互联网信息办公室(以下简称"国家网信办")即对《互联网新闻信息服务管理规定》(国务院新闻办公室、信息产业部令第37号2005年9月25日公布实施)进行修订,提出《互联网新闻信息服务管理规定(修订征求意见稿)》,向社会公开征求意见,其主要监管思路在于适应新媒体技术的发展,为互联网信息内容监管建立起基本原则,以不变应万变,从而能够尽量适应各种信息传播技术的发展。

相对于十年前尚需要由国务院新闻办及信息产业部联合发布命令共同管理互联网信息内容,国家网信办在成立不到两年的时间里,已经通过主动积极地行使国家法律赋予之管理职责的方式,致力于重建互联网信息传播的基本秩序。除了在授权之后逐步完善从中央至地方的垂直监管体系之外,网信办还在此前博客时代探索出的自律型监管模式基础之上,开始尝试探索以社会组织为主的治理,同时在现行政府管理体制的制约下,继续与公安部、国家版权局等职能部门合作,实施专项整治,在建立监管权威的同时建立起多元化的监管模式。

更为重要的是,在制定和落实互联网信息传播宏观战略政策的过程中,国家网信办借由"网络安全"的考虑而直接介入反恐等国家事务的治理(例如2015年2月27日,第十二届全国人民代表大会常务委员会第十八次会议通过《中华人民共和国反恐怖主义法》,"网信"一词第一次正式出现于国家法律当中)。在国际社会网络安全议题日益凸显的现实情境之下,作为一个主要负责互联网信息内容监管的意识形态监管机构,国家网信办正在成长为中国互联网治理的中枢,甚至尝试通过在国际社会推广互联网监管的"中国模式"来参与国际传播新秩序的重建。

一、《网络安全法》:互联网信息内容监管体系的上位法

2016年11月7日,十二届全国人大常委会第二十四次会议表决通过《中华人民共和国网络安全法》(2017年6月1日起施行,以下简称《网络安全法》)。除了强调对于公民个人信息保护的相关内容之外,《网络安全法》最终以国家法律的形式确认了国家网信办在中国互联网治理中的中坚作用,意味着其不仅将在反恐等复杂的国际严峻环境中负责信息管理工作,亦将在此后的互联网监管规则及实践中不断强调和体现《网络安全法》上位法作用,即"网络安全"成为互联网内容监管的核心概念。

(一)"网络安全"概念的演变

就互联网新闻信息内容的监管而言,《网络安全法》的意义在于通过法律条文的陈述,对于"网络安全"这一频频在互联网内容监管体系中出现的概念做了相对清晰的解释。

"网络安全"这一概念最早出现在2000年,是年12月28日第九届全国人民代表大会常务委员会第十九次会议通过《全国人民代表大会常务委员会关于维护互联网安全的决定》,其主要内容是从刑事责任的角度对涉及互联网运行安全和信息安全的违法违规行为做出了界定。此时的"网络安全"尚未成为一个明确的议题,但明确了互联网运行安全及信息安全事关国家安全与社会公共利益。

此后进一步完善"网络安全"这一概念的是2012年12月28日,第十一届全国人民代表大会常务委员会第三十次会议即通过了《全国人民代表大会常务委员会关于加强网络信息保护的决定》,该决定开宗明义,在第一段即表达了立法目的:"为了保护网络信息安全,保障公民、法人和其他组织的合法权益,维护国家安全和社会公共利益,特做如下决定。"实际上,与此前

《全国人民代表大会常务委员会关于维护互联网安全的决定》将互联网安全与刑事责任意义上的违法行为相联系不同，这一版"加强网络信息保护"的主要目的在于实施网络实名制，即网络服务提供者在为用户办理网络接入服务等以及提供信息发布服务等，须与用户签订协议，要求用户提供真实身份信息。在要求实名制的同时，亦提出网络服务者需确保用户个人身份信息的安全，严禁非法获取、出卖及使用能识别用户个人身份和涉及用户个人隐私的电子信息。

此外，该决定第五条亦规定："网络服务提供者应当加强对其用户发布的信息的管理，发现法律、法规禁止发布或者传输的信息的，应当立即停止传输该信息，采取消除等处置措施，保存有关记录，并向有关主管部门报告。"因此，对用户个人信息的保护及对用户发布信息的管理，是对"网络安全"概念的进一步丰富——在强调互联网运行安全和信息安全以维护国家安全和社会公共利益之外，"网络安全"这一概念还包括对于用户个人信息的保护及对用户发布信息的管理。

此后，虽然针对不同内容的监管规则都不同程度地将《全国人民代表大会常务委员会关于维护互联网安全的决定》和《全国人民代表大会常务委员会关于加强网络信息保护的决定》作为制定规则的依据，如《即时通信工具公众信息服务发展管理暂行规定》《互联网信息搜索服务管理规定》《移动互联网应用程序信息服务管理规定》及《互联网直播服务管理规定》等都视上述决定为上位法，但实际上，"网络安全"的概念得以继续丰富和完善主要是通过国家领导人的相关表述和讲话。

2016年4月19日，习近平总书记主持召开网络安全与信息化工作座谈会并发表重要讲话，强调"网络安全和信息化是相辅相成的。安全是发展的前提，发展是安全的保障，安全和发展要同步推进。要树立正确的网络安全观，加快构建关键信息基础设施安全保障体系，全天候全方位感知网络安全态势，增强网络安全防御能力和威慑能力。网络安全为人民，网络安全靠人民，维护网络安全是全社会共同责任，需要政府、企业、社会组织、广大网民共同参与，共筑网络安全防线"。总体而言，作为中央网络安全与信息化小组的组长，习近平总书记这一讲话的核心内容有两点：一是网络安全需要构建关键信息基础设施安全保障体系，网络安全对于国际竞争至关重要；二是网络安全需要网民参与，即共同维护"天朗气清"的网络空间，加强网络内容建设，做强网上正面宣传。前者在定义"关键信息基础设施安全保障体系"将"网络安全"置于国际竞争秩序的视野之内，而后者则进一步强调了信息内容管理对于"网络安全"的重要意义所在。

2016年8月24日，中央网信办、国家质检总局、国家标准委联合印发《关于加强国家网络安全标准化工作的若干意见》，提出在网络安全建设中要加强标准体系建设，并明确指出要"加快开展关键信息基础设施保护、网络安全审查、网络空间可信身份、关键信息技术产品、网络空间保密防护监管、工业控制系统安全、大数据安全、个人信息保护、智慧城市安全、物联网安全、新一代通信网络安全、互联网电视终端产品安全、网络安全信息共享等领域的标准研究和制定工作"。这实际上是对"网络安全"的具体内涵逐一细化，"网络安全"从早期的"互联网运行安全和信息安全"逐步丰富和完善到包括关键信息基础设施保护、网络安全审查、网络空间可信身份……等共13个类别。

2016年10月9日，中央政治局就实施网络强国战略进行第36次集体学习，习近平总书记强调"加快增强网络空间安全防御能力，加快用网络信息技术推进社会治理，加快提升我国对网络空间的国际话语权和规则制定权，朝着建设网络强国目标不懈努力"。因此，建设网络强国这一目标与"网络空间安全防御能力"相关联，意味着重建网络空间秩序亦是"网络安全"的意义所在。

（二）基于网络空间主权的"网络安全"

而2016年11月7日《网络安全法》的正式出台，其中第八条规定："国家网信部门负责统筹协调网络安全工作和相关监督管理工作。"而之前的《国务院关于授权国家互联网信息办公室负责互联网信息内容管理工作的通知》亦明确了国家网信办是互联网内容监管的主体，因此，《网络安全法》的法律地位决定了其将是中国互联网内容监管的上位法,即是此后互联网内容监管的主要依据。

据《网络安全法》的具体细则,其从六方面了完整界定了"网络安全"的全部内涵:第一,网络安全法明确了网络空间主权的原则;第二,明确了网络产品和服务提供者的安全义务;第三,明确了网络运营者的安全义务;第四,进一步完善个人信息保护规则;第五,建立了关键信息基础设施安全保护制度;第六,确立了关键信息基础设施重要数据跨境传输的规则。其中除了第一点是对"网络安全"较为全新的表述之外,其余五点实际上是《全国人民代表大会常务委员会关于维护互联网安全的决定》和《全国人民代表大会常务委员会关于加强网络信息保护的决定》等提及的"网络运行安全和信息安全"及"用户信息保护和用户发布信息管理"等基本内容的更新,属于旧瓶装新酒的范畴。

而"网络空间主权"原则的提出,配合"建设网络强国"的目标,代表了我们国家在互联网领域的国际战略思维模式,即随着互联网技术的普及所带来的发展中国家"弯道超车"效应,以及国际竞争格局的变化,重建网络空间的国际新秩序逐渐被纳入"网络安全"的范畴,即网络空间主权不仅是国家主权的重要补充,亦是未来国际社会处理相互关系的基本出发点。而这种以网络空间主权为原则的思维模式将如何规制未来的互联网内容监管体系变化,亦是一个全新的观察视角。

二、互联网信息内容监管体系的完善与开放

在互联网的信息内容监管方面,虽然2000年公布并施行的《互联网信息服务管理规定》及2005年公布并施行的《互联网新闻信息服务管理办法》依然有效,但鉴于各类新媒体技术不断带来各种新兴的互联网新闻信息服务方式,以门户网站为主要监管对象的《互联网新闻信息服务管理规定》已经无法涵盖新媒体行业的新闻信息服务类型。为了能坚持将新闻信息内容监管延伸至新媒体行业,国家网信办陆续出台针对各类新闻信息服务模式的管理

规定，继2014年8月7日出台《即时通信工具公众信息服务发展管理暂行规定》（"微信十条"）和2015年2月4日出台的《互联网账号名称管理规定》（"账号十条"）之后，2016年国家网信办先后出台了《互联网信息搜索服务管理规定》（6月25日发布，8月1日起施行）、《移动互联网应用程序信息服务管理规定》（6月28日发布，8月1日起施行）和《互联网直播服务管理规定》（11月4日发布，12月1日起生效）。

随着新媒体技术的不断发展，互联网新闻信息服务模式也在不断变革。尤其是手机等设备及4G等移动互联技术的普及，移动互联网已经成为公众获取新闻信息的主要来源：根据中央网信办、国家网信办及中国互联网络信息中心共同于2017年1月22日发布的《第39次中国互联网络发展状况统计报告》，截止到2016年12月，我国网络新闻用户规模为6.14亿，其中手机网络新闻用户规模达到了5.71亿，即通过网络获取新闻的网民中，有近93%的网民主要是通过浏览手机获取新闻。①

一般来说，手机用户一般通过社交媒体如微信微博、新闻客户端等获取新闻，相对于桌面互联网，移动互联网环境下的社交媒体具有迅捷方便、交互性强的特点，加上AR、VR等技术的发展，移动互联网上的内容呈现形式更为丰富多样，对于此前基于桌面互联网时代的新闻信息内容监管模式是一个新的挑战。

因此，适应移动互联网新闻信息服务提供方式的变化，与时俱进地制定针对具体对象的监管规则，是监管部门在新媒体技术不断变化的大环境下所能做出的最稳妥选择，换言之，是在坚持监管原则的基础上针对不同的新闻信息服务模式来制定相应的监管规则。从门户网站时代的新闻转载发展至手机新闻时代的网络直播，基于《互联网信息服务管理规定》和《互联网新闻信息服务管理办法》的监管原则一以贯之，即从许可制到坚持内容导向，再辅以新闻采编权的严格把控，努力使互联网的新闻信息内容依然置于传统媒体的新闻信息监管范围之内，这种对新闻内容的严格监管相继延伸至针对社

---

① 《第39次中国互联网络发展状况统计报告》，载中国网信网：http://www.cac.gov.cn/hysj.htm。

交媒体、搜索引擎、移动APP及网络直播等互联网新闻信息服务模式的监管规定里，从而构成了一个将网站、论坛、社交媒体、搜索引擎、移动互联网应用程序（APP）、网络直播等新闻信息服务平台包含在内的庞大的内容监管体系。

具体而言，这个内容监管体系具有以下特点。

（一）基于监管原则的调适能力

从《互联网新闻信息服务管理规定》到《互联网直播服务管理规定》，可以看出无论是早期的国务院新闻办，还是后来的国家网信办，在制定针对新闻信息内容的监管规则时，都遵循了相同的原则，即采取事先审查，实行许可证制。无论是门户网站，抑或网络直播平台，只要涉及时政类新闻信息发布，必须取得新闻信息服务资质，换句话说，监管传统新闻媒体的许可制依然延续至网络新闻媒体之中。

2005年的《互联网新闻信息服务管理规定》将新闻信息服务资质赋予三类网站。一是新闻单位设立的综合性门户网站，如人民网、新华网等，此类网站记者亦没有新闻采编权，但允许新闻单位记者为此类网站提供新闻信息。二是非新闻单位设立的商业门户网站，如新浪、网易、搜狐等，可以转载来自新闻单位或者新闻单位所设立网站上的新闻信息，但网站本身没有新闻采编权，亦不能发布原创新闻。三是新闻单位设立的只登载本单位新闻信息的网站，网站内容全部来源于传统媒体，实际上是传统媒体的网络版，如央视网、《南方都市报》网、《羊城晚报》网等。这种管理模式本质上是将互联网上的新闻信息服务局限于传统媒体之内，实际上能提供新闻信息服务的还是新闻单位等传统媒体，从而通过对传统媒体的内容监管实现了对于网络新闻的内容监管。

与上述监管原则一脉相承，在社交媒体、搜索引擎及网络直播等各类移动互联网的新闻信息服务提供模式出现之后，相继推出的监管规则也要求所有上述互联网新闻信息服务提供者都必须取得新闻信息服务资质。《即时通信工具公众信息服务发展管理暂行规定》第四条规定"即时通信工具服务提供者从事公众信息服务活动,应当取得互联网新闻信息服务资质;《互联网直播服务管理规定》第五条规定"互联网直播服务提供者提供互联网新闻信息服务的,应当依法取得互联网新闻信息服务资质,并在许可范围内开展互联网新闻信息服务"。另外,针对搜索引擎和移动APP的规定虽然模糊,即《互联网信息搜索服务管理规定》第五条规定"互联网信息搜索服务提供者应当取得法律法规规定的相关资质",《移动互联网应用程序信息服务管理规定》第五条规定"通过移动互联网应用程序提供信息服务,应当依法取得法律法规规定的相关资质",但亦可看出,这一范围更大的规定显然亦包含了提供新闻信息需获得互联网新闻信息服务资质。就实际情况而言,百度搜索获得互联网信息信息服务许可,没有取得互联网新闻信息服务资质的"今日头条"APP则于今年1月停运整顿。①

与许可证制相适应的,当新闻信息服务从门户网站发展到移动互联网,鉴于移动互联网时代新闻信息提供者通常包括新闻信息传播平台及自媒体用户两个部分,考虑到监管效率,事先审查制只能应用于新闻信息传播平台,而无法企及海量的自媒体用户,因此,监管规则也相应地在事先审查的基础上增加了事后审查,即强调社会监督,要求各新闻信息服务提供者需设立投诉平台和举报入口等,发动群众力量,实施事后追惩制度——自2015年的"微信十条"提出"自觉接受社会监督,及时处理公众举报的违法和不良信息"之后,2016年相继出台的三个管理规定中,《互联网信息搜索服务管理规定》《移动互联网应用程序信息服务管理规定》和《互联网直播服务管理规定》以更为明确的表述强调了新闻信息服务提供者需自觉接受社会监督,即"健全社会投诉举报渠道,设置便捷的投诉举报入口,及时处理公众投诉举报"(分别见之于《互联网信息搜索服务管理规定》第十二条、《移动互联网应用程序信息服务管理规定》第十条和《互联网直播服务管理规定》第十九条)。

通过社会监督的方式实施事后追惩制,是监管部门应对移动互联网时代

---

① 《今日头条宕机或因缺少〈互联网新闻信息服务许可证〉》,载2017年1月7日科持讯网站:http://www.kejixun.com/article/170107/271248.shtml。

自媒体的一种积极应对，可见，在一以贯之的监管原则之下，监管部门亦会根据实际操作的需求而做出相应的改变，由此可见，在坚持监管原则不变的同时，监管规则也显示了强大的调适能力。

（二）监管规则的细化：实施总编辑制

作为互联网的内容监管体系，从《互联网新闻信息服务管理规定》（2005年）到《互联网直播服务管理规定》，除了事先审查和事后追惩之外，始终坚持对时政类新闻信息的监管，其中的主要方式即要求各类新闻信息服务提供者建立健全内容审核机制，如《互联网新闻信息服务管理规定》第二十条"互联网新闻信息服务单位应当建立新闻信息内容管理责任制度"，甚至是新闻信息传播的主体从新闻单位设立的门户网站等转换为各类传播平台的自媒体用户之后，监管规则仍然强调建立内容审核机制，例如《互联网信息搜索服务管理规定》第六条"互联网信息搜索服务提供者应当落实主体责任，建立健全信息审核、公共信息实时巡查、应急处置及个人信息保护等信息安全管理制度"；《互联网移动互联网应用程序信息服务管理规定》第七条第三款"建立健全信息内容审核管理机制"；《互联网直播服务管理规定》第七条"互联网直播服务提供者应当建立直播内容审核平台"，等等。

在门户网站时代，《互联网新闻信息服务管理规定》（2005年）的内容审核责任主要依赖于新闻单位，即只有新闻单位设立的网站以及属于新闻单位的记者才能从事新闻采编，因此，实际上是新闻单位的内容审核制度构成了当时新闻门户网站（商业门户网站只有新闻转载权）的内容审核机制。而随着2015年11月一批来自中央重点新闻网站的记者获取新闻记者资格证，新闻门户网站开始获得了实际的新闻采编权，虽然有新闻采编权的新闻网站主要局限于中央级媒体等，但这意味着新闻网站需要建立自己的内容审核机制。

2016年7月3日，国家网信办印发《关于进一步加强管理制止虚假新闻的通知》，重点指向网站及其社交媒体平台账号，以部门文件的形式强调新闻信息服务提供者需对新闻信息的真实性负责；8月，国家网信办在北京召开专题座谈会，就网站履行网上信息管理主体责任提出了八项要求，其中一项即要求从事互联网新闻信息服务的网站要建立总编辑负责制,总编辑要对新闻信息内容的导向和创作生产传播活动负责,完善总编辑及核心内容管理人员任职、管理、考核与退出机制。①总编辑负责制是传统媒体时代管理媒体事业的一项专门制度,即在媒体事业中,由总编辑主管编辑、采访等业务部门,是新闻内容的主要审核者。经过此次会议,新闻信息服务提供者的内容审核主体责任进一步具体化,即将传统媒体行业的总编辑制引入互联网新闻信息服务领域。随后,11月公布并施行的《互联网直播服务管理规定》第七条明确提出:"互联网直播服务提供者应当落实主体责任……提供互联网新闻信息直播服务的,应当设立总编辑。"同时,此条规定下亦对总编辑制的内容做了细化,指出"互联网直播服务提供者应当建立直播内容审核平台,根据互联网直播的内容类别、用户规模等实施分级分类管理,对图文、视频、音频等直播内容加注或播报平台标识信息,对互联网新闻信息直播及其互动内容实施先审后发管理"。接下来的第十条则明确规定"互联网直播发布者发布新闻信息,应当真实准确、客观公正。转载新闻信息应当完整准确,不得歪曲新闻信息内容,并在显著位置注明来源,保证新闻信息来源可追溯"。因此,从要求设立总编辑,到要求建立直播内容审核平台,实行内容分级制,再到规定直播发布的新闻信息"应当真实准确、客观公正"等,可以看出,相关监管规则在逐步细化,即从建立健全主体内容管理责任,到最终具体为实行总编辑制。

总编辑制的提出,意味着互联网的新闻信息服务在内容管理上将借鉴传统媒体的管理模式,这亦是以监管规则的细化来回应建立内容监管体系的初衷,即从最早的《互联网新闻信息服务管理规定》,到明确提出总编辑制的《互联网直播服务管理规定》,始终需要坚持以新闻的正确舆论导向为原则。

(三)建立在用户信息安全基础上的平台监管

自从2014年8月国家网信办公布并实施《即时通信工具公众信息服务发展

---

① 《国家网信办:新闻服务网站要建立总编辑负责制》,原载《中国新闻出版广电报》,转引自 2016 年 8 月 20 日人民网:http://media.people.com.cn/n1/2016/0820/c40606-28651213.html。

管理暂行规定》（以下简称"微信十条"）以来，相关的监管规则便从以内容监管为主转向以平台监管为主。

"微信十条"区分了即时通信工具服务提供者与即时通信工具服务使用者，通俗地说，前者指传播平台，后者则指平台用户，例如微信是一个传播平台，而微信公众号（服务号和订阅号）及个人微信账号即是平台用户。在区分了传播平台与平台用户之后，"微信十条"通过"后台实名，前台自愿"的原则，顺利将上网实名证落到实处，不仅要求通信工具服务使用者需通过真实身份信息认证才能注册账号，并且需要与即时通信工具服务提供者签订协议，承诺遵守法律法规、社会主义制度、国家利益、公民合法权益、公共秩序、社会道德风尚和信息真实性"七条底线"，这意味着互联网的监管重点从内容转移到平台。随后，2015年2月公布并实施的《互联网用户账号名称管理规定》（"账号十条"）进一步明确了这一监管思路，其第五条规定："互联网信息服务提供者应当按照'后台实名、前台自愿'的原则，要求互联网信息服务使用者通过真实身份信息认证后注册账号。"

此后，《互联网移动互联网应用程序信息服务管理规定》和《互联网直播服务管理规定》中继续强调"后台实名、前台自愿"的原则，并由此提出对用户信息安全的保护，如前者第七条第二款规定"建立健全用户信息安全保护机制，收集、使用用户个人信息应当遵循合法、正当、必要的原则，明示收集使用信息的目的、方式和范围，并经用户同意"。而后者第十二条规定："互联网直播服务提供者应当保护互联网直播服务使用者身份信息和隐私，不得泄露、篡改、毁损，不得出售或者非法向他人提供。"对用户信息安全的强调，是监管重点从信息内容转向传播平台的关键，即只有确保用户信息安全，才能确保实名制的顺利实施。

随着监管的重点从内容转向平台，监管规则指出互联网信息服务提供者应当建立起以信用等级制度为核心的监管模式，强调用黑名单的形式来实现对用户的监管。根据《互联网移动互联网应用程序信息服务管理规定》第八条第一款："互联网应用商店服务提供者应当对应用程序提供者履行以下管理责任：（一）对应用程序提供者进行真实性、安全性、合法性等审核，建立信用管理制度,并向所在地省、自治区、直辖市互联网信息办公室分类备案……"《互联网直播服务管理规定》第十五条则规定:"互联网直播服务提供者应当建立互联网直播发布者信用等级管理体系,提供与信用等级挂钩的管理和服务。互联网直播服务提供者应当建立黑名单管理制度,对纳入黑名单的互联网直播服务使用者禁止重新注册账号,并及时向所在地省、自治区、直辖市互联网信息办公室报告。"信用等级制度及黑名单制亦是针对平台监管的具体细化,在考虑监管效率的同时,也是监管规则能进入实操阶段的现实路径。

信用等级制度和黑名单制其实是早期互联网内容监管体系中自律规范的制度化成果,即在博客和微博等自媒体发展早期,由于门户网站时代的《互联网新闻信息服务管理规定》难以适用于"用户生产内容"的新闻信息服务模式,在平台监管模式出现之前,主要由业内通过自律的方式来进行内容监管,例如2007年8月由中国互联网协会公布的《博客服务自律公约》及2011年由搜狐所推出的首个微博行业《自律专员行为准则》等。某种意义上,从自律到监管规则中的信用等级制度和黑名单制,代表着互联网的内容监管体系逐步丰富和完善,呈现出精巧化的特点。

而基于平台监管所提出的用户信息安全问题,此后逐渐发展互联网内容监管体系中的重要议题,与时同时,国际范围内的网络安全问题亦伴随着斯诺登"棱镜"事件的逐渐发酵而成为各国制定互联网监管规则的重要考量。此后,从信息安全到网络安全,受国际国内政治环境变化的影响,网络安全议题逐渐占据互联网监管制度的主要议程,最终推动了2016年11月《网络安全法》的出台。

三、网信办的多元化监管模式

2014年8月26日国务院发布《国务院关于授权国家互联网信息办公室负责互联网信息内容管理工作的通知》明确授权国家网信办作为互联网信息内容管理的主体部门,2016年11月7日《网络安全法》的出台,国家网信办被赋予负责统筹协调网络安全工作和相关监督管理工作的重责,实际成为互联网治理领域(包括信息内容管理)的中枢部门。

(一)以属地管理为原则的垂直监管体系

在这两年的时间里,以网信部门为主体,以属地管理为原则,我国的互联网信息内容管理建立起了从国家到地方政府等不同层面的垂直监管模式,例如,针对中央重点新闻网站的监管,国家网信办于2016年5月批准了人民网、新华网等6家中央重点新闻网站157个地方频道的开设申请,并公布相关名单。同时国家网信办也明确指出,对于网站地方频道出现的违法违规问题,除网站总站要承担主体责任之外,各地网信办亦要按照属地管理原则,负责对本行政区域内网站地方频道的日常监督管理工作,并负责查处本行政区域内网站地方频道网站的违法违规行为,依法做出处罚决定。

在此原则指导下,在北京、上海、广东等互联网企业相对集中的地区,地方网信办在互联网信息内容监管过程中的主体地位得到了体现。例如,在2016年7月针对互联网内容管理制度的专项检查过程中,北京和广东等地方的网信办分别对腾讯网、凤凰网等进行了约谈,而9月的上海楼市出台系列新政时,上海网信办更是对散布谣言及传播不实房地产政策信息的微信公众号进行了依法处理,包括封号甚至暂停更新等。

(二)辅以社会治理及联合执法的多元监管模式

除坚持属地原则的垂直监管模式之外,针对互联网技术深入社会各个领域及各个阶层的现实状况,即使国家网信办获法律授权成为互联网信息内容的监管主体,但在具体的监管过程中依然保持了联合执法方式。2016年7月至11月,国家网信办联合国家版权局、工业和信息化部、公安部等各部门共同开展了打击网络侵权盗版"剑网2016"专项行动,及至12月公布专项行动成果,各地共查处行政案件514件,移送司法机关33件,涉案金额2亿元,关闭网站290家等,并形成了网络文学侵权盗版专项整治、私人影院专项整治、APP专项整治及网络广告联盟专项整治等分类监管模式。

此外，9月中央网信办和民政部联合印发《关于加强网信领域社会组织建设的通知》，强调加强网信领域社会组织建设，要求各地方网信部门应加快扶持并培育一批网络传播、网络安全、信息化发展、网络文化、网络评论、网信经济、依法治网、网络公益、青少年网上权益保护等方面的骨干社会组织，并逐步扩大政府向网信领域社会组织购买服务的范围和规模。在网信领域强调建设社会组织的重要性，显示互联网监管在强调"网络安全"的硬性监管原则之下，亦出现了依靠社会力量治理的柔性监管趋势，亦是中国整体社会治理水平逐渐提高的表现之一。

（三）互联网网站年检结果公布：公开与透明化监管的尝试

在2016年，随着国家网信办官网的逐渐完善，国家网信办的执法模式及执法结果日益公开和透明，互联网信息内容管理领域的年检制度也得到确认，年检结果亦通过网站公布，接受社会监督。根据国家网信办网站的消息，2017年1月初，国家网信办公布了2016年6月至9月进行互联网新闻信息服务单位年检工作的情况，年检的内容包括网上传播情况、规章制度建设情况及奖惩情况及主体有无变更情况等。年检显示，在2016年1月1日前经国家互联网信息办公室批准设立的互联网新闻信息服务单位共计247家，其中人民网、新华网等237家单位互联网新闻信息服务情况良好，准予通过年检。而新浪网、网易网、中华网、环球网、华声在线、商都网、TOM网、重庆热线8家网站在从事互联网新闻信息服务过程中，不同程度存在违规问题，需要限期整改。

从强调属地管理的垂直监管体系，到联合执法方式的沿用，再到强调结果公开以接受社会监督的年检制度及尝试扶持加强网信领域的社会组织，国家网信办在确立自身监管主体地位的同时，亦表现出灵活的韧性，试图在互联网信息内容管理方面体现出开放的原则和态度，从而更好地适应互联网技术带来的社会进步趋势。在坚守传统的同时保持一种开放的姿态，可以被视为我国当下互联网信息内容监管的一个趋势。

结语

2016年是国家网信办在互联网信息内容监管实践过程中逐渐确立自身监管主体角色的重要一年，《网络安全法》的出台，既是对这种监管主体地位的确认，亦是对互联网信息内容监管目标的确定。国家网信办在国务院明确授权的基础上，又通过《网络安全法》而进一步确立在互联网治理领域的中枢地位，再加上对地方网信办被赋予更多的实际监管职责，网信办正在成长为一个独立而且重要的垂直型监管机构。

而随着《网络安全法》的颁布，可以看出在互联网信息内容的监管方面，"网络安全"已成为互联网监管领域一个内涵丰富而外延巨大的概念，从用户信息安全到关系互联网空间国家主权原则的网络安全，从"九不准"的信息安全原则到建立"天朗气清"的网络安全空间，可见"网络安全"亦已成为一个建立网络空间新秩序的核心原则，而互联网信息内容监管的终极目标即在于建立和维护有利于国家主权和社会公共利益的互联网信息传播新秩序。

因此，随着互联网技术的不断发展，网络空间内国际信息传播秩序的重建日益成为一个不可忽视的重要议题，甚至有可能形塑未来的国际社会关系网络。在坚持按国际化方向推进互联网社会发展的同时，将维护国家安全和社会公共利益作为基本指导准则，建立起具备普适性的互联网信息内容监管模式，关系能否在互联网时代的国际传播秩序重建中发挥基础作用，最终实现建设网络强国的目标。由此可见，《网络安全法》的具体实施过程及其面临的挑战，也将是未来调整互联网内容监管体系的重要依据。

（作者为中山大学传播与设计学院博士，现供职于广州图书馆）

↙ **第三辑**
中国新闻业年度观察报告 2017

年度调查

技术对媒体内容生产分发和企业新闻偏好的影响

——2017 中国媒体人职业生存状态与工作习惯调查报告

美通社

前言

2017 年,我们越来越多地听到"人工智能"这个词出现在我们的生活中,阿尔法狗在战胜人类之光柯洁后深藏功名退隐江湖,在今年首期的《奇葩大会》上,李开复在谈到人工智能的话题时说,未来有 50% 的人类工作会被人工智能取代,高晓松说在人工智能越发兴起的未来,内容将成为世界的主宰。

内容连接着人们的生活、娱乐、工作甚至衣食住行,影响着我们对身边世界的感知、判断和行动。曾有预测说,到 2030 年,90% 的新闻都将由计算机撰写,而一些勤奋的机器人甚至可以在此之前就获得普利策奖。事实上,人们所获取到的内容,越来越多地与智能内容技术有关。

而在媒体技术发展趋势的影响下,专业内容生产者们的职业生存状态发生了哪些变化?工作习惯受到了哪些影响?

美通社今年针对覆盖中国大陆地区近 25000 名媒体记者、编辑等专业内容生产者,继续发起关于其职业生存状态与工作习惯变化的调查,包括媒体人职业生存状态和自媒体发展调研、影响媒体信息获取与内容生产的因素、技术与媒体内容生产分发的未来融合等方面。

我们希望探寻移动化设备与场景、智能算法、大数据等技术和内外部因素，对媒体内容生产者在信息获取、内容生产、分发等方面产生的实际影响。同时，我们就这些话题对参与调查的数十位资深媒体人进行了一对一的问题访谈（视频专题），相信他们的见解，能够给您带来一些启发与参考。

同时，我们延续去年的调查方向，进一步就媒体对企业内容的偏好进行了深度调查，对于信息的两方来讲，记者的工作是新闻报道，而不是为某一家公司做推广，企业的内容拿什么来打动媒体和读者，一定是可被挖掘的价值，借用李国威先生的一句话，企业的内容要更多地与读者产生兴趣、情感、利益的关联。

事实上，这是一个读者注意力稀缺，但是内容严重过剩的时代，媒体接受内容的标准越来越高，即使是算法推荐，也一定是推送能够真正引起读者兴趣的头部内容，企业这部分内容才会真正产生实际传播价值。

问卷说明

本次调查问卷主要基于在线调查方式（腾讯问卷），所有受访者通过电子邮件、微信定向邀请在线作答，部分受访者通过电话、当面的形式进行一对一文字与视频访谈。

本次调查为针对特定身份人员调查，仅针对职业记者、编辑以及自媒体、专栏作家等内容生产者等特定身份受访者数据展开分析，所得结论无法覆盖媒体其他从业人员情况，有效调研样本总量1167名。

本次调查分为三大部分共 6 项基础身份信息问题，22 项调查问题，1 项开放式问题，受访者根据自身情况作答。

报告针对专业内容生产者职业生存状态、信息获取与内容生产影响因素、技术与媒体内容生产分发未来融合三方面问题进行展开调查，根据不同受访者的媒体类型、性别、职务身份、行业条线、地域、年龄、专业出身、从业时间等进行数据交叉分析，所得结论仅提供相近性参考。

本次调查数据仅覆盖中国大陆地区受访者，不包含港澳台或其他地区情况。

第三辑 年度调查

本白皮书所有受访者引言均为美通社针对本次记者调查一对一访谈所得，均已取得受访者授权用于白皮书公开发布，受访者本人与美通社拥有对引言内容的使用版权。

本报告为免费发布，任何机构与个人不得以商业性目的进行谋利，美通社（PR Newswire）对本报告拥有内容版权与最终解释权。

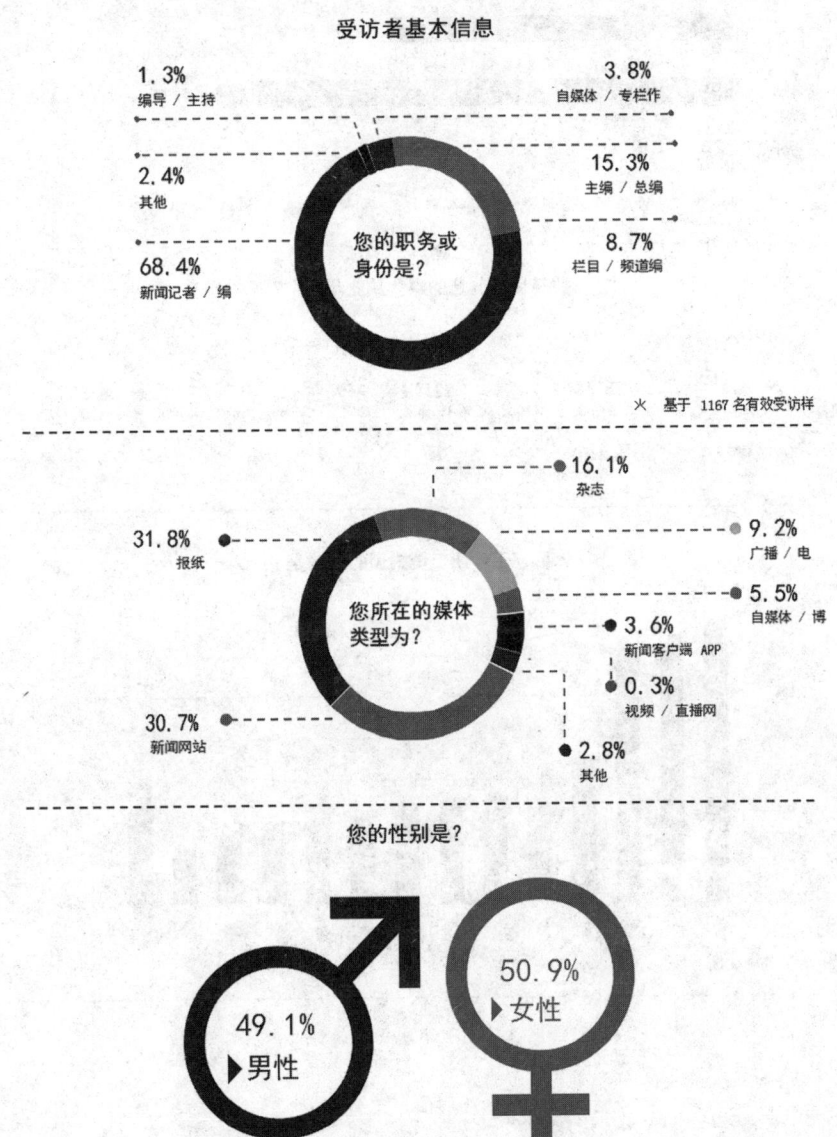

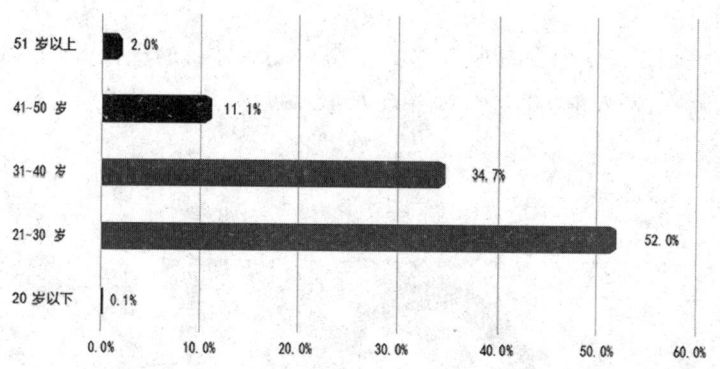

您的年龄段是?

截至目前,您的媒体从业年限为?

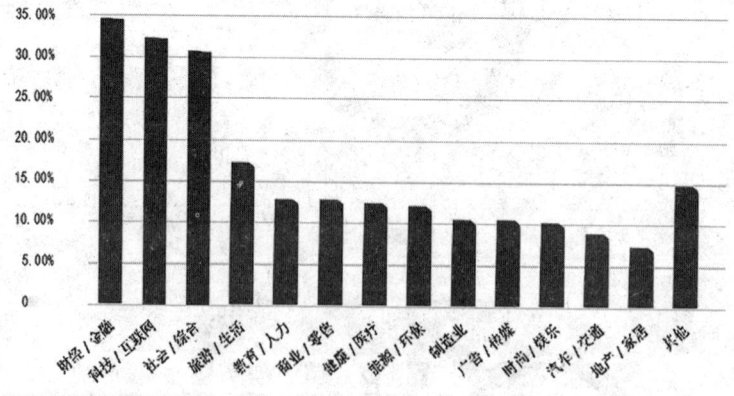

您目前工作所负责报道的领域是?

第一部分 2017媒体人职业生存状态与自媒体专项调查

（一）薪资收入

我们在去年首次对中国记者的职业状态进行了画像，薪资作为影响记者职业状态的重要因素，今年的调查保留了关于收入的问题调查，通过对比我们发现：

记者薪酬相比去年并没有明显提升，2万元依然是月收入天花板。

排除不方便透露薪资信息的受访者，收入高于1万元的记者比例为24.3%，比去年（19.5%）略有近5个百分点上升，但仍有近半数（47.4%）的2年以下经验的新入行记者月收入低于5000元。

月收入在1万元以上的比例从去年的29%提高到今年的35.8%，而拥有11年以上从业经验的资深记者，月收入在2万元以上的比例从去年的5.4%提高到今年的7.9%。

但从各条线记者薪酬整体横向对比来看，记者的职业薪酬相比去年并没有明显的提升。

（二）职业满意度

记者对目前的工作满意度相较去年并没有提升，但有近八成（79.2%）的受访者表示未来五年仍将继续从事媒体职业，比去年提高10个百分点。

（三）技能发展需要

数字可视化新闻（45.1%）、深度故事报道（42.4%）、视频拍摄剪辑（29%）、摄影技巧（25.4%）、VR场景新闻制作（24.9%）等，是内容生产者最希望未来获取的专业技能培训，渠道的内容生产也正在朝着数字可视化、深度化、多媒体化、场景化等方向发展。

媒体人访谈

移动网络、社交媒体和 VR 技术等，对新闻生产的效率提升、融合传播的叙事形态、智能分发的推送机制等都产生了重要而深刻的影响。新闻从业者，如何既有效利用技术来实现信息传播的赋权，又积极规避技术可能给职业带来的消极影响，由此面临着双重挑战。从调查结果看，媒体人的身份和角色正在逐渐泛化，既是内容采集者，也是产品创意者；既是专业媒体的从业者，也是自媒体的实践者。如何在重构专业范式和边界的过程中，探索专业实践的创新、坚持专业精神的内核，值得学界和业界共同深思。

——中山大学传播与设计学院院长、教授　张志安

媒体传播方式不断变化，"纸媒将死""传统媒体与新媒体不是共荣共生"等关于媒体趋势的论调层出不穷，但不变的是读者对优质内容的刚性需求。新的媒体产品形态出现与新的传播方式的结合是媒体发展的方向。未来媒体对于媒体从业者的要求越来越高，媒体人需要继续努力前行，通过培训和学习去适应媒体发展趋势。

——北京商报副总编辑　白森森

当前时代媒体信息海量、内容泛滥，而未来媒体内容会越来越规范化、严格化，也会淘汰一批媒体，其中也包括大量自媒体。技术发展很快，媒体人应该在内容和技术中找到一种平衡，实现优质原创内容+技术的完美跨界嫁接，生成新的、更好的报道方式。

——封面新闻副总编辑　卢荡

（四）自媒体专项调查

一个有意思的发现，在本次受访的1075位媒体人中，平均每三人中就有一人在做自媒体，但近半数人做自媒体只是为了兴趣爱好，仅有少数职业媒体人做自媒体是为了内容创业（18.7%）或增加收入（8%）。

对于大多数媒体人来讲，做自媒体并不是一个可以挣大钱的事业。74.1%的受访者作为自由撰稿人或做自媒体的收入占据月度收入比例的5%以下，大约平均每37人中才有1人撰稿或自媒体收入超过职业薪资收入。

八成（80.9%）以上自媒体停止更新的原因是没时间（80.9%），近三成表示回报低（28.1%）。

媒体人访谈

2017年媒体面临更多内容形式和技术上的转变，短视频用户量的激增是对用户停留时长巨幅的拉升，对任何一个新闻资讯APP来讲，都应该抓住短视频这个风口。

——一点资讯副总编辑　白兰

这是一个解放内容生产者的时代，越来越多的人以"记者""评论家"等身份生产富有知识沉淀、易懂的、适合轻阅读的专业内容。做媒体本质上是提供阅读、资讯、社群等立体服务，能服务到多少人，能影响什么样的人群，才是媒体的价值所在。

——钛媒体执行主编　杨瑨

传媒行业格局发生变化，现在是传统媒体、机构化媒体以及自媒体个人多种媒体形态共存的时代。随着传统媒体财经专业人士入局新媒体，以往晦涩难懂、曲高和寡的财经报道将继续保持专业内核，升华为通俗易懂、大众喜闻乐见的内容。

——野马财经创始人　李晓晔

所有的媒体形式都应该是一种"近媒体"，所谓"近"就是贴近读者，内容或媒介的表达形式能够贴近读者，谁能够离读者更近，能够更解决读者的问题，谁才能在媒体的传播之战中获取胜利，夺得更多用户的认可。

——ZDNet至顶网总编辑　高飞

2017年互联网去中心化、去精英化和去机构化趋势将加剧。如何建立起自身的信用体系将成为自媒体2.0时代的难题。渠道带来的1.0时代的蓬勃发展已触天花板，接下来的发展需要依赖于内容的质量。目前，传统媒体的转型尚无成功先例，而传统媒体的衰落只是机构的衰落，对于个人则是解放。

——原南都报系副总裁、南友圈创始人　苟骅

2017年自媒体的高度继续上升，出现在更多垂直细分的领域，占领各级地域人们更多的生活的时间。而自媒体的专业化生产将更依赖数据和技术的力量，精准推送和精准创作，会使其商业价值更为可观，甚至走向资本市场的更高层次。从企业PR角度来看，建立起自身的新媒体渠道，将减少更多外部依赖，使之成为公司核心资产。

——微头条联合创始人　陈钢

在移动互联网时代，传统媒体的内容和影响力不能到达读者，即使取得一定成果也将逐渐被市场抛弃。而自媒体平台对于优质内容更加急需，也会面临大规模整合和关停并转。对于企业PR来说，传播一定要走专业化的道路，需要分清楚宣传和传播的不同，了解传播的目的，更要用专业眼光鉴定媒体生态体系，重视企业核心和统一舆论的输出。

——前《21世纪经济报道》编委、无冕财经创始人　王玉德

第二部分　影响媒体信息获取与内容生产的因素

（一）场景与设备

记者对使用移动化设备获取信息重度依赖，近半数（49.5%）的记者每天使用移动设备获取信息的时长在3小时以上，有二成的内容是在新闻现场和路途中等移动生产的。

但大多数内容是在媒体单位或家中等固定办公场景完成的。近半数

（49.5%）的记者每天使用移动设备获取信息的时长在3小时以上，但绝大多数（90.9%）内容生产设备依然是在PC电脑上完成的。

（二）内外部因素

缺少高质量的信息源依旧是媒体在内容生产中最经常遇到的困扰，如获取不到想要的内容信息（49.6%）、缺少选题线索（40.1%）和采访资源（38.8%）。有接近二成的记者表示内容被报道对象干预或被要求撤改稿，是其最经常遇到的困扰。

对于媒体运作规律来讲，除非内容存在严重失实，媒体的采编规范和流程使其不会对已发布的内容轻易进行删改。对于企业来讲，干预媒体报道内容或要求撤改稿，在复杂的各方沟通过程之中，稍有不慎就可能引发一场公关危机。

（三）企业内容偏好

在去年的调查结果中，有价值的新闻事件、资深的行业观点、有趣的故事角度，是新闻稿最受媒体欢迎的三大内容要素，今年我们就这项问题进一步深度到"你关注企业什么类型的新闻内容"。

行业观点、新产品新服务、人物访谈、创新故事是受媒体普遍关注的企业新闻类型，而促销/营销活动、获奖新闻等内容，媒体的关注意愿最低。近三分之二（62.8%）的媒体希望企业的新闻内容中带有更多行业观点性信息。

新闻稿（56.2%）、产品资料（45.7%）、企业介绍信息（36.5%）是媒体访问企业官网时最常查询的内容，其次是高管信息（30.7%）、案例研究（29.1%）与联络信息（28.1%）等。大多数媒体（67.6%）希望能够查询到企业至少3年以上的新闻稿件内容。

媒体人访谈

我觉得新闻稿还是非常重要的，因为新闻稿除了传递信息之外，还有定调功能和检索功能。B2B的企业一定不要忽视新闻稿，新闻稿是传播的非常重要的一个基石，在这个基石中间，要使你的传播能够更加有活力、更加具备情感的关联，最主要的还是要保证你的内容的专业性，让行业的人看，能够看到有道理，有说服力。新闻稿的撰写人一定要跟产品更加接近，你要了解产品，同时也要跳出产品，这一点做到其实是非常难的。

——GE通用电气前公关总监　李国威

作为B2B行业的传统企业，需要正在尝试以讲故事的方式与受众沟通。品牌传播先于产品传播，博世从2004年开始在中国一线城市以品牌传播为主，之后再向内陆城市延伸，将影响力拓展到更广泛的区域。基于不同国家的受众特点，博世选择不同传播方式，在德国主要讲专业的技术故事，在中国他们选择向消费者讲好三个故事：家电、电动工具和汽车，并积极探索社交媒体战略。

——博世中国企业传播副总裁　蒋健

新闻稿应该体现出企业想传递的企业价值，才更容易让媒体抓住新闻点。媒体更希望企业新闻稿能够切中媒体平台的用户所想要看到的新闻点，这就要求企业在撰写通稿时，清晰了解企业目标用户的诉求，突出最想传递给用户的价值，最好针对不同媒体平台的用户群，设置不同的传播要素。

——华尔街见闻总裁　顾成琦

第三部分　技术与媒体内容生产分发的未来融合

（一）新技术影响

2017年大数据（42%）与视频直播（41.8%）等技术将会对媒体人工作带来最多影响，绝大多数内容生产者认为人工智能技术持乐观支持态度，对媒体内容生产和分发是有益互补与促进。

只有两成（21.4%）的记者认为无人机、VR/AR等设备辅助技术会影响未来的工作，这类实体技术设备真正应用到新闻报道中在2017年或暂不具备普及和成熟的条件。

媒体人访谈

很高兴能和美通社共同发起这个针对媒体记者的调查，作为"最懂你的信息平台"，我们特别关注优质内容的生产与丰富内容生态的形成，这是我们推荐算法的源头。所以我们一面将智能分发技术沉淀下来的数据通过媒体实验室即时提供给媒体人，一面密切关注着数据、技术对于媒体人带来的影响，希望更好地连接人与信息，促进创作与交流。

我们用媒体实验室的数据服务创作者，是为了解放出更多的时间与精力，更充分地发挥媒体人的创造力。很欣喜看到在调查结果中，媒体人在这个剧变的移动互联网时代中还是有许多共识，比如对于人工智能技术持乐观支持态度，将其当作有益的助手，比如对于稀缺的深度调查类报道的价值的认可。这些都是未来媒体业的发展与价值之所在，新技术将助推一个更好的时代到来。

——今日头条媒体实验室负责人　刘志毅

媒体属于技术密集型产业，技术对媒体传播方式、新闻制作手段、受众获取新闻的方式都会产生巨大的影响。沉浸式的应用在电影中已经开始应用，重建新闻现场沉浸式的新闻离我们已不远。媒体需要为新技术在媒体的应用做好准备。

——环球网总编辑　朱研

今天的读者不一定读很长的文章，一张制作精良的图片，一段好的视频可以非常好地把媒体看待事情的角度和挖掘新闻题材的深度展示出来。

——《经济学人·全球商业评论》主编　吴晨

顺应新媒体的发展趋势，媒体需要聚焦的是自身定位，并强化这个媒体的特色和强项。在社交媒体上用创新的形式展示观点，充分利用媒体掌握新闻素材，通过不同的媒介让它发挥更大的功效。

——《彭博商业周刊/中文版》执行副主编　范荣靖

（二）内容产生影响

多数媒体人认为未来的人工采编生产深度调查类报道（77.4%）和观点型新闻（56.7%）内容会更有优势，而新闻消息、数据类新闻和趋势类新闻，机器算法会比人更具优势。

随着移动时代的发展，大量UGC内容的产生，移动端平台平均每天处理的内容分发超过10万条，用户从PC时代消耗页面头部新闻的2—8原则，到现在，用户越来越多地消耗长尾内容、短小内容和轻量级内容。

——网易传媒市场部总经理　李安

最好的内容消费是满足用户碎片化时间的消费，媒体生产内容必须跳出超级APP场景限制，而只有视频才能跳出超级APP的限制，信息流改变视频的生产、消费、传播与变现方式，短视频这种迎合碎片化时间的内容，也将会成为趋势。

——凤凰新闻客户端总经理　岳建雄

融合变化是未来媒体行业发展的主题。随着媒体介质的变化和整合，科技推动媒体进入渠道进入鼎盛时期。在渠道鼎盛的时代，优质的内容更加稀缺，优质的渠道对优质内容的攫取成为必然。

——北京娱乐信报总编辑助理　龚学智

（三）内容分发影响

从自己的作品被分发的情况来看，近半数（49%）的记者表示人工为主、机器算法为辅的推荐方式，带来的阅读效果最好。

媒体人访谈

区分"新"和"旧"媒体的三个维度在于,是否有主编意志、是否在意版权保护、是否仍然是广告模式。新媒体未来的技术探索或许就在于解决信息匹配问题,现在谈新媒体下半场为时过早,一切都在迸发中。在新媒体时代,公关传播应赶快降临到真实的地面上,要有一个清晰认真的新媒体战略。

——前环球企业家杂志副主编、《新媒体革命》作者 仇勇

2017年技术会更加融入媒体行业的内容生产和渠道分发中。根据算法做的媒体渠道将过滤掉无关新闻变得更加高效,这种模式也将督促内容生产者变得更专业。企业公关应具备全媒体时代的思路,加深与媒体的沟通,引导大众更全面地了解事件。

——蓝媒汇创始人 韩辉

在媒体内容层面,数据的表达比现象的呈现更能够接近事件的逻辑。在内容分发上,依赖数据所进行的标签和定投更有利于资讯精准的抵达读者。其实我说的数据+,不只是简单地用数据写新闻,包括对传统媒体三个环节数据化的改造。

——第一财经新媒体总经理 黄磊

2017年媒体趋势的关键词:创意和策划。机器只会替代低端岗位,能出策划并带团队策划的高端内容生产者显得更有优势,市场对这种创意人才的需求非常旺盛。

——有闻记者之家、山寨发布会创始人 阳淼

未来媒体记者的身份越来越模糊,真正的好新闻可能不是来源于记者,记者应该更多地走到一线,甚至成为从业者,这样才能对新闻有着更好的理解和挖掘。

——能源杂志记者 闫笑炜

优秀的、有温度的报道无一不是依赖于记者与采访对象的面对面沟通，甚至反复多次沟通才能达成，这是机器无法替代的；人工智能、大数据的参与可以有助于内容的生产和分发，但绝非是取代性的。

——《财经天下》周刊记者　娄月

一种新的报道手段和尝试，一些数据性或消息类的资讯可以通过人工智能来实现，不过深度思辨性的内容，机器还是无法完全取代人的，真正有价值有内涵的文字，有时需要点儿非理性的思维。

——新浪体育市场总监　张浩

媒体在帮助个人和世界进行连接的双向交流中，不仅向外输出信息，同时也可以采集到世界的信息和用户的感受和声音。媒体应该拥抱技术，迎接技术变化带来的人与世界连接中的功能性、商业模式和社会角色定位的升级。

——美联社（AP）东北亚商务拓展总监　何力

媒体行业面对的技术革新会呈现在稿件、传播等方面，基础文字工作会逐步被人工智能取代，内容推荐也会逐步优化，未来的阅读会走向更加个性化、自动化、智能化阶段。

——亿欧网B2B频道副主编　黄志磊

人工智能会对新闻生产产生持续并且深远的影响，人的作用会变得越来越小，并且在2017年会不断地加剧。腾讯和百度都将人工智能作为未来发展的战略，也会影响到新闻界。而技术发展将更加成熟，深入消费者市场。

——刺猬公社创始人　叶铁桥

大数据在财经媒体的报道中，应该有更多的应用。比如，有相关的软件帮助记者整理和维护采访资源，记录采写的过程和作品，为一些常用的数据提供数据库的信息录入和处理，形成记者自己的个人数据库。

——《21世纪经济报道》记者 李玉敏

算法分发稿件是精准化读者的必要，但人工智能参与内容生产还是无法避免出错，比如典型在财报中，一个企业仅仅减少了亏损，机器人会写为盈利大幅增长。

——《财经国家周刊》记者 刘俊卿

人工智能参与新闻生产大势所趋，但需要3到5年时间。传统媒体记者必须转型。但转型的不是内容，而是生产方式。

——经理人杂志总编辑 沈伟民

新技术可能会快速产生和包装一些"快餐式新闻消息"，但可能还做不到深度解读和有观点、有态度的深度新闻，尤其不可替代非常有经验的记者。

——《通信世界》新媒体主编 鲁义轩

人工智能算法对新媒体内容的分发有非常重要的意义，效果远比通过push更有效，在内容同质化严重的今天，个性化内容聚合使不同人群、不同受众，同一终端获取差异化内容，从而规避了同质化现象。

——新华网络电视副总编辑 刘璐

人工智能分发，在本质上讲也是人工推荐，当然在博取流量方面倾斜，大数据和VR都是非常好的工具，对媒体丰富报道内容和呈现形式非常好。机器人新闻在消息方面大有益处，但短期内只能是补充形式。

——钛媒体记者 朱涛伟

网络新闻从业者生存状况调查报告

周葆华　查建琨

【摘要】

本文通过一项全国范围内的抽样问卷调查（N=389），从基本构成、职业理念、专业技能、新媒体观和生活状况五个维度，描述和分析了新技术变革背景下中国网络新闻从业者的基本生态。调查发现：网络新闻从业者群体女性更多，呈现年轻化、高知化特点；喜爱新闻事业和互联网是他们选择网络新闻工作的主要原因；工作中，他们对同事关系等满意度较高，对升迁机会和报酬收入相对不太满意；信息传播和分析解释是从业者认为最重要的传媒功能，在新媒体背景下，他们仍然最看重信息整合、采编、新闻价值判断等经典技能，对虚拟现实、人工智能等新技术的重视程度尚待提升；受众好评、高流量成为网络新闻从业者自身成就感的主要来源，他们感受的新技术挑战主要源自时间和点击压力，竞争主要来自同行和自媒体，但他们仍然相信专业媒体角色不可或缺；网络新闻从业者总体的生活满意度处于中等偏上水平，所面临的最大生活难题是住房问题。

【关键词】

网络新闻从业者　生存状况　新媒体　新闻生产　专业技能

为了及时了解新技术变革背景下网络新闻从业者这一群体的基本状况和变化，从而更好地理解新媒体对新闻业的影响，复旦大学新闻学院"中国网络新闻从业者生存现状"课题组于2016年9—10月展开了系统的问卷调查。

相比于以往的同类调查①，本次研究的主要特色在于两点。第一，就调查对象而言，与以往研究主要聚焦新闻网站的从业者不同，本次调查根据媒体融合的最新发展，包含了一些新兴的网络媒体，特别是新闻客户端，即以新闻网站、客户端从事新闻采集、编辑、加工、制作等内容生产工作的人员为研究对象。第二，在调查所涉及的主题方面，除常规考察的基本构成、工作状况、职业理念等基本元素外，重点增加了两部分内容：（1）新传播环境下网络新闻从业者自我感知所应拥有和实际具有的专业技能；（2）网络新闻从业者的新媒体观念，尤其是针对新传播主体的变局（从职业化的传播者转变为包括专业机构、社会组织和个人自媒体等多元的新闻生产格局），考察网络新闻从业者对这些新变化的理解和感知。我们希望通过这些新的拓展，更及时、动态地把握网络新闻从业者的生存现状，从而给业界和学界提供有价值的参考。

为充分覆盖不同性质、不同类型的新闻网站或客户端，本次调查采取分层分阶段的方式进行抽样：首先，调查分四类（中央新闻网站、地方新闻网站、商业网站、新兴客户端）共选择了八家新闻网站或客户端作为调查机构②；其次，在每家机构内部基于新闻从业者的工作台分布，采取间隔随机抽样的方式，访问当天在场的员工，最终共成功访问到N=389位网络新闻从业者，访问成功率为77.8%。调查问卷的设计主要参照了以往经典的新闻从业者研究，并根据近年来技术的变革、新闻业的变化以及网络新闻从业者的特点加以适当的修订，共包括网络新闻从业者的基本构成、职业理念、专业技能、新媒体观、生存状况五个部分。

下面报告本次研究的主要发现。

---

① 如钟瑛、李亚玲：《我国网络媒体从业者基本状况调查分析》，《中国地质大学学报》（社会科学版），2012年第4期；陶建杰、张志安：《网络新闻从业者的基本职业状况》，《新闻记者》，2013年第12期；周葆华、谢欣阳、寇志红：《网络新闻从业者的基本构成与工作状况》，《新闻记者》，2014年第1期；周葆华、龚萌蕾、寇志红：《网络新闻从业者的职业意识》，《新闻记者》，2014年第2期；周葆华、陆余恬、寇志红：《网络新闻从业者的生活状况》，《新闻记者》，2014年第4期等。
② 包括人民网、央广网、东方网、上观、新浪网、网易、澎湃新闻、今日头条。

一、网络新闻从业者的基本构成与工作状况

本次调查发现：网络新闻从业者的构成以女性更多，其比例达到57.1%，男性为42.9%。网络新闻从业者的平均年龄为28.3周岁，26～30岁为从业者最集中分布的年龄层（占42.6%），31岁以上的从业者仅占27.7%。从年龄上来看，网络新闻从业者主要为年轻群体，这与三年前对网络新闻从业者群体的调查结果基本一致。

就教育水平来看，网络新闻从业者中95%拥有本科及以上学历，其中27.9%拥有硕士及以上学历，可以看出，网络新闻从业者的教育程度比较高，为高知群体。就专业分布来看，不到一半（43.9%）的从业者修读过"新闻传播学"，来自"其他人文社会科学"的从业者比例为28.1%，另外分别有8.1%和3.1%的网络新闻从业者来自"经济管理"和"理工农医"专业。

在从业时间方面，网络新闻从业者平均从事网络新闻的历史为37.39个月（约为3年2个月），其中从业时间最长的受访者的从业时间合计达20年。在从业经历方面，38.8%的网络新闻从业者曾经拥有传统媒体的工作经验，可能因为本次调查包含了更多由于传统媒体融合转型而来的网络新闻从业者，这一比例比三年前的调查结果（34.6%）略有上升。当前网络新闻从业者平均一周工作5.2天，平均每天工作8.5小时。

什么因素促使当前网络新闻工作者选择从事网络新闻行业？问卷通过五级量表请网络新闻从业者对影响他们择业的因素进行评价（1=影响很小，5=影响很大）。数据显示（表1），"喜欢接触各界人士、增广见闻"是网络新闻从业者选择从事网络新闻工作的最主要原因，得分均值高达4.00；其次是"喜欢互联网或新媒体"（均值3.98），再次为"喜欢写作或编辑"（均值3.82）（见表1）。其他影响力较大的因素还包括"有机会表达百姓呼声"（均值3.57）、"有机会传播新思想、启迪民心"（均值3.56）、"有机会揭露社会问题、维护公平正义"（均值3.51）等。

择业因素	均值（1=影响很小，5=影响很大）
喜欢接触各界人士、增广见闻	4.00
喜欢互联网或新媒体	3.98
喜欢写作或编辑	3.82
有机会表达百姓呼声	3.57
有机会传播新思想、启迪民心	3.56
有机会揭露社会问题、维护公平正义	3.51
喜欢冒险、刺激的生活	3.33
学了新闻相关的专业	3.13
网络新闻工作时间灵活	2.65
单位新媒体转型的安排	2.65
网络新闻从业者受人尊重	2.50
网络新闻工作收入较高	2.40
各地出差旅行的机会	2.38
网络新闻从业者有机会成名	2.11

表1 网络新闻从业者的择业因素

问卷采取五级量表的方式（1=非常不满意，5=非常满意）对网络新闻从业者的工作满意度进行测量。结果显示，网络新闻从业者对现在工作总体满意度的均值为3.63，显著高于五级量表的中值3，也略高于三年前调查所得的3.26。进一步对当前网络新闻工作进行具体评价，结果显示，网络新闻从业者对工作环境中的人际关系和工作机会的满意度相对较高。其中，"同事关系"（均值4.04）成为受访者认为是工作中满意度最高的方面；其次为"主管领导的能力"（均值3.85）；网络新闻从业者对网站新闻工作本身给予的"学习新知识的机会"（均值3.76）亦评价较高。另一方面，网络新闻从业者对"报酬收入"（均值3.03）和"升迁机会"（均值2.99）的满意度相对较低（见表2）。

指标	满意度（1=非常不满意，5=非常满意）
同事关系	4.04
主管领导的能力	3.85
学习新知识的机会	3.76
工作中的自主程度	3.47
工作的社会影响	3.39
工作的成就感	3.33
工作中主动创新的机会	3.32
工作时间的弹性	3.19
考核制度	3.18
福利待遇	3.08
报酬收入	3.03
升迁机会	2.99

表2 网络新闻从业者的工作满意度

调查发现，对"未来还准备从事多少年的网络新闻工作"这一问题，有较大比例的网络新闻从业者（37.5%）表示"不知道/说不清"，1/3多从业者选择的是"1~5年"（选择比例为36.2%），仅有9.2%的人表示愿意在网络新闻行业"一直做，直到退休"（见表3）。继续从事该职业的意愿往往用来反映从业者对所处行业的职业忠诚度，调查结果显示，网络新闻从业者群体的职业忠诚度一般，且与三年前相比有所下降。

时间	2016年调查（%）	2013年调查（%）
现在就想离开	5.8	3.5
1~5年	36.2	28.5
6~10年	10.2	11.0
11~30年	1.0	2.7
一直做，直到退休	9.2	16.1

续表

时间	2016年调查（%）	2013年调查（%）
不知道/说不清	37.5	38.1

表3 网络新闻从业者未来准备从事网络新闻工作的时间

二、网络新闻从业者的职业理念

网络新闻从业者如何看待自己的职业？如何理解传媒的功能？他们心目中的理想媒体和典范性的新闻工作者是哪些？本次调查从传媒功能认知、媒体范例评价、从业楷模认知等几方面了解了网络新闻从业者的职业意识。

关于媒介角色认知的调查始终是中外学者针对新闻从业者实证调查中的重要角度。Weaver & Wilhoit（1991）认为[①]，从业者的媒介角色认知，既可能决定新闻报道的风格和内涵，也可能影响新闻媒介的社会功能。本次问卷请网络新闻从业者以十级量表（1=非常不重要，10=非常重要）衡量14项不同传媒功能的重要性。结果发现（见表4），问卷中给出的所有传媒功能均值皆大于7，换言之，这些都被认为是较为重要的功能。其中，网络新闻从业者认为，"依据事实报道新近发生的事实"（均值9.05）是最重要的传媒功能，其次是"迅速地为大众提供新的信息"（均值8.98），最后是"对复杂的问题提供分析与解释"（均值8.58）（见表7）。本次结果与三年前的调查结果基本一致，"信息传播"和"分析解释"始终是网络新闻从业者心中最重要的传媒功能。

传媒功能	均值（1=非常不重要，10=非常重要）
依据事实报道新近发生的事实	9.05
迅速地为大众提供新的信息	8.98

[①] Weaver, D. H., & Wilhoit, G. C.（1991）. The American journalist: A portrait of US news people and their work. Indiana University Press.

续表

传媒功能	均值（1=非常不重要，10=非常重要）
对复杂的问题提供分析与解释	8.58
帮助民众实行舆论监督	8.30
对形成中的公共政策展开讨论	8.28
引导舆论	8.04
推动社会变革	8.00
提高民众的文化与知识水平	7.85
宣传党和政府的方针政策	7.85
成为民众喉舌	7.75
为民众提供娱乐和休闲	7.42
质疑并批评企业的言行	7.14
质疑并批评社会团体的言行	7.06
质疑并批评政府官员的言行	7.04

表4　网络新闻从业者的传媒功能认知

三、网络新闻从业者的专业技能

科技的进步、技术的变革从多方面影响新闻的生产和传播。首先，随着大数据时代的到来，数据正在深刻浸润和影响着新闻业，数据正成为新闻生产的核心资源，数据新闻成为新闻生产的重要方式与内容；其次，网络新闻应用中，基于用户数据的"算法分发"模式正在快速发展；再次，信息可视化、信息图表、视频、动画、H5等正在成为新闻报道的重要表现形式，丰富多彩的多媒体交互方式层出不穷；最后，包括但不限于无人机（Drone）、虚拟现实（Virtual Reality）、增强现实（Augmented Reality）、人工智能（Artificial Intelligence）等最新技术都在一定程度上开始影响新闻文本、生产与分发过程，使新闻打破传统的"固化"产品形态更多体现出"体验式"过程。

虽然技术无法决定一切，专业主义与人文精神应当是新闻从业者一直坚守的，但在新技术浪潮的冲击下，冲破传统的思维与工作方式，具备新的技能以应对新环境的挑战，也是当下新闻从业者不可忽视的。祝建华（2013）提出[①]，新闻记者应当至少学好三门语言——外语、SPSS语言和HTML语言。而且，传媒业对记者的技能要求在不断地提高和深化，比如，用于数据挖掘分析的R语言、Python语言、专业程度更高的Java语言等。哥伦比亚大学Tow Center（2012）发布的一项报告中[②]，提出后工业时代的记者应该具备九项技能，包括三项"软技能"（soft skills）——（1）良好的心态和精神状态，成为具有企业家精神的记者；（2）成为网络化的个体；（3）培育具有正直和良好判断力的公众形象，以及六项"硬技能"（hard skills）——（1）专家型记者；（2）熟悉数据和统计知识；（3）会讲故事；（4）项目管理；（5）了解用户分析工具，更好地理解受众；（6）熟悉编码知识。从中可见，除了公众形象、会讲故事和专家型记者这三项为传统强调的"经典技能"外，其余六项均为适应新技术革命和媒体生态变化所提出的新技能。

那么，面对新的环境，我国的网络新闻从业者如何看待新闻从业者应当具备的专业技能呢？本次调查总共列举了21项技能供评价（采用五级量表衡量）。结果显示：网络新闻从业者高度认同信息整合（均值4.58）、写作与文字编辑（均值4.56）、新闻价值判断（均值4.53）、采访能力（均值4.41）等经典专业技能的重要性，认为"比较重要"或"非常重要"的比例分别达到94.9%、93.6%、91.7%和86.9%；同时对某一领域的专门知识（均值4.28）、外语（均值3.97）、与受众/用户互动（均值3.75）、图片拍摄与编辑（均值3.69）、社会化媒体运营（均值3.69）等技能的重视程度亦较高；相对来说，网络新闻从业者对人工智能、计算机编程、HTML语言、无人机、虚拟现实等新技术重要性的评价均值较低（见表7）。

[①] 祝建华：《大数据时代的新闻与传播学教育：专业设置、学生技能、师资来源》，《新闻大学》，2013年第4期。

[②] Anderson, C.W., Bell, E., & Shirky, C.（2014）. Post-industrial journalism: Adapting to the present. Tow Center for Digital Journalism. Online: http://towcenter.org/research/post-industrial-journalism-adapting-to-the-present-2/.

技能	比例% （认为"比较重要"或"非常重要"）	均值 （1=不重要，5=非常重要）
信息整合	94.9	4.58
写作与文字编辑	93.6	4.56
新闻价值判断	91.7	4.53
采访能力	86.9	4.41
某一领域的专门知识	80.3	4.28
外语	71.3	3.97
与受众/用户互动	59.5	3.75
图片拍摄与编辑	60.4	3.69
社会化媒体运营	57.7	3.69
视频记录与编辑	51.9	3.54
信息可视化	52.9	3.53
音频记录与编辑	49.7	3.45
数据统计与分析	44.5	3.34
项目管理	36.0	3.18
创新创业	38.7	3.13
经营管理与商业模式	33.5	3.05
HTML语言	25.5	2.89
计算机编程	26.3	2.79
虚拟现实技术	24.9	2.67
人工智能技术	25.4	2.64
无人机	23.3	2.59

表7 网络新闻从业者对所需技能重要性的评价

可以发现，在新技术的冲击下，我国的网络新闻从业者最看重的依然是基础必备技能——包括采编、信息整合、价值判断等。随着微博、微信的兴起，网络新闻从业者日益看重对社会化媒体的运营和与受众的互动。同时，网络新闻从业者对数据统计与分析、信息可视化的重视也可以折射近几年数据新闻的勃兴。然而，他们对当下经常被提及的新技能、新科技，包括虚拟现实、人工智能等并没有十分看重，我国的网络新闻从业者对影响未来的新科技的重视程度尚待提高。

那么，网络新闻从业者认为自己在多大程度上掌握了这些技能呢？与网络新闻从业者对所需技能重要性的评价结果一致，他们所认为的重要程度越高的技能，对应的掌握程度也就越高。与传统技能相比，最缺少的是对虚拟现实、人工智能等新兴科技的了解与掌握。只有不到10%的网络新闻从业者认为自己对人工智能、HTML语言、无人机、虚拟现实等这些新技术"基本掌握"或"完全掌握"（见表8）。

技能	比例%（认为"基本掌握"或"完全掌握"）	均值（1=完全不掌握，5=完全掌握）
信息整合	66.8	3.79
新闻价值判断	66.0	3.77
写作与文字编辑	63.5	3.71
某一领域的专门知识	51.9	3.51
采访能力	47.4	3.41
外语	41.0	3.29
与受众/用户互动	36.5	3.17
图片拍摄与编辑	34.7	3.10
社会化媒体运营	34.0	2.99
音频记录与编辑	27.5	2.80
视频记录与编辑	25.4	2.74
项目管理	21.7	2.62
信息可视化	21.9	2.61
数据统计与分析	20.0	2.58
经营管理与商业模式	12.3	2.29

续表

技能	比例% （认为"基本掌握"或"完全掌握"）	均值（1=完全不掌握，5=完全掌握）
创新创业	13.2	2.26
计算机编程	14.4	2.03
HTML语言	8.5	1.92
无人机	8.2	1.73
人工智能技术	8.3	1.71
虚拟现实技术	6.2	1.70

表8 网络新闻从业者对自身技能掌握程度的评价

四、网络新闻从业者的新媒体观

保罗·莱文森在《新新媒介》中指出，"新新"媒介把强大的信息生产力交到每个人的手里，人人都是生产者和消费者，这是一切新新媒介的核心特征。①新媒体时代开启了以用户为中心的时代，社会化媒体平台上的新闻生产者是用户而不是网站的运营者。社会化媒体不仅允许非职业化媒体机构和个人生产新闻，而且借助社交化、网络化的信息分发模式，使得它们所生产的内容可以突破原来机构或个体的传播局限，实现社会性传播。当机构和个人被赋权，它们就成为事实上的新新闻主体，即"机构媒体"（而非"媒体机构"）和"自媒体"。同时，人工智能技术发展所产生的机器新闻写作，正在进入并成为新的新闻生产者。

本次调查采用五级量表测量了网络新闻从业者专业成就的来源的重要性（1=不重要，5=非常重要），调查发现，从业者成就感的最高来源为"作品获得网民或其他受众的好评"，均值达到4.23，其次是"作品获得高流量"（均值4.06）。可以看出，在新媒体生态下，网络新闻从业者将受众和用户的

---

① 保罗·莱文森：《新新媒介》，复旦大学出版社，2014年，第2版第4页。

好评、高流量视为自身成就感的主要来源，用户/受众对于新闻作品的评判正成为一项重要的参照系，这种评判虽然不会完全决定、影响专业媒体的内容生产和传播，但将在很大程度上影响媒体组织的价值取向，传媒业因此受到用户的重要影响。

新媒体的背景下，网络新闻从业者多大程度上感受到了媒体环境变化、包括上述生产/发布主体多元化带来的竞争和挑战呢？本次调查共设12个题项，采用五级量表（1=不强烈，5=非常强烈）测量网络新闻从业者感受到的压力的程度。结果显示，网络新闻从业者的主要压力来源于越来越快的新闻生产时间节奏，均值为4.12；其次为阅读量、点击量的压力，均值为4.07；同行网站/客户端的竞争压力排第三位，均值为3.86（见表9）；对"自媒体的竞争"感受强烈程度均值为3.63，排在第五位。由此可见，网络新闻从业者感受到新科技的挑战主要源自时间压力和点击压力，竞争主要来自同行和自媒体，而社会机构媒体的发布并未构成明显挑战。

压力来源	均值（1=不强烈，5=非常强烈）
新闻生产的时间节奏越来越快	4.12
阅读量、点击量的压力	4.07
同行网站/客户端的竞争	3.86
新闻报道的环境和空间	3.70
自媒体的竞争	3.63
新技术更新太快	3.54
经营创收的压力	3.30
传统媒体的竞争	3.19
政府部门可自己发布新闻带来的压力	3.07
其他社会机构可自己发布新闻带来的压力	3.02
公民新闻和草根报道带来的压力	2.94
明星名人可自己发布新闻带来的压力	2.82

表9 网络新闻从业者感受到竞争的程度

公民新闻、自媒体、机器人新闻在未来是否会取代专业的新闻媒体呢？本次调查共设8个题项，采用五级量表（1=非常不同意，5=非常同意），测量了网络新闻从业者感受到的竞争前景。结果显示，面对新媒体生态，他们仍然相信专业媒体与专业新闻人的角色不可或缺，自媒体、其他社会组织、机器人均无法取代（见表10）。

指标	均值（1=非常不同意，5=非常同意）
社会不能没有专业化的新闻机构	4.18
新闻从业者需要受到专业的新闻训练才可以从业	3.74
新闻行业仍然是一个受人尊敬的行业	3.48
新闻记者在社会中的位置无可替代	3.47
公民记者会取代传统的新闻工作者	2.16
自媒体会取代传统的媒体机构	2.07
其他社会组织的新闻发布可以取代新闻机构的工作	1.88
机器人在新闻工作中会取代新闻从业者	1.76

表10 网络新闻从业者对竞争前景的评价

五、网络新闻从业者的生存状态

生活满意度是个人对自身生活的综合认知与评价。本次调查请网络新闻从业者以五级量表（1=非常不满意，5=非常满意），从身体状况、心理状况、住房条件、家庭关系、家人健康五方面，以及总体上衡量对生活的满意程度，结果发现：中国网络新闻从业者对生活状况的总体满意度均值为3.46，比三年前的调查结果（均值为3.35）略有提升。其中，满意度最高的是"家庭关系"

（均值3.76），相对较低的是"住房条件"（均值3.06）（表11）。

指标	均值 （1=非常不满意，5=非常满意）
家庭关系	3.76
家人健康	3.68
心理状况	3.29
身体状况	3.11
住房条件	3.06

表11　网络新闻从业者的生活满意度

在对"您觉得自己现在多幸福？"的打分中（1=非常不幸福，10=非常幸福），调查发现网络新闻从业者的幸福指数为6.41分（2013年调查结果为6.31分），处在中等偏上水平。另有12.9%的网络新闻从业者的幸福指数偏低（1~4分）。

主观阶层认同是公众对自己在社会上所处位置的评价与感知，是阶层意识的重要组成部分。本次调查发现（测量指标为1=底层，4=中层，7=高层），网络新闻从业者在对自己目前所处社会阶层的定位中给出的均值是3.40（2013年调查结果为3.11），显著低于中值（4）。选择在4分以下的受访者比例最高，超过半数（53.6%），大多网络新闻从业者认为自己处于社会中偏下阶层。

网络新闻从业者在生活中也面临着各种各样的问题，他们怎么评价这些问题的严重程度呢？结果发现（测量指标为1=基本没问题，5=非常严重）："买不起房/房贷压力大"被认为是最严重的问题（均值3.60），其次是"没时间陪家人"（均值3.52），最后是"工作压力大"和"职业缺乏前景"（均值3.35）（见表12）。可以发现，网络新闻从业者在购房问题上承受着巨大压力。"没时间陪家人"这一问题较为严重，可能由网络新闻编辑工作时间不固定、日夜颠倒的工作性质所致。此外，工作压力和职业前景问题也是值得整个行业重视的。

问题	均值 （1=基本没问题，5=非常严重）
买不起房子/房贷压力大	3.60
没时间陪家人	3.52
工作压力大	3.35
职业缺乏前景	3.35
身心疲惫	3.33
工作时间过长	3.15
上有老下有小	3.06

表12　网络新闻从业者的生活问题严重程度

六、小结

本文通过问卷调查方法，及时、系统地分析了新技术变革背景下网络新闻从业者的基本状况，主要发现如下。

第一，网络新闻从业者的基本构成及工作状况：女性更多，平均年龄为28.3周岁，95%拥有本科及以上学历，年轻化、高学历的特征与三年前的同类调查保持了稳定性。从业经历方面，平均从业时间为3年2个月，平均每周工作时间为44.2小时。择业因素方面，对互联网及新闻行业的热爱、对新闻记者职业使命和社会责任感的认同，仍是从业者选择网络新闻行业的主要原因。工作满意度方面，从业者对现在工作的总体满意度处于中等水平（均值为5分制的3.63分）。工作忠诚度方面，有5.8%的人"现在就想离开"，相比三年前调查的3.5%，想要立刻离职的从业者比重上升了2.3个百分点。

第二，网络新闻从业者的职业理念：在传媒功能认知方面，网络新闻从业者认为最重要的传媒功能应是"依据事实报道新近发生的事实"，其次是

"迅速地为大众提供新的信息""对复杂问题提供分析与解释"等。

第三，网络新闻从业者的专业技能：数字信息技术的发展远超想象——几年内，虚拟现实、增强现实、无人机、机器人写稿等技术迅猛发展；数据化、可视化、互动化正多方面地浸润到新闻业。在这样的背景下，信息整合、写作与文字编辑、新闻价值判断、采访能力依然是中国网络新闻从业者高度认同的经典专业技能；而与受众/用户互动、社会化媒体运营等技能的重视程度亦较高；人工智能、计算机编程、HTML语言、无人机、虚拟现实等新技能的重要性认知有待提高。尤其是与认知度相比，计算机编程、HTML语言、数据统计、信息可视化等能力应当得到更多的培训和提升。

第四，网络新闻从业者的新媒体观：新媒体生态下，网络新闻从业者的专业成就感主要源于受众对作品的好评以及作品的高流量。这说明，新闻工作正受到用户的重要影响。他们感知到的压力来源主要包括越来越快的新闻生产节奏，其次是阅读量、点击量的压力。公民新闻、自媒体、机器人写作等是近年来传媒业的巨大风口，其中自媒体的竞争已经被网络新闻从业者较为明显地感知。但是，网络新闻从业者仍然相信专业媒体、专业新闻人的角色无法替代。

第五，网络新闻从业者的生活状态：相比三年前，住房条件始终是网络新闻从业者最不满意的。从业者的幸福指数为10分制的6.41分。大多数从业者认为自己处于社会中等偏下阶层。"买不起房/房贷压力大"始终被认为是从业者最严重的生活问题，"没时间陪家人""工作压力大""缺乏职业前景""身心疲惫"等难题也未得到缓解。

综上，本文通过最新的实证调查，较为系统地分析了当前网络新闻从业者个人、工作、生活等各方面的生存现状，为更好地理解和服务这一群体提供了基本的参考，也为丰富新媒体环境下的新闻从业者研究增添了最新的资料。研究不但揭示了网络新闻从业者群体在基本构成、工作状况、职业理念、生活问题等方面的总体稳定和局部变化，也对面向新技术变革的专业技能认知、多元新闻主体竞争下的新媒体观念等问题进行了新的探索。我们希望以此为基础，不断追踪、拓展与深化新媒体环境下中国网络新闻从业者研究。

[周葆华为复旦大学新闻学院教授、台湾研究中心研究员、信息与传播研究中心研究员，查建琨是复旦大学新闻学院2016级新媒体传播专业硕士研究生。本文是国家社科基金项目"社会化媒体对转型期中国社会舆论的影响研究"（13CXW021）、教育部重点研究基地重大项目"移动互联网使用与城市公众的生活方式"（15JJD860001）的阶段性成果。作者同时感谢新浪新媒体实验室及参与调查的单位、相关负责人士及所有填写问卷的网络新闻从业者所给予的宝贵支持与帮助。复旦大学新闻学院硕士研究生曹沙、李煜申、张潇等在调查过程中亦有帮助，在此一并致谢］

（原稿刊发于《新闻与写作》2017年第3期）

新疆传媒从业人员工作生活满意度调查

韩晓宁　杨梅　耿晓梦　王军

【摘要】

基于一项2016年对新疆维吾尔自治区传媒从业人员的调查（N=391），本文分析新疆传媒从业人员的工作和生活状况满意度情况，并考察不同民族传媒从业人员的满意度差异。研究发现，新疆传媒从业人员对于传媒工作整体上呈相对满意状态；对同事间关系、工作成就感、工作创新机会等比较满意，但对薪酬福利、职位上升空间等的不满意程度较高。在生活状况方面，新疆传媒从业人员普遍承受较大心理压力、陪伴家人时间不足。

【关键词】

新疆传媒从业人员　工作满意度　生活状况满意度　民族差异

新疆传媒从业人员群体由多民族从业人员构成，且少数民族从业人员整体占比较高，与国内大部分地区的传媒从业人员群体相比，具有一定的特殊性；同时在全国各边疆地区各行业的多民族从业人员群体当中，也具有一定的典型性。新疆的新闻传媒行业对维护新疆社会稳定和促进新疆经济发展发挥着基础性作用，对于推动"一带一路"建设、创造良好的舆论环境也具有重要作用。不同民族、宗教和文化背景的新疆传媒从业人员在同一个传媒体制下共同从事新闻传播工作，在相同的行业环境中发生多元文化的交会，该群体的基本情况和工作生活状况值得学界关注。

近年国内针对新闻传媒从业人员的研究已经很多，但聚焦新疆新闻传媒从业人员群体的调查研究仍然较为缺乏。国内已有很多文献涉及跨文化组织研究,大部分是从国家文化或更广的区域文化出发,尤其关注跨国组织中的多元文化;也有少量文献聚焦于国内跨民族组织,比如关注多民族员工群体企业文化内部冲突[1]或企业管理中的民族文化尊重[2]等问题。工作满意度问题一直是各行业从业人员研究的重点问题;国内多民族组织中的员工工作满意度与民族间差异问题已有一些实证研究,如民族文化[3]、民族价值观[4]对工作满意度的影响等。本文尝试对新疆传媒从业人员群体的工作满意度及其民族间差异进行初步的探索研究。

为了解新疆各民族传媒从业人员的工作生活状况,中国人民大学舆论研究所联合新疆大学新闻与传播学院,于2016年4月至8月在新疆维吾尔自治区进行了新疆传媒从业人员综合问卷调查[5],发放问卷500份,回收有效问卷391份,有效回收比例为78.2%。被调查的传媒从业人员,分布于全新疆范围内的报刊社、出版社、广播电台、电视台、互联网和新媒体组织,以及影视制作公司、广告公关公司等新闻传媒机构。

一、新疆传媒从业人员样本概况

(一)性别、年龄、民族和教育背景

本次调查的新疆传媒从业人员样本群体53.7%为女性,46.3%为男性。在年龄方面,57.5%受访者在20至35岁之间,38.2%受访者在36至50岁之间,51岁以上的为4.3%,样本群整体平均年龄为34.8岁。在样本群的民族分布方

---

[1] 唐金湘:《企业文化内部冲突与少数民族员工相关性研究——基于广西西部铝矿产开发企业的实证数据》,《百色学院学报》,2016年第3期,第101~106页。

[2] 刘世刚:《民族文化差异下企业管理中的文化尊重》,《贵州民族研究》,2016年第11期,第70~73页。

[3] 阿不力克木:《不同民族文化对员工工作满意度影响的实证研究》,清华大学硕士学位论文,2006年。

[4] 热娜古丽·卡德尔:《民族文化、员工满意度与企业盈利能力关系研究》,《财会通讯》,2016年第36期,第113~119页。

[5] 在自治区有关部门的安排下,2016年4—8月全疆新闻传媒机构抽调人员参加了新疆大学在乌鲁木齐、北疆伊犁地区、南疆喀什地区等地组织的传媒从业人员培训,参训人员结构均衡、覆盖面广、对全疆传媒从业人员有较好的代表性,课题组在培训现场面向全体参训从业人员进行普查,获得本次调查的样本。

面，汉族占受访者的52.9%，维吾尔族占26.1%，哈萨克族占10.2%，回族占4.9%，锡伯族占2.6%，蒙古族占1.3%，柯尔克孜族、满族、乌孜别克族等民族在1%以下。

整体看来，样本群体普遍接受过高等教育，82.9%为本科以上学历，只有17.1%受访者为大专及以下；77.2%受访者为大学本科毕业，5.1%受访者为硕士，0.5%受访者为博士。在最高学历主修专业方面，32.2%受访者为新闻传播类专业毕业，26.2%受访者为语言文学类专业毕业；如果将各种形式的新闻传播类专业教育都考虑在内，完全没有接受过新闻传播类专业教育的受访者占35%。

（二）行业与岗位

在受访者的行业分布方面，报纸从业人员占样本群的36.1%，电视台从业人员占28.6%，广播电台从业人员占12%，互联网和新媒体从业人员占6.4%，其他行业从业人员占16.9%。

在受访者的岗位分布方面，整体看来，七成以上受访者为采编类岗位，编辑或编导类岗位占受访者的40.4%，记者或主播类岗位占32%。此外，行政管理类岗位占12.3%，美编摄影摄像类岗位占3.8%，工程技术类岗位占2.3%，经营类岗位占1.3%，其他岗位占7.9%。

（三）内地经历与出国经历

考虑到新疆维吾尔自治区深居内陆、幅员辽阔的现实，调查中也询问了受访者的内地经历、出国经历，以及成长地区与工作地区的问题。

在受访者的内地经历方面，有22.3%的受访者从来没有离开过新疆境内，其他77.7%的受访者去过内地。26.3%的受访者在内地接受大学学历教育；21.2%受访者的最长时间赴内地经历是因旅游或探亲，16.6%是去内地培训进修，13.6%是去内地工作出差。通过交叉列联表分析，不同民族传媒从业者在内地经历方面存在显著差异；样本群中，48%的维吾尔族从业者、35%的哈萨克族从业者没有去过内地的经历，汉族从业者中也有7.7%从未去过内地。

而在受访者的出国经历方面，有79.5%的传媒从业人员从来没有出过国；

10%的传媒从业人员最长出国经历是旅游或探亲，7.4%是工作出差。

（四）成长地区与工作地区

被调查的新疆传媒从业人员绝大部分是新疆本地长大，仅有13.6%的传媒从业人员为内地长大、成年之后进入新疆工作。在样本群的成长地区分布方面，48.1%受访者成长于北疆地区（乌鲁木齐以外），17.1%成长于南疆地区，13.3%成长于乌鲁木齐及周边地区。样本群的工作地区分布方面，46%受访者在北疆地区工作，24.3%在乌鲁木齐及周边地区工作，23.5%在南疆地区工作，剩余少量在其他地区。

进行交叉列联表分析，结果显示，新疆传媒从业者的成长地区与工作地区存在显著的相关性。新疆传媒从业者样本群成长地区与工作地区一致的情况比例最高，65.7%的从业者的工作所在区域跟成长区域完全一致。乌鲁木齐及周边的从业人员中有88.5%是本区域成长，北疆的从业人员中有84.0%是本区域成长，南疆的从业人员中有79.1%是本区域成长；南疆的从业人员当中，外区域成长的相对较多。

二、新疆传媒从业人员的工作生活满意度状况

本地调查考察了新疆传媒从业人员的工作和生活方面的一些基本状况，包括从业时长、职称、编制、收入、住房条件、通勤条件、通勤时间等较为客观的指标，也对新疆传媒从业人员的工作满意度和生活状况满意度进行了量表测量。

（一）基本工作状况

在从事传媒行业的工作时长方面，受访者平均工作时长为10.89年；样本群体在目前单位的平均工作时长为10.40年。在职称方面，15.6%的受访者拥有副高及以上职称者，24.6%受访者为中级职称，29.7%为初级职称，还有24.3%受访者声称职称未定级，5.9%受访者不知道自己的职称情况。

在受访者的编制状况方面，67.8%的受访者是事业编制，有11.5%和2%的

受访者分别是媒体直接企业编制、媒体子公司企业编制,1.3%的受访者为与媒体外劳务派遣公司签约的企业编制,8.4%的受访者未签署劳动合同,还有9%受访者不清楚编制情况。

在工作薪酬方面,受访者中一半以上的传媒从业人员的月收入低于2015年新疆维吾尔族自治区在岗职工平均工资。整体来看,新疆传媒从业人员的收入情况处于中低水平。

受访者每月从单位获得税后正式报酬在2000~3999元的有57.8%,4000-5999元的有27.4%,收入高于6000元的仅有6.4%,另有8.4%在2000元以下。根据新疆维吾尔自治区人力资源和社会保障厅数据,2015年自治区在岗职工年平均工资53004元(含私营企业),月平均工资4417元。

在受访者中,不同职称、不同地区的传媒从业者之间的月收入存在差异:副高及以上职称的传媒从业人员收入相对较高,工作地区为乌鲁木齐及周边的传媒从业人员收入相对高于其他北疆和南疆地区。

(二)工作满意度状况

本次调查考察了新疆传媒从业人员的工作满意度状况。问卷采取五级量表的方式(1=非常不满意,5=非常满意),参考陈韬文、潘忠党、李立峰(2004)对新闻从业者工作满意度量表设计了题项[①],并单独测量了整体满意度。通过主成分因子分析,删除不合适的题项后,剩余9个题项呈现出3个因子,方差解释量74.045%,据此可以将新疆传媒从业人员的工作满意度划分为3个维度。第一个维度包括薪酬、福利等4个题项,可以概括为"外在满意度";第二个维度包括成就感、社会影响等3个题项,可以概括为"内在满意度";第三个维度包括上级能力、同事关系2个题项,可以概括为"关系满意度"。这种维度划分结果与前述陈韬文等人研究中归纳的满意度维度是相同的。

数据显示,单独测量的工作整体满意度为3.22,说明新疆传媒从业人员

---

① Chan, J.M., Pan, Z., Lee, F.L.F. (2004). Professional Aspirations and Job Satisfaction: Chinese Journalists at a Time of Change in the Media. Journalism and Mass Communication Quarterly, 81, 254-273.

对工作整体上倾向于基本满意。

在工作满意度的3个维度中，满意度最高的是"关系满意度"（M=3.5767，SD=0.83313），其次是"内在满意度"（M=3.3069，SD=0.86735），最后是"外在满意度"（M=2.5524，SD=0.86388）。结果表明，新疆传媒从业人员对于同事关系等关系因素最为满意，对于工作成就感等内部因素较为满意；而对于工作的薪酬、福利、绩效考核制度和升迁机会等外部因素倾向于比较不满意。

进一步分析工作满意度各指标发现，同事关系的满意度评价最高，达到3.87；其次为工作的社会影响、创新机会、主管领导能力等。福利待遇的满意度评价最低，仅为2.25；其次为薪酬收入、升迁机会等，满意度相对偏低的4项全部来自外在满意度因素。

工作满意度		主成分因子分析			描述统计量		
类型	题项	因子1	因子2	因子3	均值	标准差	均值排序
外在满意度	工作薪酬收入	0.874	0.132	0.058	2.46	1.078	8
	薪酬外的其他福利待遇	0.867	0.075	0.035	2.25	1.092	9
	绩效考核制度	0.681	0.291	0.304	2.83	1.043	6
外在满意度	职位升迁的机会	0.617	0.309	0.312	2.67	1.039	7
内在满意度	工作的成就感	0.223	0.833	0.253	3.26	1.009	5
	工作的社会影响	0.184	0.872	0.171	3.38	0.955	2
	工作中自己主动创新的机会	0.145	0.834	0.161	3.29	0.955	3

续表

工作满意度		主成分因子分析			描述统计量		
关系满意度	主管领导的能力	0.406	0.13	0.751	3.29	1.095	3
	与单位内同事之间的相处关系	−0.001	0.337	0.821	3.87	0.849	1

表1 新疆传媒从业人员的工作满意度

（三）生活状况满意度

虽然从客观数据来看，新疆传媒从业人员的住房和通勤情况压力尚可，七成人员有自购房，九成人员通勤时间在一小时以内，但是主观感受层面还是表达了一定不满，同时还呈现出较大的心理压力状况。

1. 基本生活状况

在住房条件方面，70.6%的受访者拥有自购房（46%属于有贷款要还的自购房），租房、住单位宿舍、住家人亲友处各占7.4%、7.4%和11.8%，另有2.8%为其他情况。在通勤时间方面，31.2%的受访者单程通勤时间在15分钟以内，45.5%在16~30分钟以内；整体上95.9%的受访者单程通勤时间短于60分钟。在通勤方式方面，33.8%的受访者为公交车或班车，26.9%为私家车，19.9%为步行，10.2%为电动车或摩托车，5.1%为出租车，4.1%为自行车。

2. 生活状况各具体方面满意度水平

新疆传媒从业人员对生活状况的整体满意度为3.34，尚能达到较满意的水平；其中，在与生活状况相关的具体各题项当中，传媒从业人员最为满意的是与家人的关系，得分均值达到了3.93，说明家庭给了传媒从业人员较大的支持。但是，除了家人关系之外的其他各项满意度的平均值，则降低到了2.83，呈现出较不满意的状态。

新疆传媒从业人员的心理压力状况均值最低，达到2.67；其次是陪伴家人时间，均值为2.73；显示出新疆传媒从业人员对于自身的心理压力和陪伴家人时间是相当不满意的。其他领域，如身体健康状况、住房条件、通勤条件等也呈现出一定的不满。

题项	非常不满	比较不满	一般	比较满意	非常满意	均值	标准差	排序
陪伴家人时间	19.2%	17.9%	39.6%	16.9%	6.4%	2.73	1.142	6
心理压力状况	15.9%	20.5%	48.3%	11.5%	3.8%	2.67	1.001	7
身体健康状况	10.7%	22.0%	40.9%	19.4%	6.9%	2.90	1.055	5
住房条件	13.0%	14.6%	45.5%	19.9%	6.9%	2.93	1.068	4
通勤条件	13.0%	14.8%	44.0%	21.0%	7.2%	2.94	1.080	3
与家人关系	2.8%	5.6%	17.9%	42.7%	30.9%	3.93	0.982	1
整体满意度	5.4%	8.2%	42.7%	35.0%	8.7%	3.34	0.941	2

表2　新疆传媒从业人员的生活状况满意度

三、结论与讨论

通过调查分析，本研究发现以下结论，并在此基础上对新疆传媒业人力资源管理提出几点建议。

（一）研究发现

1. 新疆传媒从业人员对外交流程度有限

存在相当比例（22.3%）的新疆传媒从业人员从来没有离开过新疆，少数民族传媒从业者表现尤其突出（48%的维吾尔族、35%的哈萨克族），缺少对内地社会的亲身体验；大部分（79.5%）新疆传媒从业人员也没有出国经历。从业人员成长地区与工作地区重合度较高（65.7%）；即使在自治区内部，乌鲁木齐及周边、北疆、南疆等疆内各区域之间的人才跨区域流动程度也是相对较低的；只有少部分（13.6%）从业人员是内地长大之后再进疆工作。疆内高校对于新疆传媒从业人员的培养起到了至关重要的作用，八成以上从业人员具有本科及以上学历，且主要是疆内高校培养；少部分（26.3%）从业人员是在内地完成的学历教育。以上表明,新疆传媒从业人员在对外交流方面是有一定不足的。

2. 新疆传媒从业人员对工作薪酬福利等因素比较不满意

新疆传媒从业人员对工作的整体满意度倾向于比较满意,主要表现为对关系因素(如同事间关系等)以及内部因素(如工作成就感、工作创新机会等)的满意;但对于工作的薪酬、福利、绩效考核制度和升迁机会等外部因素倾向于比较不满意。被调查的新疆传媒从业人员样本群体的平均收入情况处于中低水平,一半以上被调查者填报的月工资收入,在新疆维吾尔自治区在岗职工工资平均线以下。

3. 新疆传媒从业人员面临众多生活压力

新疆传媒从业人员虽对生活综合状况倾向于比较满意,但仍然存在难以陪伴家人、心理压力较大、身体健康状况不足、住房与通勤条件不满等问题;其中在心理压力、陪伴家人时间两方面的反映比较强烈。

(二)对新疆传媒业人力资源管理的建议

1. 加强新疆传媒从业人员的对外交流

新疆传媒从业人员与疆内各区域、全国各地的交流有待加强。增加新疆传媒从业人员与内地的业务交流学习和日常交往,有利于增加新疆传媒从业人员对国情、区情的理解,推动各民族间的互相学习与交融,提高新疆新闻传播行业的发展水平;在此基础上,再增加新疆传媒从业人员与其他国家的专业和文化交流。新疆的新闻传播机构应当与当地新闻传播教育机构一起,多将一些内地专家和同行"请进来",多组织一些疆内新闻专业人员"走出去",为新疆传媒从业人员增加一些与内地交往学习的机会。此外,还应当加强新疆传媒从业人员在自治区内部的交流学习,缩小南疆、北疆等各区域的行业发展差距,推动疆内各区域传媒业的均衡发展。

2. 提高新疆传媒从业人员的外在工作满意度

新疆传媒从业人员平均收入偏低,薪酬待遇亟须提高。在有可能的情况下,新疆新闻单位在员工的基本薪酬和福利待遇方面,还应多加注意,尽量落实医保养老等社会保障、提供带薪假期等，以提升行业对人才的吸引力；在绩效考核等相关问题上展开双向沟通，健全人才选拔机制，理顺人才晋升通道，为传媒从业人员明确职业发展路径。

3. 增加对新疆传媒从业人员的心理关怀

新疆传媒从业人员的心理压力普遍较大，新疆新闻传媒机构承担着比内地机构更多的维护社会稳定和民族团结的宣传任务，增加了从业人员的工作压力和心理压力。新疆新闻传媒机构不仅要关注员工在住房和通勤等物质层面的问题，更要多关注员工心理状况，合理调整工作时间安排，增强工作时间弹性，为员工保障一定的陪伴家人时间；关注传媒从业人员的身体健康状况，做好心理压力疏解，增加对员工的心理关怀。

（三）研究局限与展望

本研究考察了新疆各族传媒从业人员的基本情况和工作生活满意度状况，但是并没有深入考察民族身份背后的不同文化如何影响工作生活，以及民族身份认知的变迁和民族内部差异，只能得到一些较为浅层的结论。基于民族视角的研究应该是极为审慎的，民族传统文化的多样性应予以尊重，国家公共文化的重要性应予以充分认知。各级管理者应该致力于淡化民族身份对于从业人员职业发展的影响，为各民族从业人员提供平等的发展机会，实现各民族传媒从业人员充分的交往交流和融合发展。

（作者韩晓宁为中国人民大学新闻学院副教授，中国人民大学舆论研究所副所长；杨梅为新疆大学新闻与传播学院副教授；耿晓梦为中国人民大学新闻学院硕士研究生；王军为中国人民大学新闻学院博士研究生）

本文受到中国人民大学马克思主义新闻观研究中心科研项目"媒体融合发展环境下中国传媒从业人员职业状态调查研究"（RMXY2016C011）、新疆大学博士启动基金项目"新疆传统媒体从业人员职业认同调查研究"（BS160116）资助。

2016年电视新闻节目收视回顾

马 超

2016年,随着"供给侧结构性改革"深入新闻领域,新闻媒体高度关注受众需求,新闻从业人员深入基层,及时回应群众关切。如今网络新闻、移动资讯高度发达,信息传递空前快捷,电视新闻节目如何在媒介融合大背景下利用自身优势巩固并提升竞争力,实现供给侧发力,是目前电视新闻人面临的重要课题。本文根据CSM媒介研究2016年在全国129座城市的收视调查数据,对全国新闻节目的收视状况进行分析,解读新闻节目的收视特征。

一、新闻节目整体收播状况

(一)电视新闻人均日收视时间减少2分钟

在网络资讯丰富、移动新闻快捷的今天,人们获取新闻的方式不再局限于电视媒体。然而,受众并没有颠覆性地改变其对电视新闻的依赖,而是"见缝插针"地将原来"零零碎碎"的时间拿出来,分配给了新兴媒体,传统电视新闻节目的收视并没有受到显著影响。CSM媒介研究电视观众收视数据显示,2016年平均每人每天收看电视的时长为152分钟,较前一年的156分钟下降了4分钟;2016年人均每日收看新闻类节目的时长为19分钟,较2015年下降了2分钟(图1)。

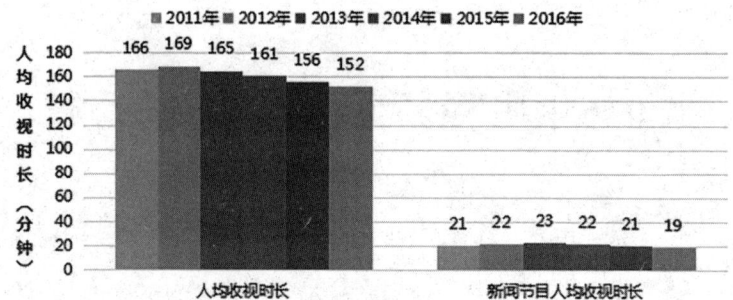

数据来源：CSM媒介研究

图1　2011—2016年所有节目及新闻节目人均收视时长（历年所有调查城市）

2016年，新闻类节目以10.7%的播出比重获得了观众13.8%的收视比重；从变化趋势上看，2016年新闻节目的资源使用效率相对上年有所提升，由2015年的28.5%提升至29.0%（表1）。

年份	播出比重（%）	收视比重（%）	资源使用效率（%）
2011	10.0	13.1	31.5
2012	10.7	14.0	30.8
2013	11.3	14.8	30.7
2014	10.9	14.2	30.3
2015	11.0	14.1	28.5
2016	10.7	13.8	29.0

数据来源：CSM媒介研究

表1　2011—2016年新闻节目的收播比重及资源使用效率（历年所有调查城市）

（二）济南、贵阳观众新闻节目消费量大

全国各地观众的生活习惯不尽相同，不同城市观众喜欢收看的电视频道、节目也有所差异，这也导致各地电视收视市场表现出鲜明的地域特征。

在晚间时段（17：00—24：00）新闻节目的播出总量基本稳定的前提下，新闻节目的收视比例在不同城市间存在明显的差别。将2016年35座城市（包括直辖市、省会、计划单列市）17：00—24：00之间收看新闻节目的观众收视时长比例从大到小进行排序，可以看到济南、贵阳观众新闻节目消费量最大，在晚间收看新闻节目的总时长超过8000分钟（图2）。

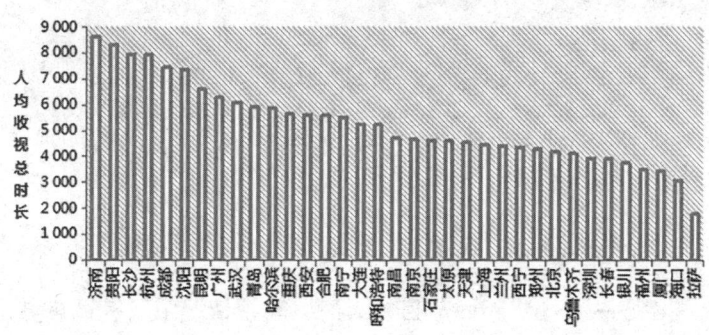

数据来源：CSM媒介研究

图2 2016年各城市晚间新闻节目的人均收视总时长（17：00—24：00）

（三）新闻节目收视依然集中在晚间黄金时段

新闻节目在全天不同时段的收视量变化与其他节目类型整体保持一致，但在细节上不尽相同。新闻节目的收视主要集中在18：00—20：00，在这段时间开始的新闻节目观众累计人均收视时长达到8.7分钟，接近全天新闻节目收视时长的一半。2016年新闻类节目全天收视曲线呈现了两个明显的收视主高峰（12：00和19：00）和另外两个收视较为突出的收视次高峰（06：00—08：00和20：30—22：30）（图3）。2016年的新闻类节目收视曲线表现出与上年数据特征的高度一致性。

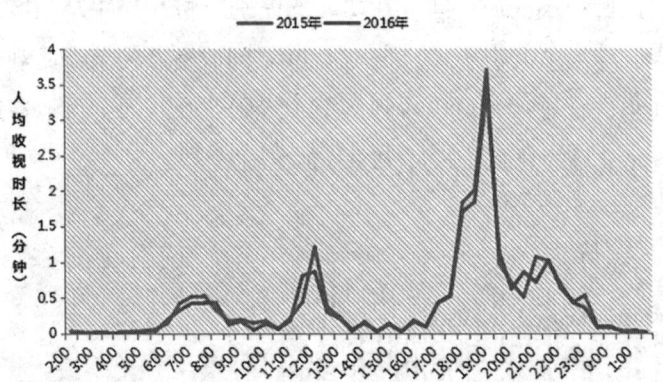

数据来源：CSM媒介研究

图3　2015—2016年新闻节目全天时段收视情况（所有调查城市）

为了进一步了解不同类型新闻节目的播出与收视特点，可将新闻节目划分为综合新闻、新闻评述或新闻/时事其他三个类别。根据各类新闻节目在不同时段播出的时长特点，可以看到"综合新闻"的播出集中于早间、午间、傍晚（本地新闻和新闻联播）以及晚间（22:00—23:00）四个主要新闻节目带；以当地民生新闻为代表的"新闻/时事其他"类新闻节目在综合新闻播出减少的各时段补充播出，在上午、下午、《新闻联播》前后各时段播出比例显著增加；而"新闻评述"类节目在各类新闻节目中播出量最小，播出主要集中于7:30、12:00和17:30以后，各时段播出量相对变化不大（图4）。

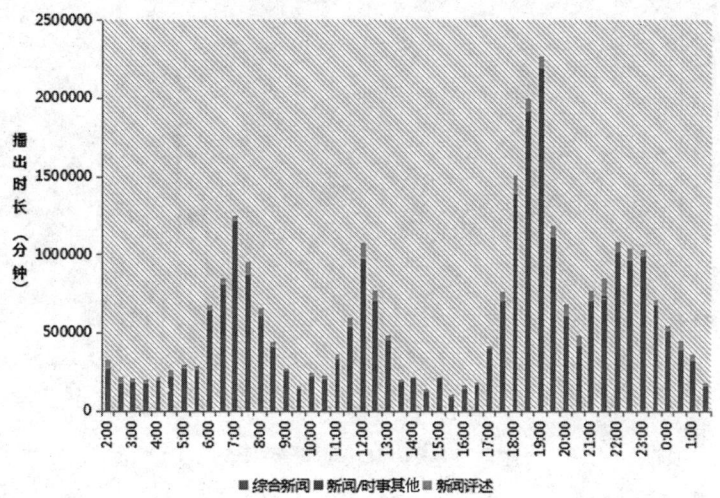

数据来源：CSM媒介研究

图4　2016年各类新闻节目全天不同时段播出情况（所有调查城市）

不同类型新闻节目在各时段的收视特点，也从侧面反映出人们收看各类新闻节目的习惯。在以综合新闻为主的四个新闻节目带，人们花费在"综合新闻"上的收视时间最长，除此之外，在19：00《新闻联播》播出之前，随着各地以民生新闻为主的"新闻/时事其他"类新闻节目播出的增加，观众在该类型节目的收视时长也随之增加，《新闻联播》播出之后的19：30—22：00时段内，观众收看评述类新闻节目的比例提升明显（图5）。

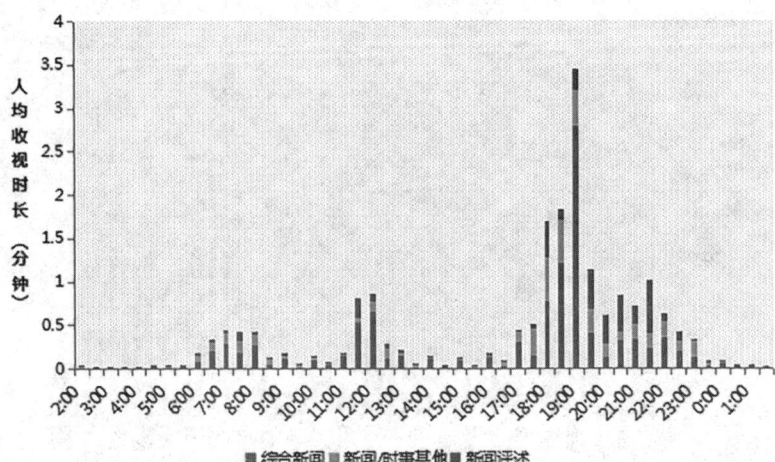

数据来源：CSM媒介研究

图5 2016年各类新闻节目全天不同时段收视情况（所有调查城市）

（四）G20峰会、神舟11号与天宫2号对接等重大事件对新闻收视影响明显

2016年全年新闻节目的收视时间整体比较稳定，多数都在17分钟至22分钟之间波动，全年起伏波动不大。在第37周（9月4日—9月10日）新闻节目收视出现了全年最高峰值，为22分钟，超过平均水平13%；在第25周（6月12日—6月18日）和第41周（10月2日—10月8日）收视时间相对较短，未超过17.6分钟。

收视曲线上的每个收视跃动背后都有一个非同寻常的事件发生。2016年的主要新闻事件对电视收视，特别是新闻节目收视产生了不小的影响。2016年9月4日—5日，G20二十国集团领导人杭州峰会举行。G20杭州峰会是2016年中国最重要的主场外交，取得了一系列积极成果，赢得了国内外高度评价，同时也成为全年新闻节目收视的最高峰。除此之外，神舟11号与天宫2号成功对接也成为2016年最受关注的重大新闻事件，9月15日，天宫2号空间实验室在酒泉卫星发射中心发射成功。10月17日，神舟11号飞船在酒泉卫星发射中心发射升空,顺利将两名航天员送上太空。10月19日,神舟11号飞船与天宫2号成功实施自动交会对接。11月18日,神舟11号飞船返回舱着陆。两名航天员在天宫2号与神舟11号组合体内驻留30天,完成了一系列空间科学实验和技术试验,创造了中国航天员太空驻留时间新纪录。在这些重大新闻事件的发生及其报道期间,新闻类节目周平均收视率曲线的波动性明显提升,很好地印证了重大新闻事件对新闻类节目收视的拉动效应。

春节假期新闻节目收视水平相对较低,主要是因为节假日期间新闻节目一般只保持常规播出量,而观众关注度较高的综艺和青少年节目则会增加播出,新闻节目的竞争力在节假日期间受到一定影响(图6)。

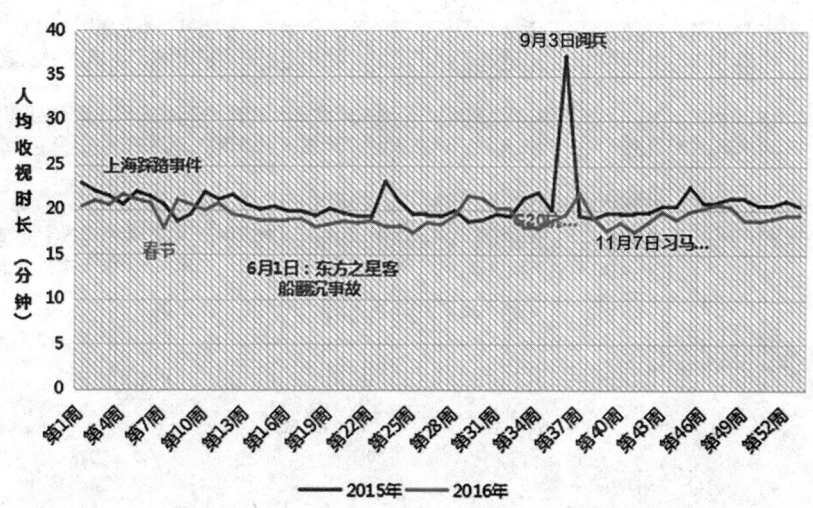

数据来源:CSM媒介研究

图6 2015与2016全年新闻节目周收视走势(所有调查城市)

(五)"新闻/时事其他"类播出量最大,综合新闻收视比重进一步增加

从各类新闻类节目的播出量来看,"综合新闻"的播出量较2015年稍有增

加,"新闻/时事其他"类播出量则是逐年升高,2016年全年播出量占所有新闻节目的47.1%。"新闻评述"类节目播出比例较上年有所下滑,为7.8%(图7)。

观众收视时间分配的变化在一定程度上是各类新闻节目播出时间的变化导致的,但同时它也反映出观众对各类新闻节目需求的变化。2016年整体看来,"综合新闻""新闻评述"类节目收视比重较上一年有所提升,而"新闻/时事其他"类虽然播出量提升,但是收看的时间减少了。

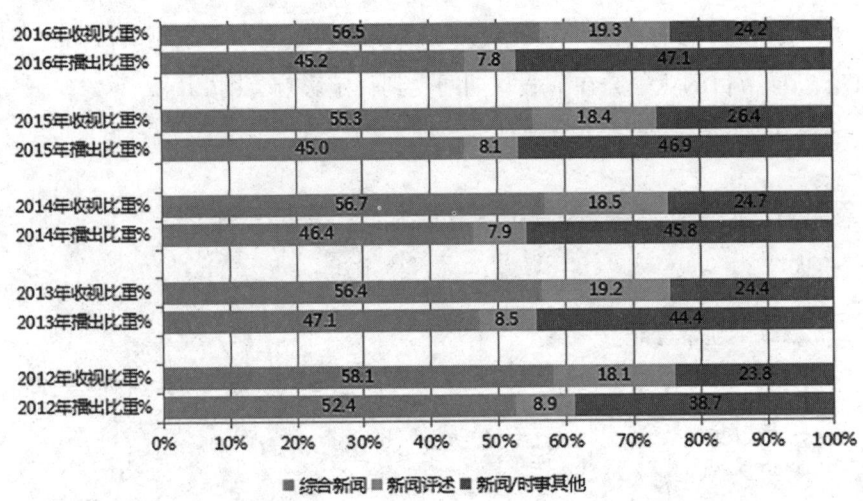

数据来源:CSM媒介研究

图7　2012—2016年各类型新闻节目播出比重(所有调查城市)

二、新闻节目收视市场竞争格局

(一)中央级频道收视份额居首,地面频道播出量占优

2016年全国电视新闻节目收视市场中,中央级频道仍然占据着最重要的位置,以4.0%的播出量为新闻节目贡献了最高的收视份额(40.7%);省级上星频道播出量为7.1%,略高于中央级频道,加之各地省一级重要新闻均在此平台播出,收视份额也相对较高(15.7%);省级非上星频道和市级频道的

传播范围类似，面对的观众群体在地域上相对比较集中，尽管单个频道覆盖面不广，但胜在频道众多，因此播出量也最大，超过所有新闻节目播出时间的80%，这两类频道累计共获得了新闻节目41.7%的收视份额。从年度变化来看，中央级频道新闻节目的收视份额在2016年提升明显，省级上星和地面频道收视份额均有所下滑（图8）。

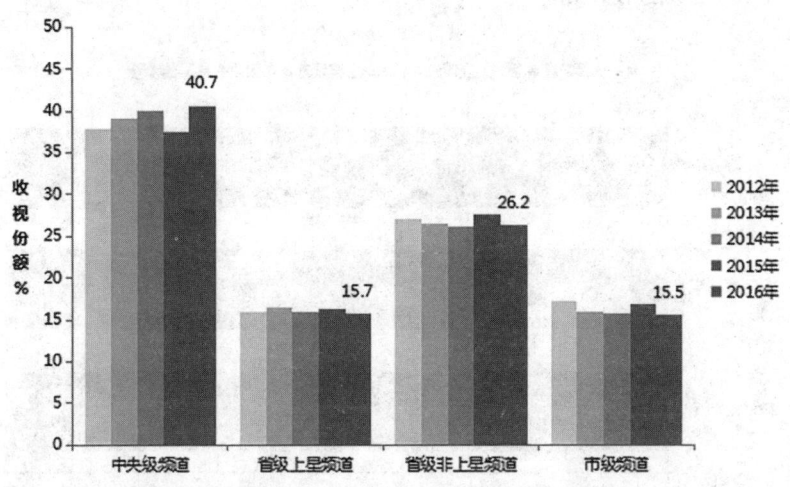

数据来源:CSM媒介研究

图8　2012—2016年新闻节目在各级频道的收视份额（历年所有调查城市）

（二）中央级频道的新闻评述类节目较受欢迎，地面频道以民生新闻为代表的其他新闻节目更受关注

观众对各级电视频道具有不同的收视预期定位。例如，央视频道多被认为具有专业性、权威性，是负责任、可信度较高的播出平台；省级卫视则比较年轻化、具有现代感和吸引力，更倾向推陈出新；地面频道（省级非上星频道和市级频道）则给人的印象较为传统、亲民，更接近生活。观众在这样的心理暗示下，收看电视新闻节目的时候就会带有明确的选择性（图9）。对于国内外新闻的客观报道，在不同平台获得的新闻事件信息并没有太大区别，全凭观众收视习惯；新闻评述类节目通常会加入一些主观判断，中央级频道的专业性和权威性在这种情况下无疑成为一大优势，观众对中央级频道播出的新闻评述类节目看重有加，59.9%的收视时间都给了中央级频道；被列在"其他"一栏下的新闻时事节目大多数关注的是重要性一般的新闻事件，各地方频道的民生新闻占了很大比例，此类节目取材贴近当地群众生活，自然是两级地面频道的主要收视市场，在新闻/时事其他类新闻节目上，地面频道获得了68.5%的收视份额。

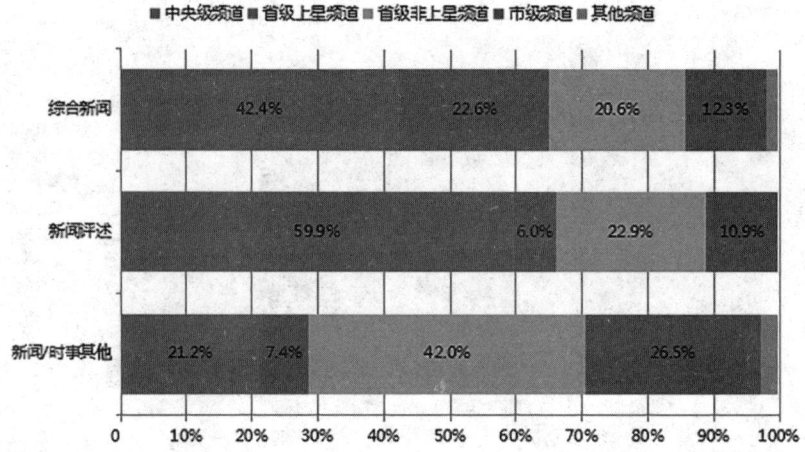

数据来源：CSM媒介研究

图9　2016年各级频道在不同类型新闻节目市场的收视份额（所有调查城市）

三、新闻节目观众特征

全国电视观众中女性观众略多于男性，而新闻节目的观众中则为男性多于女性。2016收看新闻节目的男、女观众数量之间的差距比上一年有所加大；超过六成的新闻节目观众年龄在45岁以上，这一比例在近两年还在持续增加；另一方面，新闻节目更受高学历观众的青睐，超过1/5受教育程度为"大学及以上"，而且近几年高学历人群比例逐年递增（图10）。

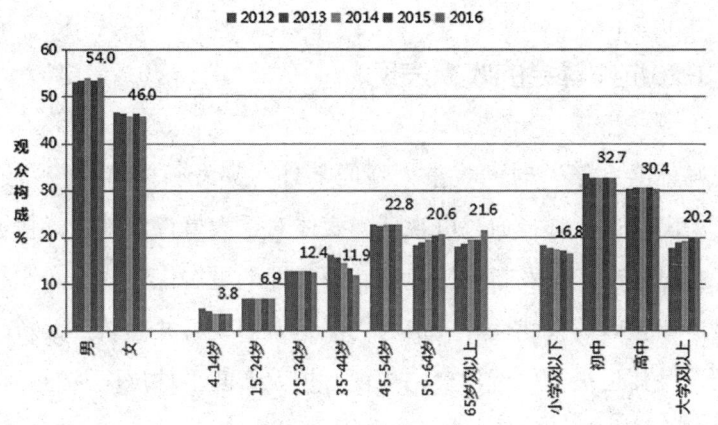

数据来源:CSM媒介研究

图10 2012—2016年新闻节目观众构成（历年所有调查城市）

不同观众对不同类型的新闻节目关注程度不同。男性观众对新闻节目的偏爱更多地体现于对"综合新闻"和"新闻评述"的收视；55岁及以上观众在"综合新闻"类节目观众中所占比例略高于其他两类节目，25～34岁青年观众更青睐于"新闻评述"类节目；不同受教育程度的观众对几类新闻的收视习惯差异不大（图11）。

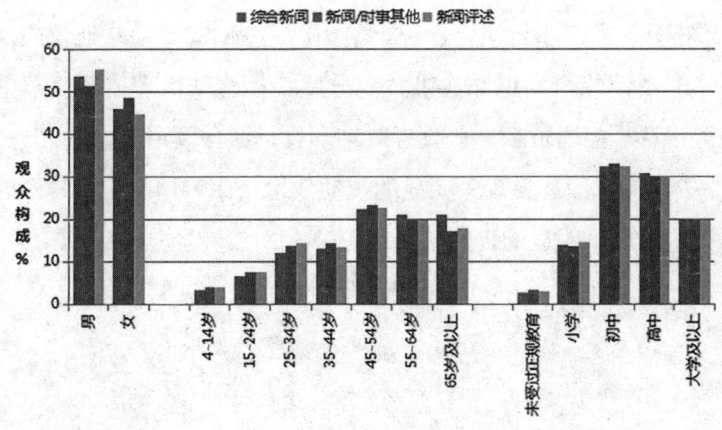

数据来源:CSM媒介研究

图11 2016年各类型新闻节目观众构成（所有调查城市）

四、G20杭州峰会的收视表现

电视媒体会在第一时间将重大新闻事件、突发新闻事件传递给受众；同时，广大民众也会选择通过电视新闻媒体对重大事件及其后续报道进行了解。尽管新媒体在信息发布的快速性、即时性上更占优势，但专业频道的电视新闻报道却凭借其权威性和公信力仍然是人们获得并确认重大新闻信息的首要途径。尤其是央视，近年来，央视对重大新闻事件反应及时，报道权威准确，"大事看央视"已成为老百姓收看新闻节目的习惯。

2016年9月4至5日，二十国集团（G20）国际经济合作论坛峰会在杭州召开。从3日开始，央视连续对峰会重大活动一一进行了直播报道。主持人与嘉宾在风景如画的西湖边进行解说，将会议日程中的演讲、谈话在第一时间原样呈现，帮助观众看到会议内容并及时指出其间的含意、意义及中国主张。报道展示了杭州天堂一般的景色，展现出各国领导人的风貌与风采，特别是习近平同志作为东道主、代表中国表现出来的大国风范。

从9月3日开始，中央电视台综合频道和新闻频道围绕峰会议程，推出6场直播特别节目，共计时长达到3小时10分多——聚焦各国领导人抵达、习近平主席在G20峰会上发表主旨演讲、习近平主席主持G20峰会欢迎仪式及开幕式等活动，及时解读峰会共识和成果，充分反映在全球治理体系改革中的中国方案、中国智慧、中国贡献。从收视效果来看，综合频道3日20∶00—22∶00、4日16∶00—24∶00时段均出现了明显的拉动效果；而9月4日全天各个时段，新闻频道收视均出现了明显的提升（图12）。

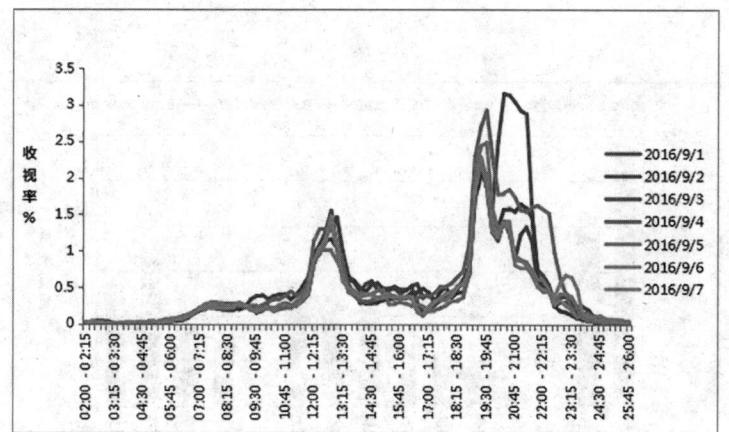

图12　G20杭州峰会前后中央电视台综合频道分时段收视率走势（所有调查城市）

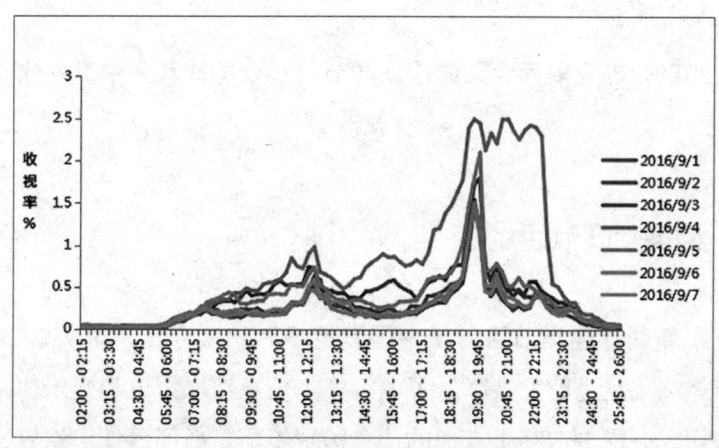

数据来源:CSM媒介研究

图13　G20杭州峰会前后中央电视台新闻频道分时段收视率走势（所有调查城市）

将中央电视台综合频道和新闻频道作为一个整体来看G20杭州峰会前后观众层面上的变化，G20峰会的播出并未对新闻节目整体观众的构成和集中度产生巨大影响，男性、中老年观众依然是新闻节目的主体观众和重度观众，但青年观众、高学历观众在G20峰会播出期间对新闻节目的集中度有所提升（图14）。

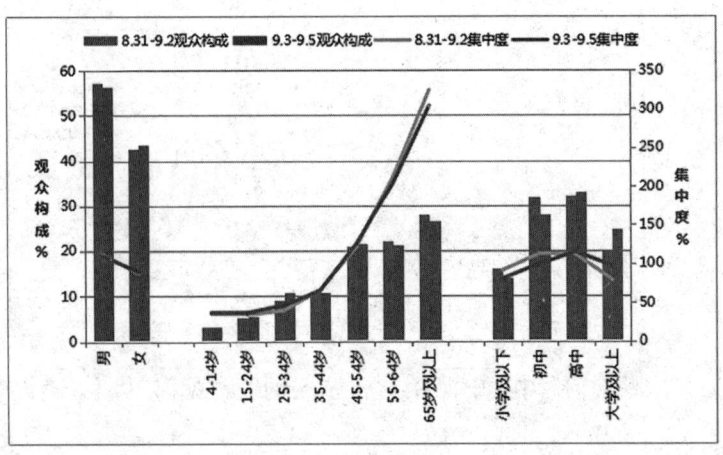

数据来源：CSM媒介研究

图14　G20杭州峰会前后全天时段新闻节目观众构成和集中度变化（所有调查城市）

五、典型新闻节目浅析

（一）新闻评述类节目：《中国舆论场》和《今日评说》

新媒体突飞猛进的发展降低了电视作为信息获取渠道和娱乐休闲工具的地位和作用，并深刻改变了人们的信息消费习惯。新闻事件发生后，各种媒体消息层出不穷，新闻报道的时效性是媒介竞争的一大焦点，这方面电视媒体显然不敌网络媒体和移动媒体。但真实性是新闻媒体立足的根本和前提，网络消息漫天发布，孰真孰假，无法轻辨。就此而言，电视媒体的真实、客观和权威，是其他媒体所不可替代的。深入研究媒体融合对新闻节目的影响，充分重视与新闻节目传播有关的各个重要要素，全面展示媒体融合可打破时空限制的优势，促使新闻节目更加健康、快速发展，从而使其能更好地为社会、市场、群众服务。新闻评述类节目针对的大多是具有较高新闻价值的事件、问题或社会现象。作为新闻节目中"社会性"最强的新闻评述类节目，借助媒体融合，建立起一座与观众直接沟通的桥梁，成为这一类新闻节目立足的法宝。

《中国舆论场》是一档"融媒体"新闻评论节目，2016年3月20日起亮相央视中文国际频道，每周日黄金时段19：30—20：30播出。节目采用直播的方式，分三大板块。第一部分是"一榜知舆情"，通过跟央视网的合作，梳理一周以来主流媒体和网络媒体所关注的热点，用图表、排行榜等方式进行归纳点评。第二部分是"热词大搜索"，选择一周视频点击量高或评论量高的热点事件，引入嘉宾快评，澄清是非。第三部分是"你评我也评"，选择一周关注度高的重大的国内国际热点事件，请专家在演播室用专业的分析、科学的解读来回答网友的提问，纠正网络舆论的偏差，破解网络舆论迷雾。除此之外，节目引入"在线观众席"，全球网友可以通过手机进行实时抢票，成为当期节目现场参与者，直接分享观点，向嘉宾提问，全程互动。这种融媒体的即时传播与互动方式，既增强了节目的趣味性和新鲜感，也让一向"高冷"的新闻评论类节目更加亲民、更接地气。节目播出后，同时段收视率和市场份额较播出前三月均有明显提升（图15）。

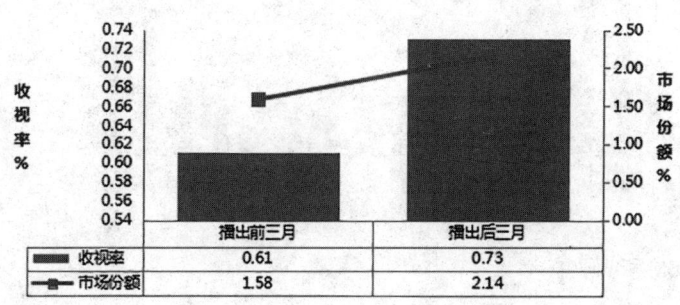

数据来源：CSM媒介研究

图15 《中国舆论场》播出前后同时段收视变化（所有调查城市）

同样作为新闻评论类节目的浙江卫视《今日评说》，每周一至周四21：30播出。这档节目根据不同节目的主题及宣传资源,有针对性地创新媒体融合传播方式。例如,在推出"浦阳江之变"特别节目时,在官方微信微博以及微博@中国蓝新闻发布了图文《今日评说团队诚意出品!三年后浦阳江如何变成今天这个样子?》,曝光节目录制精彩花絮;捆绑网络热点"友谊的小船说翻就翻""重要的事情说三遍"等热词,强调节目的播出信息,增强观众的约会意识。在推出《中国美院这十年》特别节目时,节目组又通过电影宣传海报的方式,根据"从南山到象山""从画境到望境""从独美到共美"三期主题设计了三张风格各异的宣传海报。每期节目播出前,在微信公众号、中国蓝新闻客户端等网络平台投放相应海报及预告,有效提升节目的关注度。从观众构成和集中度来看,25~54岁的中青年观众是这一节目的主体观众,且均为重度观众,而且中高学历观众对于节目的喜爱程度也较为明显(图16)。

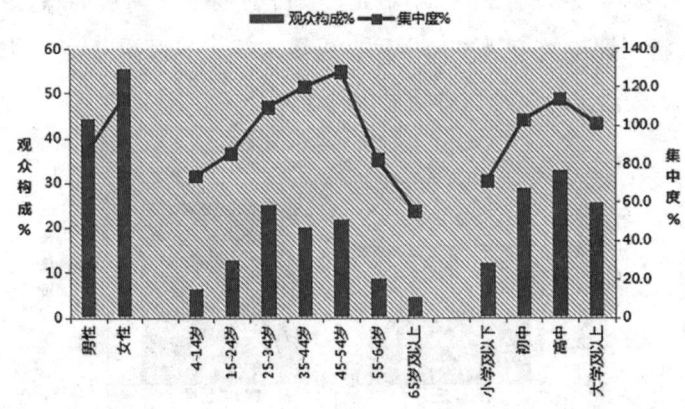

数据来源:CSM媒介研究

图16 《今日评说》目标观众特征(所有调查城市)

(二)民生新闻类节目:《新闻夜班》和《小莉帮忙》

关注普通市民的生活状态,记录普通百姓生活中的矛盾或情感困惑,让新闻从重视"政治话语"回归到重视"民众话语",从宣传回归到生活信息传播,民生新闻因其内在的亲民性及广泛的情感共鸣,受到普通市民的喜爱，也因此成为地面频道的主要收视市场。

民生新闻强调新闻传播的本土化，有多种体现形式。在新闻传播的内容上，民生新闻反映的是本地老百姓关心的人和事，表达的是本地区民众的意愿和诉求。在传播形式上，民生新闻采用的是本地区民众喜闻乐见的形式，以通俗的故事化手法来表现普通民众生活。这些地域特色，有利于民生新闻节目传播范围和影响力的扩大，有利于克服节目同质化的弊端。相比中央台，地方台在新闻资源方面没有优势，在新闻同质化竞争中处于下风，而民生电视新闻栏目以"新闻本地化"为特点，关注本地百姓身边的事情，在接近性上有天然的优势。民生新闻从地域文化特征和受众需求出发定位新闻栏目，实现新闻内容的本地化，是地方台摆脱过去单纯扮演中央新闻节目传声筒的角色的有效途径。

由南宁电视台新闻综合频道制作并播出的《新闻夜班》是一档以平民性、贴近性、生活化为特色的民生新闻栏目。星期一到星期六主要播出南宁市当天及近期发生的新闻事件。星期天则播出一周要闻集锦类节目《夜班一周》，回顾过去一周的时间里南宁市发生的热辣新闻事件。值得注意的是，《新闻夜班》的播出时间是电视剧竞争十分激烈的19：30—20：30时段，从全天收视来看，《新闻夜班》不仅没有受到竞争的影响，而且取得了全频道全天最高的收视水平，是不折不扣的王牌节目（图17）。

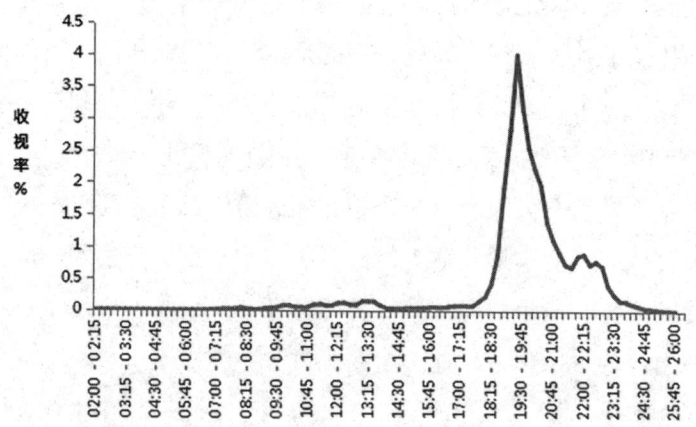

数据来源：CSM媒介研究

图17 南宁电视台新闻综合频道全天收视走势（南宁）

另一档节目《小莉帮忙》则脱胎于民生新闻类节目，曾经是河南民生频道品牌新闻栏目《民生大参考》中的一个新闻板块，这个节目突出"帮忙"的特色，以新闻故事化为表现形式，强调帮忙的过程，再现事件发生的现场。一期节目未解决的问题，会在节目之余给予追踪报道，并及时在接下来的节目中给予补充，快速解开悬念。之所以要把新闻故事化，其中一个很重要的原因就是这种新闻表达出了强烈的情感特征。故事新闻中情感的真实程度也是构成故事新闻影响力的重要因素。从观众构成和集中度上来看，25~54岁的中青年观众是这一节目的主体观众，且均为重度观众，而且中高学历观众对于节目的喜爱程度也较为明显（图18）。

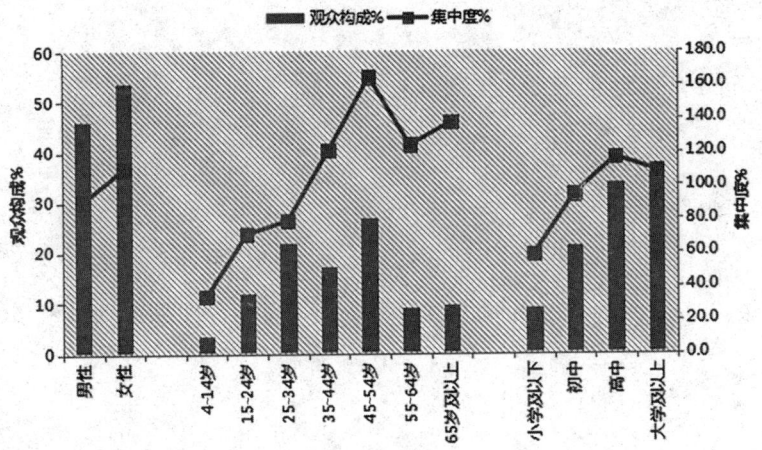

数据来源：CSM媒介研究

图18 《小莉帮忙》目标观众特征（郑州）

结语

在2016年全国电视市场整体收视时间继续下降的情况下，电视新闻节目的收视仍然保持稳定，市场竞争格局也未经历重大变化，中央级频道和省级非上星频道主导新闻收视，重大新闻事件助推新闻节目收视。借助更多的媒体融合渠道，获得更多的稳定受众，电视新闻媒体未来将逐步演化成为传播新闻的"全媒体"大平台。新媒体大军扑面而来的冲击，虽没有撼动传统电视新闻节目在百姓生活中的地位，但是在媒体融合的新生态中，传统电视新闻节目将面临全新的机遇和挑战。

（作者任职于央视索福瑞媒介研究有限公司）

第四辑
中国新闻业年度观察报告 2017

研究述评

新媒体环境下新闻评论研究的脉络梳理和范式革新

——基于七本学术期刊论文的分析

陈敏 张晓纯

【摘要】

本文选取2013—2016年国内7本以新闻业务研究为主的学术刊物中,与"新闻评论"相关的239篇文献进行脉络梳理和内容综述。研究发现,近年来新闻评论研究的理论阐释不足,文献之间的对话与知识积累不够;以经验性描述分析为主,科学实证的研究方法运用不足;研究对象以报纸评论为主,新媒体评论研究略显滞后;评论写作研究重视对"时评体"的反思,但对"专业评论"的研究不够;对评论员群体的研究重在阐释其应具备怎样的能力,尚未提升到"职业共同体"的研究层次。本文认为,在移动新媒体环境下,评论研究亟须进行范式革新,具体包括:结合大数据,量化评估新闻评论的传播效果;从机构评论主体转向个人评论主体研究,从栏目本位的研究进化到问题导向的研究;从描述性的归纳分析转向科学实证研究等。

【关键词】

新闻评论 研究综述 范式革新

移动互联时代的中国新闻评论界,无论是从评论生产的主体及过程,还是从评论传播的路径及效果来说，都在发生着深刻的变化。①有研究认为，"互联网+"时代新闻言论生态的核心规则表现为两点。一是传统新闻言论的社会价值被分享价值所代替，二是传统的定性衡量被定量衡量所代替。②具体来看，新的传播环境给新闻评论的意见生成与意义解读带来的几大变化包括：评论主体多元带来利益诉求的高度分化与持续对峙，评论客体广泛且焦点的形成具有偶发性，拥有完整结构的新闻评论与不完整结构的网络言论在互动中产生理解偏移，等等。③而伴随传统媒体转型，大批媒体人出走的语境下，评论如何改革，也是各媒体评论部面临的问题。④

在这种情况下，总结学界和业界近年来有关新闻评论研究的现状，对其进行脉络梳理，既有利于了解业界是如何应对移动互联时代评论转型的挑战，全面盘点各媒体的经验教训，也有利于在既有研究成果之间展开对话，为今后的新闻评论研究打下基础，并在理论视角、研究方法、研究对象等方面提供启发。

一、研究方法

本文选取2013—2016年国内7本以新闻业务研究为主的学术刊物，即上海文汇新民联合报业集团、上海社会科学院新闻研究所联合主办的《新闻记者》，新华通讯社主办的《中国记者》，人民日报社主办的《新闻战线》，国家新闻出版广电总局主管、中国新闻出版研究院主办的《传媒》，南方报业传媒集团主办的《南方传媒研究》，大众报业集团、山东省新闻工作者协会、山东省新闻学会联合主办的《青年记者》，河南日报报业集团主办的《新闻爱好者》杂志，分析这7本刊物中与"新闻评论"研究相关的全部

---

① 陈敏：《媒体融合背景下中国新闻评论之变——以17家媒体评论人访谈为基础的研究》，《新闻记者》，2015年第5期，第36~42页。
② 胡沈明：《"互联网+"时代新闻言论生态的转型》，《青年记者》，2016年3月上，第75~76页。
③ 范敏：《批评话语分析：新闻评论研究的另一种可能》，《青年记者》，2016年2月中，第19~20页。
④ 高明勇：《评论的轨迹——1978-2015年中国新闻评论简史》，《青年记者》，2015年10月下，第9~13页。

文献。

　　选取这7本刊物，主要原因在于它们刊载的论文大都以新闻业务研究为主，且多由国内有影响力的传媒集团主办，可以较为全面地反映国内新闻评论实践及研究现状。从期刊的级别来看，除了《南方传媒研究》属于以书代刊，其他期刊都是北京大学《中文核心期刊要目总览》来源期刊，其中《新闻记者》《传媒》还是CSSCI中文社会科学引文索引（2014—2015）来源期刊（含扩展版），在学界和业界都有一定的影响力，能够保证学术研究论文的质量。

　　而之所以将文献收集的起始时间定于2013年，是因为2013年是媒体变革的一个特殊时间节点，媒体人喊了多年的报业的冬天终于真的来了，报纸广告收入普遍下滑，最核心的是，互联网背景下的舆论场格局发生了变化，都市报等市场化媒体的影响力不断被弱化、消解，曾经的话语空间在不断变窄，话语权也在不断流失。①此外，2013年还被称为"大数据元年""自媒体元年"，这些时代背景构成了本研究的底色，它们对新闻评论生产、传播及研究带来的诸多变化，也就成为本研究要考察的重点。

　　笔者通过浏览过去四年中这7本刊物的全部目录，将标题中带有"评论""时评""言论""社论"等关键词的文章筛选出来，再剔除其中有关评论会议、书评书讯、读者来信、好稿评介等不相关文章，共得到239篇文献作为分析样本。其中，《青年记者》刊载的相关论文最多，为115篇，其次是《新闻战线》51篇，《中国记者》42篇，《传媒》15篇，《南方传媒研究》9篇，《新闻爱好者》6篇，《新闻记者》1篇。具体各刊物2013—2016年发表的有关新闻评论研究的论文数量见图1。

---

①　曹轲：《都市报话语权的争取、消减和再造——从南都路径看中国都市报20年》，《新闻战线》，2014年第12期，第14~16页。

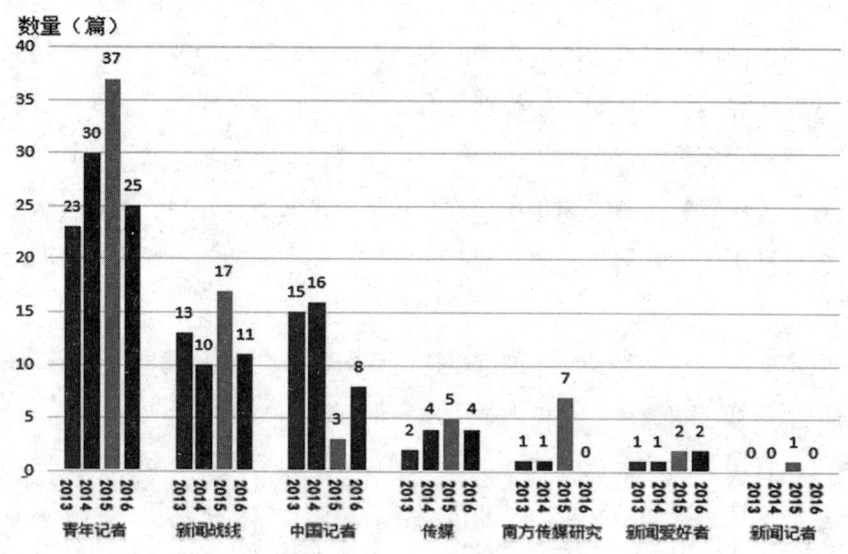

图1　2013—2016年七本刊物发表的有关新闻评论研究的论文数量（N=239篇）

二、新闻评论研究的脉络梳理

（一）评论研究的理论阐释不足，文献之间的对话与知识积累不够

通过对文献进行梳理后发现，新闻评论研究的理论性较为薄弱，绝大多数研究都是基于实践的经验性总结，缺少理论视角观照。只有3篇论文运用了一定的理论来阐释评论实践，占文献总数的1%。比如，刘飞（2013）运用4C理论对网络新闻评论专题展开研究，4C理论由美国营销专家劳特朋教授提出，包括消费者customer、成本cost、便利convenience和沟通communication四个基本要素，文章认为，应当运用4C理论从选题、编辑制作、互动等方面完善网站新闻评论专题。[①] 史伟（2015）分析了议程设置理论在网络新闻评论中

---

① 刘飞：《基于4C理论的网络新闻评论专题研究》，《青年记者》，2013年11月中，第21~22页。

的新拓展①，孙鑫煜（2016）依据法国符号学家罗兰·巴尔特提出的符号学第二序列的意义，来思考报纸言论的观点。②

但总的来看，这些理论的运用还是比较生硬的，适用范围极小，也没能和其他文献形成对话，进而也无法在更大范围内影响新闻评论实践。学术研究知识积累和推进的一个重要表征是论文是否有注释或参考文献，遗憾的是，根据笔者统计，239篇文献中，只有92篇有注释或参考文献，占总数的38.5%，其余147篇没有任何注释或参考文献，这反映出作者在论文写作时较少甚至没有研究前人的成果。比如，都是研究省级媒体评论的文章，很多作者只写本单位评论部是如何运作的，并不分析其他同是研究省级媒体评论的相关文献有何可以借鉴之处，文献综述的缺失导致很多研究存在低水平的重复现象。而且，对于具体评论栏目、案例的研究，如果不放在一定的背景下观照，其总结提炼的经验可能缺乏普适性，提出的策略也缺乏效果验证。

另外，论文篇幅也能够在一定程度上体现出评论研究的水平。根据笔者对239篇文献的粗略字数统计，文章篇幅在3000字以下的论文达到109篇，占总数的45.6%。应当说，这样有限的文章篇幅很难展示出有价值的研究问题和结论。

导致评论研究的理论阐释不足的部分原因，或与论文作者的职业背景有关。在全部239篇文章中，除了3篇文章作者身份信息不明之外，笔者将来自高等院校等科研单位的作者归入学界范畴，将来自媒体机构、政府部门等单位的作者归入业界范畴，两人及两人以上合作的论文，以第一作者的身份为准；第一作者拥有业界和学界双重身份的，如高明勇既是凤凰网评论总监，也是中国人民大学兼职硕士生导师，则以第一身份为准。统计发现，文章作者来自业界的共153篇，占64%；来自学界的共83篇，占34.7%。这也就导致以业界作者为主的新闻评论研究，大都局限于本单位评论或某一类型评论的实践经验总结。

---

① 史伟：《浅析"议程设置"在网络新闻评论中的新拓展》，《传媒》，2015年6月下，第72~74页。
② 孙鑫煜：《报纸言论观点的符号学之思》，《传媒》，2016年2月上，第95~96页。

此外，通过对作者发表的论文数量进行统计，可以发现新闻评论研究领域相对缺少长期持续观察、分析评论的专家学者。在所有被统计的作者中，发表量最多的是高明勇，有11篇文章，主要研究对象为民国时期的评论史及评论作者；其次是《中国青年报》评论员曹林，以及《南方日报》理论评论部评论员丁建庭，分别发表了4篇文章；再次是华中科技大学教授赵振宇和《广州日报》理论评论部副主任徐锋，分别发表3篇文章。

（二）评论研究以经验性描述分析为主，科学实证的研究方法运用不足

鉴于新闻评论本身的实践性、业务性较强，研究文献中存在大量业务探讨类的文章并不奇怪，但在这类业务探讨类的文章中，有101篇文章都是以具体的某一媒体上的评论文章或评论栏目展开研究的，其中多数文章的写作规范欠缺，属于描述或介绍性文字，文章结论大都是"要……""应该……"这样想当然的判断，缺少科学实证的方法支撑研究结论，形式上更像工作总结而非学术研究。比如，在讨论融媒体时代报纸新闻评论的突破路径时，文章的结论是"要打造核心优势，要注重政策立场，要有创新意识，要彰显个性气质"，等等。

有少量文章使用了较为严谨的研究方法展开研究，比如，同是使用内容分析法，有的研究关注凤凰网十大时评名博的主要内容[1]，有的研究分析《中国青年报》"青年话题"，探讨青年类报纸新闻评论的议题构建[2]，还有研究以《大众日报》一评论专栏为例，从新闻评论选题探讨传受者互动问题[3]等。还有一些文章声称使用某种研究方法，但实际使用不当，比如讨论某一媒体多年来社论的话语变迁，或是讨论某一时期以来新闻评论话语的嬗变，但在论文中都没有使用话语分析的方法。

---

[1] 毛竹菊：《网络时评人在评什么——对凤凰网时评名博的内容分析》，《青年记者》，2016年5月下，第36～37页。
[2] 贺小玲：《青年类报纸新闻评论的议题构建——基于〈中国青年报〉"青年话题"的内容分析》，《青年记者》，2013年1月中，第10～11页。
[3] 王宝璐、徐艳丽：《从新闻评论选题看传受者互动——以大众日报〈小逢观星〉专栏为例》，《青年记者》，2015年5月下，第41～43页。

新闻评论研究在方法方面的不足已引起一定的重视,有学者提出,新闻评论研究需要注入新的思路和方法,因为新闻评论的意见生成与意义解读是一个话语实践和社会实践过程,所以,将批评话语分析的研究路径引入新闻评论研究,是契合的,且能提供新的视角。①

(三)评论研究对象以报纸评论为主,新媒体评论研究略显滞后

通过对239篇研究文献的梳理可以发现,研究报纸评论的论文最多,达104篇,其中又以党报评论研究为主,占55篇。这些党报评论的研究重点主要聚焦于"如何在新媒体环境下对党报评论进行创新""如何提升党报评论舆论引导力"等问题,反映出新媒体环境下党报对评论话语权及影响力可能旁落的担忧,这些研究的主要发现包括:重视"二次传播",通过全媒体平台互动壮大评论声势,同时警惕"标题党"等形式的歪曲传播②,以及创新版面表达,改进运行机制,提升评论员业务水平,引入"评论记者"机制③等。这些观点体现了评论部内容从业人员的视角以及为适应新媒体挑战而做出的评论生产调适,但至于这些调适的效果如何,能否有效提升党报评论舆论引导力,尚缺乏有说服力的实证研究。一个值得注意的关联是,在谈及评论功能时,"舆论引导力""传播效果""影响力""价值导向""舆论监督"等词汇出现频率极高。党报则最为突出,尤为强调"评论是报纸的旗帜和灵魂"。

此外,在这239篇研究文献中,聚焦微博、微信、新闻客户端等新媒体平台上的评论写作及传播的论文较少,只有17篇,很多研究文章还只是将"新媒体"作为一个研究背景,而非研究对象。这与新媒体评论迅猛发展的势头存在落差,反映出新媒体评论研究略滞后于实践,研究进度一定程度上落后于媒介迭代的速度。

---

① 范敏:《批评话语分析:新闻评论研究的另一种可能》,《青年记者》,2016年2月中,第19~20页。
② 丁建庭:《党报评论要重视"二次传播"——以〈南方日报〉被转载评论为例》,《青年记者》,2016(16),第52~53页。
③ 胡汉昌、吴华清、李琼:《众声喧哗中,党报时评如何有力发声——〈湖北日报〉时评版的探索实践》,《中国记者》,2014(5),第70~71页。

这部分原因应该与新闻评论的旧研究范式在应用于新媒介平台时遇到了阻碍有关：新媒体平台上评论主体及评论内容都呈现爆炸式增长，这倒逼研究者在收集相关言论数据时要借鉴大数据等其他研究方法，而方法的掌握和数据的获取都不是一朝一夕的事，有赖研究者自身学习新的研究方法，形成新的研究思路，这一点笔者将在后文"范式革新"部分详细展开。

（四）评论写作研究重视对"时评体"的反思，但专业评论研究不够

在文献梳理中我们发现，评论写作的专业性虽然一直被强调，但以某一类专业评论（如经济评论、国际评论、法律评论等）为研究对象的研究文章还是很少，只有13篇；值得注意的是，另有9篇关于体育评论的研究文章，虽然这也属于专业评论的一种，但体育评论所体现出的专业性，和一般意义上公众期待的新闻评论在分析社会公共事务时所表现出的专业性还是不一样的。出现这种现象的原因，我们认为可以从两方面进行分析：第一，很多专业评论的作者，其本身主要是其他领域的专家学者，不是新闻评论研究的主体；第二，媒体上专业评论本身的发展可能不够充分，没有显示出专业评论应有的水准与影响力，进而影响到其作为有价值的研究对象被纳入研究视野。但不管怎样，新闻评论的专业性如何达成及其说服效果、社会功能等，都值得被认真研究和审视。

在评论写作方面，饱受诟病甚至一度被视为"脑残文体"的"时评体"，得到了研究者的重视，曹林指出当下时评的七大弊病主要是：迷恋时效常被反转打脸；口水评论泛滥，缺乏论证的大关怀大评论；鸡汤评论的伪情怀见证逻辑和思想贫血；跟风评论成新闻附庸，缺乏议题设置能力；暴力评论降低说服力，舆论场缺乏理性辩论；同质评论味同嚼蜡，让人缺乏阅读兴趣；八股评论倒人胃口，文体缺乏创新活力。①对于如何改进新闻评论的写作，研究者们主要从时评论据的甄别与分析、时评写作中的批判思维、评论写作中的事实挖掘、评论的修辞和语法变革等层面展开讨论，还有评论者提

---

① 曹林：《当下时评的七大弊病》，《青年记者》，2015年10月下，第20~23页。

出,"时评人更要通达人性,向社会传递善良的温度与力度"①。

(五)评论员群体研究重能力阐释,未提升到"职业共同体"研究层次

相对于"记者"这一职业共同体来说,"评论员"似乎还没有成为一个值得特别关注的群体被单独研究。相关的研究文章中,主要关注评论员应具备哪些能力,这与上文提到的评论写作研究有部分重合,还是从评论写作技能这一单一维度来考量评论员群体,至于这个群体有怎样的社会学特征,相关研究是很匮乏的,没有像记者群体那样,通过大规模的问卷调查或是深度访谈予以分析,进而也就缺乏对评论员这一"职业共同体"的形成、边界等方面的深入研究。

自学者赵振宇2006年即提出建立"评论记者"机制、"评论员首先是记者,评论文章要在采访中进行"的观点以来,过去四年陆续有研究提及让"评论人走基层"②"在采访的基础上做评论"③等观点,认为评论员跑现场有助于获得第一手资料,形成独家观点。诚然,让读者在阅读评论文章时,"不仅可以获取观点信息,还能够获取有附加值的新闻事实"④,应该成为新闻评论写作的重要目标,但在实践中,真正建立起成熟的"评论记者"机制的媒体机构还没有,"评论记者"更多作为一种理想的模式,成为对评论员的一种要求和期许。

三、新闻评论研究亟待范式革新

基于上述对7本刊物过去4年有关新闻评论研究的脉络梳理,本文认为,新闻评论研究亟须进行范式革新。库恩的"范式"概念主要指某个科学共同

---

① 李鸿文:《时评更要通达人性》,《青年记者》,2013年2月上,第1页。
② 王卫明、骆辉:《"评论人走基层"的实践与思考》,《中国记者》,2014年第7期,第91~92页。
③ 高亚洲:《评论可以是心灵体验的强烈介入》,《青年记者》,2015年第15期,第1页。
④ 赵振宇:《关于建立"评论记者"工作机制的再思考》,《国际新闻界》,2007年第7期,第20~24页。

体接受的理论观点和研究假设,库恩认为,科学革命是新范式不断取代旧范式的过程,科学的发展根本不是一些确定知识的直线累积,而是经历着不同思维方式的革命变革。①那么,具体到新闻评论研究的范式革新,亟待从研究思路、研究方法、研究对象等多方面予以革新。在这一部分中,本文以国内最有影响力的核心期刊之一——《新闻与传播研究》2013—2016年刊发的有关新闻评论的研究文献进行参照,结合笔者对国内新闻评论研究的观察、与学界业界同行的交流,来探讨新媒体环境下新闻评论研究范式革新的可能路径。

(一)结合大数据,量化评估新闻评论的传播效果

新闻评论一直以来被赋予舆论引导的功能,但在众声喧哗的新媒体环境下,机构媒体生产的新闻评论是否真正起到舆论引导作用?特别是在一些重要的公共事件讨论中,机构媒体的新闻评论在舆论场中是否还占据优势传播地位?网友评论汇集成怎样的舆论态势?这就需要研究者结合大数据,量化评估新闻评论的传播效果。

但这显然对传统的新闻评论研究者提出了巨大的挑战,无论是业界的评论员还是学界从事评论教学、研究的教师,面对新媒体平台上的数据抓取和分析,都需要从头学习,并在一定程度上将新闻评论研究与舆情研究结合起来。比如,热点事件、舆情事件发生后,研究者需要抓取微博上的相关讨论,获得一定量的数据,并分析那些被广泛转发的言论,多少是机构媒体生产的,网友在下面点赞或留言的情况如何,是赞同还是反对机构媒体的观点……唯此,才能将新闻评论的舆论引导功能进行一定程度的量化,判断机构媒体的新闻评论是否真正如其所声称的那样引导了舆论。

有学者通过对30起重大舆情事件7584条微博热帖的分析,发现微博传播中的关键节点及其影响因素,进而提出要高度重视微博传播中处于核心位置

---

① 郑杭生、李霞:《关于库恩的"范式"——一种科学哲学与社会学交叉的视角》,《广东社会科学》,2004年第2期,第119~126页。

的关键节点,以引导微博舆论。①其研究发现,重大舆情事件中,传统媒体官方微博和网络媒体官方微博在关键节点中只分别占比6%和7%,远不及排名前两位的名人微博28%、普通用户21%的比重。此外,不同的内容话语策略对评论转发量影响显著,采用情感宣泄、动员号召话语策略的微博评论转发量比采用事实客观陈述型的明显要多;有图片或音视频的帖子内容、原创微博内容、对舆情事件的介入速度均对评论转发量有显著或重大影响,这些研究发现能够为评论写作提供一些有益的借鉴。

这一研究给后来者的启示包括两方面。第一,网友很多言论表达虽然不是有严密逻辑论证的新闻评论,但众多网友言论汇集形成的舆情,需要被认真对待。第二,对机构媒体的新闻评论生产来讲,提升评论的舆论引导力,除了逻辑论证本身的力量之外,也需要结合新媒体语境,采取新的内容话语策略,至于这些策略具体包括哪些,又会因公共事件性质不同而呈现怎样不同的特征,都需后来的研究者进一步深入探讨。

(二)从机构评论主体转向个人评论主体研究

在传统媒体发声平台尚有一定垄断性的情况下,聚焦某一家媒体的评论或是某一知名的评论栏目,分析其评论写作,还有一定的价值,但在众声喧哗、"人人都有麦克风"的新媒体平台上,有必要综合考量和研究舆论场中的各种言论主体,并从这些汇集起来的评论语料中,提炼出更值得研究的问题,分析言论背后的情绪和影响因素等。

承接上文的分析,我们看到,在一些重大的舆情事件上,研究的思路已逐渐开始把一些意见领袖、普通网民置于和媒体机构同等的位置上来考量了。如今,要研究新媒体上的评论,就不能只关注新媒体平台上媒体机构的转型与调适,而应同时关注网友的意见表达,包括论坛、微博、微信公众号等,特别是目前对于评论类微信公众号的深入研究还付之阙如。

在从机构评论主体向个人评论主体转向的研究中,一方面有必要引入社

---

① 谢耘耕、荣婷:《微博传播的关键节点及其影响因素分析——基于30起重大舆情事件微博热帖的实证研究》,《新闻与传播研究》,2013年第3期,第5~15页。

会网络分析、群体极化等理论,提升文章理论层次,分析不同评论主体之间的社会关系网络,以及意见性信息的传播扩散路径;另一方面,对于意见领袖、自媒体的研究也有必要加强,分析他们在重大网络公共事件中的意见表达、关系网络、社会角色等。

在这一转变的过程中,其实也就包括了新闻评论研究从栏目本位的研究进化到问题导向的研究转向。如上文所述,以往的新闻评论研究中,以某一个评论栏目为研究对象的、从自身所在评论岗位出发的经验总结式文章,因缺乏科学的研究方法、实证的传播效果分析,以及普适的推广应用可能,其价值越发有限。新媒体环境下的评论研究,更需要以问题为导向,将评论材料作为分析的对象,从材料中提炼出有价值的研究问题。比如,《新闻与传播研究》杂志2013年刊发的《中菲媒体在黄岩岛争端中的"评论框架"分析》一文,通过对中菲两国主流媒体评论的框架分析,探讨框架背后的结构性力量[1];还有研究文献通过对两个有影响力的网络论坛"强国论坛"和"天涯杂谈"进行议题设置、态度倾向、利益表达等几方面的对比,探讨网络论坛作为一种全民的民主政治参与新形式,其职能特点与建构公共领域的不同方式。[2]这些研究都体现出明确的问题导向,而不再是"就评论谈评论"地进行简单的经验总结。

(三)从描述性的归纳分析转向科学实证研究

如上文所述,新闻评论研究范式的革新离不开研究方法的改进与提升。除了部分研究文献已采用的内容分析、话语分析、深度访谈法之外,还应适当采用问卷调查、基于大数据的话语分析等方法展开研究。有学者在分析新闻评论架构效果时,使用了实验法,以"城管引发的集体行动"为刺激材料,以大学生为实验对象,测试新闻评论及新闻报道在大学生群体中引发的

---

[1] 周洋:《中菲媒体在黄岩岛争端中的"评论框架"分析》,《新闻与传播研究》,2013年第3期,第33~49页。
[2] 王艳玲、孙卫华、唐淑倩:《网络论坛:一种全民的民主政治参与新形式——以"强国论坛"和"天涯杂谈"为例》,《新闻与传播研究》,2013年第6期,第88~100页。

不同效果。①不过，这一2013年即开始使用的方法，在后续新闻评论研究中并没有得到广泛应用，笔者认为，随着大数据的收集及分析方法日趋完善，以后对于新闻评论传播效果、网民意见表达的舆情分析等研究，可以更多使用基于大数据的话语分析等方法来展开。

另外，新闻评论的研究对象方面，也有必要进行适当的扩充，比如，对于媒体转型时期评论员群体的职业及心理调适进行深度访谈，对于评论员群体在岁末年初、离职转型等"热点时刻"的感言叙事进行话语分析，探究他们作为"阐释社群"，是如何建立自己的职业权威，又是如何认识转型期新闻评论的社会功能、评论员角色等问题的。而对于网络上新出现的表情包等意见表达形式，新闻评论研究者也应保持必要的敏感，关注新兴表达方式在网络热点事件中的作用。

总的来看，本文通过对2013—2016年国内7本以新闻业务研究为主的学术刊物中，与"新闻评论"研究相关的239篇文献进行脉络梳理和内容综述，总结出近年新闻评论研究的理论、方法及内容取向，并对未来移动新媒体环境下评论研究范式革新提出几点建议，具体包括：结合大数据，量化评估新闻评论的传播效果；从机构评论主体转向个人评论主体研究，从栏目本位的研究进化到问题导向的研究；从描述性的归纳分析转向科学实证研究等，这一转向过程注定是比较漫长和艰难的，需要评论从业者和研究者不懈的努力。

[作者陈敏为中山大学传播与设计学院讲师，张晓纯为中山大学传播与设计学院2013级本科生。本文得到中山大学2017年度高校基本科研业务费青年教师培育项目（编号：17WKPY06）的资助。]

---

① 聂静虹、李磊磊、王博：《承前启后：新闻评论之架构效果探究》，《新闻与传播研究》，2013年第3期，第64～75页。

2016中国新闻业研究的年度观点

徐桂权　马梦婕①

自2014年以来,《中国新闻业年度观察报告》每辑都从当年的新闻传播学权威学术期刊中遴选出具有代表性的新闻业研究论文,分主题进行梳理和评述。本辑的报告将继续这样的工作,但撰写的方法有所改进:本刊编辑部先从2016年刊载于《新闻与传播研究》《新闻记者》《国际新闻界》《新闻大学》《现代传播》等国内权威学术期刊及部分有影响力的学报(如《南京社会科学》)上初选出20篇新闻业研究论文,然后邀请11位新闻学者和期刊编辑作为评委,在初选入围的论文中进行"2016年度新闻业研究十佳论文"的投票,最后由编辑部汇总得票,评出排名前十的优秀论文(见附录)。

作为2016中国新闻业研究年度观点的综述,本文即在上述评审结果的基础上展开。按照这样的程序,其优点是能够突出当年被学界专家相对一致认可的优秀研究成果,并使其学术观点进一步得到扩散。本次综述即以这十篇论文为重点,按照"媒介融合与新闻业变革""新闻专业主义""新闻生产机制""新闻从业者"四个研究主题进行归类、叙述与评析,力图从中窥探当下我国新闻业研究的发展图景,并为未来的相关研究提供可资借鉴的学术思路。

一、媒介融合研究的反思与新闻业变革的宏观图景

2016年,在新传播技术的推动下,媒体格局重塑的步伐进一步加快,媒

---

① 本文作者分别为中山大学传播与设计学院副教授、硕士生;本文为教育部人文社会科学项目"媒介融合环境下新闻生产的多元话语研究"(15YJC860033)的研究成果。

介融合趋势更为显著。党和政府高度重视媒体融合工作，为新闻业的发展指明方向。2月19日，在党的新闻舆论工作座谈会上，习近平总书记指出，要适应分众化、差异化传播趋势，加快构建舆论引导新格局。要推动融合发展，主动借助新媒体传播优势。3月5日，李克强总理在政府工作报告中提出，要发展文学艺术、新闻出版、广播影视、档案等事业，促进传统媒体与新兴媒体融合发展。3月，《中华人民共和国国民经济和社会发展第十三个五年规划纲要》发布，提出建设现代传媒体系，以先进技术为支撑、内容建设为根本，推动传统媒体和新兴媒体在内容、渠道、平台、经营、管理等方面深度融合。2016年7月，中共中央办公厅、国务院办公厅印发《国家信息化发展战略纲要》，要求："推动传统媒体和新兴媒体融合发展，有效整合各种媒介资源和生产要素。"

在新闻学界，媒介融合的研究近年来也一直是关注的焦点。以"媒介融合"或"媒体融合"为关键词在CNKI上展开检索，2016年的相关期刊论文数量达到271篇之多，创历史新高。研究者对媒介融合的现状和问题、媒介融合的动因与路径以及媒介融合的社会效应等多方面展开，但媒介融合的相关研究对现象的归纳和总结多于对本质的分析和探索；学界普遍对媒介融合的边界进行了大范围的扩张和延伸，但研究整体呈现出"业务化、表象化和现象化"的特征。[①]

在这样的背景下，对"媒介融合"研究的批判性反思尤其显得可贵。复旦大学黄旦和李暄的《从业态转向社会形态：媒介融合再理解》一文就此提出，媒介融合的研究，需要跳出"新闻传播业态"的思路，从"社会形态"变革的角度重新审视媒介融合的本质内涵。[②]作者认为，目前关于"媒介融合"的研究，大多是站在媒介组织边界内来理解：从最初的内容生产环节和资源的整合，逐渐延伸到媒介产业层面。"媒介融合"就是人如何利用不同媒介传输（或使用）不同内容。其思考路向，是以大众媒介机构为依据，是从媒介机构的门内往外看。在这样的思路中，"媒介"是空洞的，内容"融

---

① 李娜：《2011—2016我国媒介融合研究综述》，《新闻世界》，2016年第10期。
② 黄旦、李暄：《从业态转向社会形态：媒介融合再理解》，《现代传播》，2016年第1期。

合"代表一切;"媒介融合"的实质就是"媒介"的"拢和",安置在一起,共同调度和生产。这样的思考容易导致"媒介融合"讨论的语境过于狭窄,理论资源不足,只能在实务操作层面精耕细作、指点方略。

因此,作者建议转换视野,将"媒介融合"的讨论重点放在"媒介"而不是"融合"上。从社会形态的变化的角度来思考它,把产业层面的经验"意识结晶"融入"网络社会"的理论把握,这样的"媒介融合"即以数字技术为元技术平台,将不同维度上的媒介重新整合为一体,形成一个全球化的、涌动的"网络社会",而媒介组织就是这个网络中的一个节点。从社会形态上理解"媒介融合"更能体现新传播时代的精神和风貌,在新的高度和气度上推动我国传播的网络化和全球化。

另一方面,仅从新闻传播业态而言,尽管"媒介融合"是当下新闻业发展的主旋律,但也不足以概括互联网革命下新闻业发展的丰富面貌。中山大学张志安和吴涛《互联网与中国新闻业的重构》一文就从中国新闻业的结构、新闻生产方式与公共性三个维度来剖析当下新闻传播业重构的新趋势。[①] 首先,从结构维度来看,作者认为,伴随着互联网用户的激增和互联网产业的蓬勃发展,中国新闻业的深层机构正在发生显著变化。互联网改变了中国新闻业的产业结构、受众结构、股权结构和权力结构,同时,也深刻地影响着中国新闻生产实践的变革。

从新闻生产方式来看,这篇文章引入历史性视角,对传统新闻业与网络新闻业的生产方式进行简要对比,总结传统新闻业变革和网络新闻业实践的特点。传统媒体利用网络技术对已成形的新闻实践"惯习"进行再造,具体表现为:生产主体从专业化到社会化;生产机构从封闭性到透明性;生产频率从周期性到循环性;生产资源中信息源结构更为多元;生产压力中网络民意的影响逐步扩大。以新浪、腾讯为代表的商业网站也呈现出新特点:从记者主导转向编辑主导;从作为产品到作为过程的新闻;新闻生产的偏向从硬到软。

---

① 张志安、吴涛:《互联网与中国新闻业的重构——以结构、生产、公共性为维度的研究》,《现代传播》,2016年第1期。

从社会控制的新趋势来看，传媒公共性的隐忧主要集中于以下三点：过度的商业控制导致专业伦理的失范；网络舆论的极化导致公共空间的弱化。文章认为，在互联网的影响下，中国新闻业面临着"双重尴尬"：一方面，传统媒体时代，专业主义的启蒙和共识尚未形成；另一方面，在互联网时代，碎片和局部的新闻专业主义又面临新的重构，而在新的重构过程中消解与促进、挑战与机遇因素并存。

二、新技术环境下新闻专业主义的再探讨

在新传播技术环境下，曾在宣传话语及市场话语的夹缝中碎片化存在的新闻专业主义话语是否有新的表现形式？这是一个引人注目的话题。在2016年，复旦大学信息与传播研究中心在《中国社会科学报》上策划、发表了以"新技术环境下的新闻业图景"为主题的系列文章，其中就有多篇文章涉及新闻专业主义的思考。策划者陆晔与潘忠党在该中心的微信号上还推出了一篇题为《重提新闻专业主义》的导言，并就此写道："新闻专业主义的基本理念今天依然具有解放的力量，具有规范的能力"，"面对新技术、市场的变幻莫测与巨大压力，它也格外需要重新倡扬、重新阐释，使之成为不仅是对媒介和新闻从业者的职业期许，更是全社会文化价值体系的一部分"[①]。

在《"液态"的新闻业：新传播形态与新闻专业主义再思考——以澎湃新闻"东方之星"长江沉船事故报道为个案》一文中，作者陆晔和周睿鸣对新传播形态下新闻专业主义展开了更细致的经验考察与理论思考。在对澎湃新闻进行系统参与式观察和深度访谈的基础上，通过对"东方之星"长江沉船事故报道进行个案分析，研究发现：新闻业正呈现"液化"状态。新闻生产体现为职业记者和公众共同参与的动态实践；媒介机构不再是新闻事件的唯一阐释主体，基于互联网社交平台，新闻报道的价值和意义经由公众的集体参与而被不断重塑；新闻生产流通的速度大大加快，颠覆了工业化时代以

---

① 陆晔、潘忠党：《重提新闻专业主义》，复旦大学信息与传播研究中心公众号，2016年5月10日。

报纸新闻为主的新闻生产流程和常规；新闻职业社区的专业控制和社会大众的开放参与之间，形成了强大的张力，组织化新闻生产正在变成协作性新闻"策展"（curation）。研究者认为："在新技术主导的以社交平台和公共参与为重要特征的新传播形态下，'液态'的新闻业以及新闻生产到协作性新闻'策展'的转变，呈现的是新闻从业者和社会公众，每一个个体，在新闻信息生产和传递的网络节点上不断地相互介入、相互挤占、相互渗透，原有的框架被不断突破、变形甚至不复存在，新的意义不断溢出。如果我们将新闻专业主义不仅视为有关媒介公共性和记者职业角色的期许，也将其视为自由表达和公共参与为核心的社会文化价值体系的组成部分，那新闻专业主义理念以及话语实践，仍然是推动社会进步的重要话语资源，并且具有新的普遍关照的理论意义。"①

在"新技术环境下的新闻业图景"系列论文中，中山大学李艳红的《"商业主义"统合与"专业主义"离场：关于当前新闻业转型的话语分析》一文获得较广泛的关注。随后，该文的更详细的修订版发表在《国际新闻界》上。论文以话语的社会理论为取径，以新闻业者对数字化挑战所发表的言说文本为素材，考察我国新闻场域中的实践者在面对数字化挑战时，如何重构和概念化他们的行为。文章的基本发现是：当代新闻实践者主要转向了市场话语，开始采纳商业主义作为支配其言说的主要框架，来界定其所面临的危机、提出因果解释、做出道德判断并提出解决方案。商业主义构成了当下中国新闻业者在面临数字化技术变迁带来的挑战时所形构的话语的核心。与这一过程相伴随，自20世纪90年代新闻改革的上升阶段曾经涌现的专业主义"话语形构"则悄然离场。与西方社会在类似技术条件下所产生的相对多元的危机言说相比，当下中国业者的"话语形构"显示出单一商业维度的特征。这一"话语形构"的变迁不仅内在于商业主义社会实践的兴起之中，并且为后者提供合理化的依据进而催生后者，与此同时，以"公共性"为价值主导的工作、社会关系和社会认同则在这一过程中被"去合法化"和

---

① 陆晔、周睿鸣：《"液态"的新闻业：新传播形态与新闻专业主义再思考——以澎湃新闻"东方之星"长江沉船事故报道为个案》，《新闻与传播研究》，2016年第7期。

边缘化。新闻业的结构性变迁因而蕴含于话语变迁之中。①

除了在中国语境下对新闻专业主义话语进行再探讨外，西方乃至全球新闻业的专业主义实践也在国内新闻学者的关注之中。作为新闻专业主义话语中的核心概念，"客观性"不但过去一直是学界与业界争议的热点，在新传播环境更是进一步被推到风口浪尖。此时，"透明性"被视为一种替代性概念和实践方法而提出并受推崇。它被看作新闻业医治沉疴、回应公众关切、提升公信力的灵丹妙药。进而学界产生客观性对于社会的民主参与和对话是否仍有必要的追问。武汉大学的夏倩芳和王艳对《从"客观性"到"透明性"：新闻专业权威演进的历史与逻辑》一文则认为，透明性并未实质性地改变新闻专业权威的来源。文章梳理了新闻的"客观性"到"透明性"的变迁过程，讨论客观性原则与新闻专业权威演进之间的逻辑关联。"客观性"的历史表明，它作为一个过程性和实践性的概念，处于不断被丰富与调整中。从当今各国的"透明性"实践来看，强调开放和诚实的"透明性"规范正是新媒体对客观性原则的有力推进，而非颠覆。"透明性"改革的实质是新技术条件下的方法论变革。"参与"和"对话"一直是对客观性进行质疑的视角，新媒体提供的技术可能性，开放出了更多通往真相的路径，使对话和参与建立在更加理性的基础之上，而这正是客观性的原初目标。所以说，透明性并未实质性地改变新闻专业权威的来源。因此，媒体机构须积极探索在新的技术和社会条件下客观性的实践方法，并进行连带的职业规范、生产机制、组织结构、经营管理等方面的变革。②

三、社交媒体情境下新闻生产的再考察

互联网正在深刻改变中国新闻业的版图，同时也在重塑新闻生产的流程与机制。据中国互联网络信息中心（CNNIC）2017年1月发布的《2016年中国

---

① 李艳红、陈鹏：《"商业主义"统合与"专业主义"离场：数字化背景下中国新闻业转型的话语形构及其构成作用》，《国际新闻界》，2016年第9期。
② 夏倩芳、王艳：《从"客观性"到"透明性"：新闻专业权威演进的历史与逻辑》，《南京社会科学》，2016年第7期。

互联网新闻市场研究报告》数据显示:最近半年内,网民使用社交媒体获取新闻资讯的比例高达90.7%,在微信、微博等社交媒体参与新闻评论的比例分别为62.8%和50.2%,通过朋友圈、微信公众号转发新闻的比例分别是43.2%和29.2%。综上,社交媒体已成为我国网民新闻获取、评论、转发、跳转的重要渠道。①

那么,我们如何从学术上理解社交媒体上的新闻传播现象?是将大众传播时代传统的新闻定义进行修补、翻新,还是需要从社交媒体情境的特性出发来建构全新的新闻观念?复旦大学谢静的《微信新闻:一个交往生成观的分析》研究思路更接近后一种取径。文章认为,微信不仅是新闻传播的渠道或平台,也是新闻生成的空间。不同于组织化、专业化的新闻生产,微信的新闻生成是在交往中生产,其新闻方式是作为交往的新闻。这种新的新闻方式打破了大众媒体新闻生产中生产和消费的二元对立和线性序列,是一种无本源的生产。微信的新闻生成以文本间性(互文性)的方式呈现,形成了多重连接、交叉并置的互文,不断创造新的信息与世界图景,创造出含混、多维的意义。而且,微信新闻生成重塑人们的时空体验,模糊了时新性、真实性、事实与意见、专业与业余、公共与私人等传统新闻生产所依赖并强化的固有边界,因而表征了全新的新闻范式。②

如果说社交媒体上的新闻生产能够成为一种新的范式,那么这种新范式必然也对传统媒体的新闻生产方式提出变革、创新的要求。南京大学王辰瑶和喻贤璐的《编辑部创新机制研究——以三份日报的"微新闻生产"为考察对象》将一项新闻业的创新策略——"微新闻生产"放置在编辑部这个具体的实践场所进行经验分析,并由此探讨编辑部创新的内在机制。文章以行动者网络理论和制度创新理论为视角,通过实地调研和深度访谈,分析《人民日报》《中国青年报》和《新京报》在微博和微信平台上开展的新闻创新。研究发现:其一,当下新闻媒体的不确定危机是生态层面的,不是组织层面

---

① 中国互联网信息研究中心:《2016年中国互联网新闻市场研究报告》,2017年1月11日,取自http://www.cnnic.net.cn/hlwfzyj/hlwxzbg/mtbg/201701/P020170112309068736023.pdf。
② 谢静:《微信新闻:一个交往生成观的分析》,《新闻与传播研究》,2016年第4期。

的，它促成了媒体强烈的创新动力，"微新闻生产"即是其中的一种表现形式；其二，创新动力并不能直接产生创新结果，新闻创新是在一个复杂的、多因素相互关联的编辑部行动者网络中发生与开展的；其三，技术、编辑部各类新闻生产者之间的关系、投入在创新上的资源以及编辑部的原有规制，对一项具体的编辑部创新策略（比如"微新闻生产"）的开展有重大影响；其四，编辑部创新也是一个动态的过程，既存在"路径依赖"，也保留着多重可能性。①

社交媒体的发展不但重塑了新闻生产的微观机制，也在宏观层面改变了我国媒体与舆论的生态。自改革开放以来，我国媒体的市场化改革使党媒一直受到市场化媒体的挑战。但自2012年下半年起，党媒在市场化媒体和网络技术的冲击下站稳脚跟，成为社交媒体上极具影响力的媒体力量。这一现象极大地改变了媒体改革以来党媒与市场化媒体之间的力量对比，重塑我国社交媒体上的舆论生态。宾夕法尼亚大学在读博士生方可成的《社交媒体时代党媒"重夺麦克风"现象探析》通过分析5家党媒在社交媒体（人民日报、央视新闻、"学习小组"、"侠客岛"、中国青年报）所发布的内容的传播度，以及对其12位编辑的深度访谈，对社交媒体时代党媒"重夺麦克风"现象进行剖析。文章认为，从技术层面来看，党媒的社交媒体编辑熟练运用多种推广和运营的策略，在"两微"（微信和微博）平台上发布着与主报、主刊、主频道迥然不同的内容；另一方面，他们同时也利用党媒的权威身份，为自身发布的时政分析、政策解读类内容增加了吸引力。从制度层面来看，来自政治高层的肯定和鼓励是党媒在社交媒体时代崛起的重要因素，而党媒之间的竞争也促进了它们的发展。②

---

① 王辰瑶、喻贤璐：《编辑部创新机制研究——以三份日报的"微新闻生产"为考察对象》，《新闻记者》，2016年第3期。
② 方可成：《社交媒体时代党媒"重夺麦克风"现象探析》，《新闻大学》，2016年第3期。

四、转型语境下新闻从业者的话语实践研究

在新闻业急剧变革的背景下，新闻从业者的生存状态及其话语实践也成为研究者关注的焦点。比如，在新闻从业者的叙事中，频频出现对于《南方周末》、央视等传统媒体的黄金时代的追忆，其中所折射的职业心态亦引人深思。浙江大学李红涛的《"点燃理想的日子"——新闻界怀旧中的"黄金时代"神话》一文即聚焦新闻业转型语境下的怀旧话语实践，特别是其中浮现的黄金时代叙事，借此理解新闻界在面临巨变的历史当口如何"往后看""往下看""往前看"。通过分析名流纪念、个体离职、组织纪念日、丑闻危机等场景下的怀旧文本，可以看出黄金时代指向20世纪90年代中后期到21世纪初的新闻改革和市场化媒体勃兴，其内核是个体层面的青春和理想主义叙事与新闻改革大叙事的结合。黄金时代是新闻业当下环境所激发出的"神话"，除了为"黄金一代"加冕、传递对"当下"的批判之外，它更像是呼应纸媒衰落，对建构出的过往所作的一曲挽歌。①

与"黄金时代"的叙事相对应，近年来越来越多传统主流媒体工作人员选择跳槽离职时的"告别"话语同样引人注目。中山大学陈敏和张晓纯的《告别"黄金时代"——对52位传统媒体人离职告白的内容分析》一文，对2009—2015年间52位媒体人的离职告白文本进行内容分析后发现，媒体人阐述自己离职理由时主要有三个归因：（1）新技术的冲击：新媒体崛起，媒体人感慨"黄金时代"不再；（2）媒体经营的压力：采编不如运营，媒体人担忧减薪甚至失业；（3）个人选择：求新求变，媒体人重新规划职业生涯。此外，这52个样本中，至少有39人具有十年及以上新闻从业经历，他们与传统媒体的"黄金时代"或多或少有些交集，这些资深记者对于自身角色和心态的阐释，以及对于新闻业转型的判断，为研究中国新闻业转型提供了一份难

---

① 李红涛：《"点燃理想的日子"——新闻界怀旧中的"黄金时代"神话》，《国际新闻界》，2016年第5期。

得的史料。①

　　作者还对新闻业转型期新闻从业者话语实践的后续研究提出建议：第一，可以进一步扩大收集范围，将更多的离职文本纳入研究视野；第二，研究媒体行业的坚守者，看他们如何阐释坚守的理由、如何理解新闻业的变化，以丰富对媒体转型图景的认知；第三，研究非传统新闻工作者、新加入媒体行业的新闻工作者是如何看待传统的新闻价值，以及如何定义记者的。相信这些后续的拓展研究能够为更好地理解中国新闻业转型、理解传统媒体人的转型提供更丰富的解释。

---

① 陈敏、张晓纯：《告别"黄金时代"——对52位传统媒体人离职告白的内容分析》，《新闻记者》，2016年第2期。

2016年中国新闻业研究十佳论文评选结果

为推动中国新闻业研究的发展,本刊编辑部从本年度起发起了"中国新闻业研究十佳论文"的评选活动。本刊编辑部先从2016年刊载于《新闻与传播研究》《新闻记者》《国际新闻界》《新闻大学》《现代传播》等国内权威学术期刊及部分有影响力的学报上初选出20篇新闻业研究论文,然后邀请11位新闻学者和期刊编辑作为评委,在初选入围的论文中进行"2016年度新闻业研究十佳论文"的投票,最后由编辑部汇总得票,评出排名前十的优秀论文。获选的优秀论文是:

陆晔、周睿鸣:《"液态"的新闻业:新传播形态与新闻专业主义再思考——以澎湃新闻"东方之星"长江沉船事故报道为个案》,《新闻与传播研究》,2016年第7期。

李艳红、陈鹏:《"商业主义"统合与"专业主义"离场:数字化背景下中国新闻业转型的话语形构及其构成作用》,《国际新闻界》,2016年第9期。

张志安、吴涛:《互联网与中国新闻业的重构——以结构、生产、公共性为维度的研究》,《现代传播》,2016年第1期。

王辰瑶、喻贤璐:《编辑部创新机制研究——以三份日报的"微新闻生产"为考察对象》,《新闻记者》,2016年第3期。

李红涛:《"点燃理想的日子"——新闻界怀旧中的"黄金时代"神话》,《国际新闻界》,2016年第5期。

黄旦、李暄:《从业态转向社会形态:媒介融合再理解》,《现代传播》,2016年第1期。

夏倩芳、王艳:《从"客观性"到"透明性":新闻专业权威演进的历史与逻辑》,《南京社会科学》,2016年第7期。

谢静:《微信新闻:一个交往生成观的分析》,《新闻与传播研究》,2016年第4期。

陈敏、张晓纯:《告别"黄金时代":对52位传统媒体人离职告白的内容分析》,《新闻记者》,2016年第2期。

方可成:《社交媒体时代党媒"重夺麦克风"现象探析》,《新闻大学》,2016年第3期。

上述优秀论文作者将获得由本书编辑部颁发的获奖证书,并受邀参加2017中国新闻业研究圆桌论坛。

附 录
中国新闻业年度观察报告 2017

本刊专访

传播和媒介的性别研究与批判研究之传统和发展：
安格赫拉·N.凡迪维亚教授学术访谈

安格赫拉·N.凡迪维亚　白玫佳黛

【安格赫拉·N.凡迪维亚教授简介】

安格赫拉·N.凡迪维亚教授[①]（Angharad N. Valdivia）教授本科毕业于加州大学圣地亚哥分校（传播学和历史双学位）。在伊利诺伊大学香槟分校传播学研究所（Institute of Communications Research）获得博士学位后，她在宾州州立大学做过助理教授（1991—1994），之后转入伊利诺伊大学香槟分校传播学研究所工作至今，在那里获得了终身教授职位，后升为正教授。凡迪维亚教授曾任研究所所长（interim director，2009—2014）、媒介和影视研究系主任，并兼任传播学、妇女和性别研究、拉美研究所教授。凡迪维亚教授曾在尼加拉瓜、秘鲁和智利做过田野调查。她的主要研究领域是传播学内的性别研究、民族研究和拉美研究的交叉，在跨国的视野下考察主流流行文化中个人能动性和结构之间的张力。她目前的研究主要集中在杂合理论（hybridity theory）、媒介再现中的种族模糊性策略（ambiguity as a strategy）和跨国的媒介研究（transnational media studies）。

她是一位高产的学者、交游广泛的学术编辑和关爱学生的导师。她曾在 Communication Theory，Communication Review，Global Media Journal，Journal of Communication，Journal of International Communication，Girlhood Studies，Popular Communication，Journal of Children and the Media，Review

---

[①] 译者：Valdivia 又译作瓦尔迪维亚。这是智利的地名和姓。在此，为了通顺，与她的名一起翻译成四个字的中文姓。Angharad N. Valdivia 教授名字的昵称是 Anghy，所以在访谈正文中将她的名字简化为安吉。

of Education/Pedagogy/Cultural Studies, International Journal of Inclusive Education, Women and Language, Chasqui等学术期刊和诸多文集中发表论文。她出版过A Latina in the Land of Hollywood（Arizona，2000）及其他著作，编辑过"Latina/o Communication Studies Today"（Peter Lang，2008），"The Media Studies Companion"（Blackwell，2003，2006），"Feminism, Multiculturalism, and the Media: Global Diversities"（Sage，1995），"Routledge International Encyclopedia of Women"（2000）的传播学和文化部分，主编过七卷本的The Encyclopedia of Media Studies（Blackwell，2012/13），合作编辑过Geographies of Latinidad（杜克大学出版社，即将出版）等书。她曾担任Communication Theory的主编（2008—2011）。此外，她曾作为访问学者访问过加州大学圣地亚哥分校、英国的剑桥大学（露西·卡文迪许学院）、加拿大多伦多的约克大学和意大利马德里的圣路易斯大学。

一、学术背景

白玫佳黛（下称"白"）：非常感谢您来到中山大学传播与设计学院。我们知道您曾从伊利诺伊大学香槟分校的传播学研究所（下简称研究所，或ICR）获得博士学位。自完成博士论文后，您的研究是如何进一步发展的呢？您的博士论文混合使用了民族志和对新闻报道的文本分析等多种方法来研究革命时期的尼加拉瓜。您之后的工作和您在ICR的学习，以及您的博士论文有怎样的联系呢？又或者，我们可以从您在ICR之前所接受的教育开始说起。您是赫伯特·席勒的学生，这对您的学术工作有什么影响呢？

凡迪维亚教授（下称"安吉"）：好的。我曾是加州大学圣迭戈分校的一名本科生。我在那里求学的时候，该校正处于一段政治上非常活跃的时期。比如，那时在校园里，如果军方来征兵，学生会堵住道路。他们不会允许军队在校园里征兵。如果人们试图建立兄弟会和姐妹会，学生们也会做同样的事情来阻止。学生说："我们不是会做这种事儿的学生。"又比如，曾经有人试图重新开始强制征兵,我们大学的年轻学生发起了全美所有大学中最大规模的游行,而这在当时是前所未见的。我们大学在政治上非常活跃。师生曾投票要用非洲和墨西哥的民权运动家的名字来将第三学院(Third College)重命名为Lumumba-Zapata学院。教授们投票支持了这一命名,但加州大学的校务委员会(大概相当于校董会)投票否决了这一命名。所以最后这个学院被命名为Thurgood Marshal学院。Thurgood Marshal是一名非裔的美国最高院大法官。还是存在一些妥协,但是这一命名没有教授和学生想要的那样具有革命性。而且,当赫伯特·马尔库塞在我校拿到终身教职之后,因为他的共产主义者身份,校务委员会撤销了他的雇用合同。学校的教授们为此举行了罢工,直到这一撤销决定被取消:马尔库塞重又获得了终身教职。

那是一段政治上非常活跃的时期,而我当时在那里读经济学。有趣的是,经济学专业的教授由"芝加哥男孩"组成。"芝加哥男孩"是来自芝加哥大学的教授。他们是那些在第三世界中,特别是智利,制度化地实施新自由主义实践的教授。所以那是一个很有意思的时期,因为在经济系有"芝加哥男孩",而同时又有政治上非常活跃的学生群体。所以我最终转到了传播与历史。在传播学中,我修过一系列特别棒的教授的课,其中最重要的有赫伯特·席勒教授:他非常鼓舞人心。又比如,我还修过麦克·舒德森教授的课。所以,我同时接触了国际传播的政治经济学,和从文化来研究传播的这两种路径。其中后者是舒德森教授教给我的。他更像詹姆斯·凯瑞。我有点像是经历了两种相反的范式。我一直都不明白这两种范式为何是相反的,因为它们可以是互补的。后来我申请研究生院的时候,舒德森教授和席勒教授都说我应该去那个研究所(传播学研究所,即ICR),而我从没听说过它。所以我就申请了传播学研究所,被录取了,并且获得了资助。没多少钱,但是,你知道的,大概可以让我靠它生活。他们两位都说那儿对我来说会是一个好去处。

传播学研究所对学生来说是一个非常好的地方,因为我感觉教授们都支持学生做自己想做的研究,而不是禁止你或者控制你的研究方向。你会展示你的研究项目,而他们会说:"好,放手去做吧。"所以我决定博士论文要写性别、出版业新闻和尼加拉瓜革命。这非常有意思,因为当时研究所的教授,真的,没有一个人能在这个题目上帮助我。但是他们都说:"这是一个好题目,放手去做吧。"然后,我拿到了一点资助,让我能去尼加拉瓜做田野工作。我带着两个年幼的孩子去了尼加拉瓜,在革命期间住在那里,做访谈,分析新闻报纸,包括尼加拉瓜《新闻报》(*La Prensa*)、《街磊》(*Barricada*)和《新日报》(*El Nuevo Diario*)。我采访了AMNLAE〔尼加拉瓜妇女联盟——露伊萨·阿曼达·艾斯平娜萨。该机构根据在索摩扎(Somoza)地区被杀害的烈士而命名〕的女权主义者。这一组织是革命期间的妇女组织。然后我据此写出了我的博士论文。我的博士论文使用的是混合方法,像你说的那样,我用了访谈、一点点田野调查和某种意义上的媒介再现分析,因为我当时还没修过任何有关话语分析的课程。如果我能使时间倒流的话,我会修读话语分析的这类课程。所以完成博士论文之后,我继续关注和研究全球的问题和聚焦性别的问题,直至今日。在我拿到第一份工作之后,我也开始研究美国国内的内部种族问题。我一直是将全球人口和文化的流动看作一个连续体,而不是将美国的情况视为特殊问题,割裂开来看的。

二、文化研究和政治经济学不是分化和对立的

白: 了解了您的教育背景之后,我产生了两个问题。第一,您说自己受到了赫伯特·席勒教授和麦克·舒德森教授的共同影响。我同意您说的,研究媒介和传播的政治经济学与文化的路径不是互斥的,而应该在研究中混合使用,以期得出讲得通的研究结论。但仍然有一些学者把政治经济学和文化研究区别开来。您是如何看待他们所做的区分的呢?能不能跟我们分享一下您的意见?在您的研究中,两者是如何不产生冲突的呢?

安吉: 好问题。我作为一名研究生进到传播学研究所的时候,是1983年8月。那时候伊利诺伊大学刚刚举办了那场非常棒的夏季会议。所有人都来了。我不知道福柯来了没有,但是勒布费尔来了,斯图亚特·霍尔来了,

贝尔·胡克斯（bell hooks）来了，所有人都来参加了那次会议，詹明信也来了。当时那里有充满生气的、活跃的文化研究的发酵环境。当时，美国的文化研究的中心在伊利诺伊大学（香槟分校）。拉里·格罗斯伯格（Larry Grossberg）教授也在那里。他就好像一个神一样；有些学生就像骨肉皮一样追随着他。文化研究和政治经济学被看作两分的、对立的研究路径。因为我来自加拿大圣地亚哥分校，人们把我和赫伯特·席勒教授联系了起来。他们把我丢进了政经的大营。有些人做的是文化研究，而我不是其中的一员。我当时非常忙，因为我生了孩子。在研究生院的头两年我生了两个孩子。这让我变得非常忙碌。我不会说那是一个不明智的决定，因为我从来没有后悔过。但是那让我变得很忙，所以我，从某种意义上来说，根本没有时间加入范式争论所衍生出来的人际斗争。我一直在做自己的工作，而且引用了拉美学者的研究结果。有一本书叫作《拉丁美洲的依附与发展》，是费尔南多·卡多佐和恩所·法莱托合著的。你知道的，经济是文化性的。如果剥离其文化语境，经济问题是说不通的。在依附理论的框架内，你不会认为政经和文化研究是互相对立的。资本主义是文化结构的一部分；剥离文化的话，任何的经济决定都说不通。我没有时间和其他的学生辩论这些问题；我一直忙着做我自己的事情。有一天我到Illini Union①去，有一名学生跟我说……我永远忘不了这事儿：我当时正在开门，这个学生是常和格罗斯伯格教授一起玩儿的文化研究的学生中的一个。他对我说，格罗斯伯格教授说你站在后现代研究的顶峰。我当时的感觉是，哇，我从一个19世纪的政治经济学者，变成了人们口中站在后现代研究山顶的学者，而我做的东西还是那些东西。我对这一分野一直没有太多的耐心。每次我教这部分的时候，我会说，你可以决定把重点放在经典的美国的政治经济学问题上，但我认为这种分野主要是美国搞出来的一个东西。如果你去加拿大、墨西哥和拉美地区，人们都不把政经和文化研究对立来看。事实上，这根本说不通，因为你怎么能脱离经济来研究文化，怎么能脱离文化来研究经济？这说不通。这就是我对这一问题

---

① 译者注：学校最中地段的一栋大楼，做学生聚会、交流和各种服务的中心大楼使用，也可召开大型会议，楼内有教室、活动区和住宿、餐饮场所。

的观点。当我开始在研究所里教(博士研究生的)必须研讨课时,我不知道你是否记得,但是这一分野被介绍为历史上的某一阶段的东西,是20世纪80年代的争论。真的,我们需要往前走。那也是一个美国的事,是美国的一个论战。我拒绝把美国视作世界上知识结构的中心。我认为我们必须很谨慎,要把这说成是美国发生的事情而已。在美国,人们因此而互相争斗。我不会给它比这更多的重要性和地理上的关联。我就是这么教学生的,也是这样看待它的。我引用政经的成果,也很尊敬文化研究。我不把它们看成相互之间有张力。它们总是相互补充的。

白:有时人们会把学者归为政经或者文化研究的学者。我们搜索约翰·尼罗(John Nerone)教授的时候,搜索引擎给出的结果把他归为政经学者,但他本人自认是媒介史的历史学者。我修丹·席勒教授的课的时候,他说他自己是一位文化历史学者。但在这里他也被认为是一位政治经济学学者。对立的分类可能是美国的一个历史事件,但是这里的人们用历史中可辨认的术语来使得他们的研究领域合法化,为出资赞助者解释他们的研究。这就引向了我的第二个问题:您怎么看传播学的跨学科特征?它是如何表现的,不管是作为一个领域还是一个学科?宣称自己的研究是跨学科的可能会使得申请者更难获得资源,因为资源是按照不同的学科、不同的系所来进行分配的。跨学科在ICR不是一个问题,但在美国和全球的学术界是如何的一个情况呢?

安吉:这是一个重要的问题。跨学科是每个人都爱到处写的一个词。在每所大学的战略计划里面都有这个词。在他们的网站上,你可以看到跨学科是他们的价值观和目标之一。你说得对。大学中的所有东西都在和跨学科较劲儿;不管是资源分配的方式,还是人们招募教授和学生的那种有很强领地性的方式,特别是分配资助经费的方式。在资金减少的时期,人们更加顽固地保卫学科的既有领地。我认为传播学研究所特别好的方面之一是教授们非常努力地工作,忍受了很多来自学校和学院的不公正的对待,来为我们学生保护自身的跨学科性。我认为在我是学生的时候，教授们为我做了这些事；在我是年轻的教授的时候，他们也为我做了这些事；所以现在我也在为了学生和年轻教授做这些事情。做这些事并不容易。这也是为什么传播学研究所总是在遭受攻击，不管是来自学院的还是学校的。因为我们非常跨学科，人们觉得受到了威胁。我认为就传播学领域而言，人们做了很多策略性的决定，因为我认为媒介和传播学研究是跨学科的领域。学术上，我们从社会学、政治科学、心理学、数学、物理学、教育学、科学和技术研究等学科和领域获得了根基和一波波的贡献。我们非常跨学科，但是我们必须跟学校层面的策略性本质主义打交道。我们必须说，不，我们是一个领域，所以我们理应有一个学院、一个系所、相应的教授队伍和发奖学金的钱。我们可以作为一个领域申请SSRC（社会科学研究委员会）的资金。我们可以作为一个领域申请福特基金会的钱。在你的区域研究中也是如此，因为资助是按照不同的政府来分配的，比如欧盟的资金和智利社会科学基金（Conycit）的资金。我们必须按照策略性的本质主义将传播学看作一个领域。而且，确实有个东西叫传播学理论。虽然很跨学科，但其本身也确实是一个东西。我们的领域有传播学理论、社会和媒介的理论。我曾是《传播理论》（*Communication Theory*）的主编。我有两个不动摇的原则。当人们投文章到这本期刊，第一，文章必须是传播学的——不管传播学有多跨学科，它仍然是个东西。就像我女儿说的："这是一件东西。"它确实是可以被划定界限的一个事儿，虽然其界限是多孔的、不便的，但它仍然是一个东西。当人们投稿来的时候，我说这文章必须和传播理论相关，因为很多人说，哦，我是在某某领域，而且我是在传播，所以我想投一篇文章。所以是有这个领域的。我要说的另外一件事是，投来的文章必须跟理论有关，因为这期刊叫作《传播理论》，所以它得和传播以及理论有关。作为传播学者，这个问题很微妙，因为从一方面说，它是跨学科的，但从另一方面来说，它是一门交叉学科（interdiscipline）。这就是为什么我把它叫作一门交叉学科，不是一门学科，它有自己的历史、学者、期刊、组织和一些范式。范式有很多，但是我们可以辨认出一些本领域的传播学范式，就好像其他学科有其他的范式一样。有一些范式刚形成,但是确实有一些范式存在,使我们能够把传播学称作一个领域或一门交叉学科。

三、作为学术期刊主编的职责

白:说到理论,我们知道一些学者看重形而上的纯理论,而看轻和案例及其他实证证据相关的具身(embodied)理论。在您任职《传播理论》的主编期间,当您向其他期刊投稿的时候,您是如何看待理论和实证证据之间的关系的?一些学者,比如说女权主义学者,会将理论联系到自身的立足点和经验上。您是如何看待这个的呢?

安吉:好的,在我担任《传播理论》一刊主编的时候,我严肃认真地把传播学作为一个交叉学科来看待。我不会在不同的范式间搞歧视。我不认为我的职位(那当然是一个很大的荣誉)所要做的工作是在传播理论这一交叉学科的大伞之下,去评判和歧视一些范式,而推崇另一些范式。我已经说过,文章必须是传播学的,是理论的。我接受的教育告诉我"实证"仅仅指的是"基于观察"。实证和数字无关。观察不一定得是数字化的。但也有规范性理论。我说到对传播学领域有贡献的学科的时候忘记提哲学了。作为编辑,我的工作是确保这些文章跟一种传播学的范式有关,而且确实往前推进了理论。

我在加州大学圣地亚哥分校的时候,我们需要修很多社会科学的课程。我们得修《传播学》还有《作为社会力量的文化传播》,以及我忘了第三个叫什么名字了,但第三个是有关社会科学的。我对社会科学没有任何意见。它们非常有用,如果做得好的话。就像阐释性分析也只有做得好才是有用的一样。任何研究都必须做得好。我看不到任何的张力。我只需要选择做得好的研究。我认为任何期刊的编辑要做的重要工作之一就是把这些文章发给那些能够尊重这些文章并给出审稿意见的审稿人。例如,在我最近卷入的一个审稿过程中,文化方面的文章被发给了社会科学家,后者的审稿意见是,这不是实证的。我认为这不是一个有用的审稿过程。第一，文章是实证的。如果你仅仅把实证定义为数字的，那么这篇文章不是。第二，这不是一个有用的审稿意见。有数量惊人的文化研究学者的文章被发给社会科学的学者来审稿，而后者对前者的范式是抱有敌意的，所以文章因为不实证而被拒。那完全不是一条有用的审稿意见。所以当我是编辑的时候，我做的其中一件事情就是，扩展了审稿人的数据库。我一直试着增加审稿人的数量，所以当我拿到一篇文章的时候我有三到五位能尊重该文范式的审稿人来审稿。因为我并不想核对范式。我在研讨课里不会那么做，作为编辑也不会那么做。我想做的是选择最好的文章来推进传播理论的各种体系的范式。我想要这些文章得到审稿人有尊重的、在其自身的范围的审阅，因为如果有人致力于经典政治经济学内的体制分析，却在给文化研究的文章审稿，说文章非政治化，那我认为这个审稿过程是没什么用的，对吧？或者让文化研究的学者审体制分析的文章，说："哦，这就是简单的决定论嘛。"这都是对严谨研究的刻板印象。这就是我怎么处理这些情况的。我不做评判，我尊重投来的所有稿件的范式，如果文章写得好，能够推进传播学理论的发展，那么我会把文章送给一些审稿人，他们会好好对待这些文章；然后我根据审稿人的意见做出决定。

白：我同意您说的。约翰·尼罗教授曾让我们就政治经济学和文化研究学者之间的论战写一篇文章。论战的双方都将自己一方写得好的文章和对方写得不那么好的文章拿来比较。人们因为已经先选择了站在某一方，所以会这样做。这样做不利于范式自身的发展。

安吉：有意思的是，你知道别人描述我的学术的时候不同的人的说法大相径庭。人们可能说，这是凡迪维亚教授，她是一位政治经济学家。而在另一些场合，他们说，这是凡迪维亚教授，一位文化研究学者。这很有趣，因为我认为我两者都不是，又两者都是，对吧？而我很喜欢这一点，因为这说明人们认识到你的研究中有这样那样的东西。两者一直都在。两者都在我的研究中有体现。

四、性别研究的意义

白：有意思的是，如果说的是纯粹的文化研究或者纯粹的政治经济学的话，您两者都不是。但您是一位杂合的学者，包含两者。我知道您也做性别方面的研究，而且是和其他领域的研究交叉的，比如和种族研究的交叉。在传播学研究所，我的一些同学在申请博士项目的时候曾说过自己研究的是性别，但是之后不再做性别研究，而是回到了性别中立的宏大主题的研究，比如有关国家、社会、阶级等的研究。您能否告诉我们为什么在您的交叉研究中，性别一直是一个重要的分析类别呢？

安吉：好的，我从在研究生院读书开始，就做性别。我很幸运，能在所有与性别相关的东西在爆炸式发展的时候来到伊利诺伊大学。很难相信它还得要爆炸式发展，因为它早已爆炸过了。在我们研究所里，我和拉娜·蕾蔻（Lana Rakow）在一个班里，她现在是性别研究领域的一个重要学者。我上过特来科勒（Paula Treichler）教授、克丽丝·克莱梅尔（Cheris Cramarae）教授有关性别和媒介的课。一切都是自然而然发生的。你知道我接受的是政治经济学训练，但是你怎么能除开性别来谈这些问题？你和我谈过那篇文章——《现代之于男人，就如传统之于女人？》。我写作那篇文章是因为，我在读威尔伯·施拉姆、丹尼尔·勒纳和W.W.罗斯托（W.W.Rostow）的时候，我在想，这些类别都是性别化的。当我在答辩的时候说到这点，我的委员会的一名成员就说："不是的，他们就是那么写东西罢了。"然后我想，不是的，这整个儿都是性别化的。那是我发表的第一篇论文。它并非脱胎于我的博士论文。那些学者并不仅仅是用了性别中立的术语而已。他们的思考是性别化的：认为女性应该保持传统，是被动的，而男性应该是主动的，投入现代化进程的。那并不仅仅是语言的问题。整个的过程都是有问题的。

从某种意义上来说，我并不大声宣称我研究性别。我不能这么说。当下的任何事物都是性别化的。有时候，我一开始做的时候，并不想做性别。我一开始做的是迪士尼电视，或者儿童电视。我认为我仅仅要研究儿童电视的文化构建过程，以及，当然地，研究它的政治经济学问题。我要研究迪士尼旗下的大都会和美国广告公司，美国广告公司周六早晨的节目，内容、产品的协同生产，以及迪士尼想要超越尼克频道的幼儿频道（Nick Jr.）和卡通频道（Cartoon Network）而成为全球儿童电视的领导者，和它们如何做到了这些。我记得有一次我在国际传播学学会的年会（ICA）上展示这方面的一篇论文的时候，突然想到，这儿遗漏了什么东西。有了这个东西，论文的分析就更能连成一个整体了。在展示的时候，我想到，这是一个性别化的过程，因为少年（少男少女，teen）是一个性别化的类别。迪士尼能够在全球市场上不断发展壮大，是因为它从小尼克挖来了一个非常好的女性执行官，而她启动了这一性别化的过程，才产生了丽姿·麦圭尔（Lizzie McCuire）。少年这一分类不仅是一个中立的类别；它是一个性别化的类别。通过这方面的开发，通过《高中音乐剧》1、2、3系列，迪士尼儿童电视频道通过性别分类变成了迪士尼产业中的一个主要的收入来源。那全都和性别有关。我一开始是要抛开性别，去研究迪士尼频道，但是最后，我认为那是愚蠢的，因为它们吸引观众的整个过程都是性别化的。叙事和分类都是性别化的。我研究现代化和媒介、研究尼加拉瓜的革命，那也都是性别化的过程。革命失败的一部分原因是桑地诺解放阵线（Sandinistas）中很多人有厌女症，一些改革的政策不会影响女性。另一方面，它成功的部分原因是博格斯（Borges）——尼加拉瓜国家重建委员会（Junta）的指挥官之一——对性别很敏感。在7月19日占领了王宫的第二指挥官朵拉·特勒兹（Dora Tellez）是一个女人。而且，那是人类历史上第一次允许女人继承土地的土地革命。我简直不敢相信！那是1979年。在那之前，中国、古巴都发生过土地改革了，而不论是中国还是古巴都没能允许女人成为土地改革的受益者①。所以，性别是那次革命的一部分。尼加拉瓜人做的其中一件事是参考了智利是如何把性别纳入考量的。他们试

---

① 译者注：这一点我不是很确定。在1947年土改颁布的《土地法》中写道……一切土地，不论男女老幼，统一平均分配。但是分配之后的继承权是否得到了保护，并在我国一直得到了执行，是不确定的。

图在革命中进行性别平等的实践。即使如此,还是有很多东西需要学习。所以,当我研究那次革命的时候,我发现那是一个非常性别化的过程。我并不是一开始就找性别方面的去研究,只是,我不明白为什么很多时候人们不明白,如果他们把性别纳入考量的话,他们所说的很多东西都会得到更有洞察力的解释。性别是一个在全球范围内被使用的类别,并不只在个人层面,而是在制度层面,在政策层面。所以,不管你在研究什么,如果你不把性别纳入考虑,你会失去整个图景中的一大块儿。

白:在过去的三十年,随着资本主义的新自由主义专项,在性别平等方面出现了一个倒退。性别平等被转化成了后女性主义的消费者的权利,而女性的权力变成了美丽、年轻、富有的女孩的权力。女权主义被妖魔化成为另一个"F"开头的词①。大声宣称自己是女权主义者的人们更少了,因为害怕她们会被误解成为想要比男性更多的权力来压迫男性的女人。一些学者的关注点从女权主义变成了性别。从您自己的工作和其他相关的、您知道的研究来看,您如何看待这一变化?今天我们研究性别的方式和这一历史性倒退之前的研究方式有什么区别呢?

安吉:我们需要退回去再多说一点,因为我已经讲到了性别和革命的话题。不管你说的是中国、古巴、尼加拉瓜还是安哥拉,那些国家内都有开始处理性别问题的努力。我们从中学到了很多的东西。在其中任何一个国家,都从未有过性别平等。文化是非常难改变的,对吧?尼加拉瓜的农业改革让妇女拥有并能够继承土地。但是在劳动力的性别公平方面,女性有第二班。女性需要在工厂里做一份全职工作,然后回到家还得工作,因为男人们不会做他们自己应该做的那份家务。在绝大多数社会主义国家都是如此,不管你说的是苏联、中国还是尼加拉瓜。女人在某种程度上来说受到双重压迫,因为她们需要全职工作,回到家又有一份全职工作。大多数工人阶级妇女不管

---

① 译者注:F开头的词指的是fuck(骂人词)。因为人们避讳说这个词语,所以称之为f开头的词。

如何都得全职工作。迫不得已才去做全职工作,是一个中产阶级的概念,因为工人阶级妇女一直都工作(work)。这也是为什么她们被称为劳动阶级(working class)。

新自由主义保证了后女性主义的存在。两者共同行动。对女权主义政治的否认像是女权主义的一个后现代的变体:一切都和形式有关,而和内容无关。这是我读研究生时候学习到的后现代主义的定义。流行文化中我们看到的很多东西都在庆祝和购物,和女性身体相关的,和形式相关的东西,而没有去解决重要的、主要的问题,比如同工同酬、生物政治的进用权,等等。这些问题仍悬而未决。在很多国家都存在这样的问题:否认女权主义的政治性,特别是年青的一代,作为我们曾经参与过的社会运动的获益者,却否认这一点。我清楚地意识到一个事实:我是第二次女权浪潮的获益者。这看起来是不可能的,因为第二次女权浪潮的受益者大多是美国、白人、中产和上层中产阶级女性。我既不白,又不是中产或上层中产阶级。但我每天都清醒地意识到我是受益者之一。我不仅能在两所特别棒的大学接受教育,而且获得了终身教职,又评上了正教授。我没有一天不在想:我是这次运动的一名受益者,我想回报给后来者。所以,我回报给我的学生和我的课堂。我们有很多学生表现得好像是:"我不需要女权主义。"我感到难以置信,因为她们将会进入招聘市场,在那里她们无法得到同工同酬。特别是在美国,和其他完成工业化的国家不一样,她们在招聘市场里找的工作不会提供产假。她们会进入招聘市场找工作,而却依然要负担家务。她们会遇到这样的情况,那就是每生一个孩子,都会付出极大的代价,不管是事业上的还是金钱上的。在美国,养育孩子非常花钱,因为新自由主义已经把曾是国家负担的责任转移到了个人身上。如果国家不照管医疗和教育的话,那要它为什么要存在?我理解不了。它们存在是为了干什么呢?但它们就是不再照管了。当这些学生有了孩子,在美国,把一个孩子养到十八岁成年要花费一百万美元,如果想要喂好他们,教育他们,让他们健健康康长大的话。但是,你却见到这些年轻女性否认女权主义。绕过女权主义你怎么讲得通?她们中的很多人后来都意识到了女权的重要性。我跟你分享一个我自己女儿的经历。她之前

以为"女权主义不是个事儿"。但两周之前,她在工作中遇到了一点点性别歧视。她说:"哇,性别歧视还存在。女权确实是个事儿。我们仍然需要女权主义。"所以,作为教授,我们的位置非常重要,因为我们可以教课,而我们需要以不同的方式来教她们。如果我们像二十年前一样教她们,说情况是这样的,然后让学生学习这种路径,是不够的。多年后的现在,不是说要变得多狡猾,而是你必须得激起她们的共鸣,让学生认识到这场战斗是她们自己的,必须自己继续战斗下去。事情并没有尘埃落定,而且我们正在丧失业已占领的地盘。如果她们想要为自己和后代争取更美好的未来,那么她们必须自己继续战斗。我在课堂里就是这么说的。我说,你们想想,我就快要退休了,我已经挣够了退休金,而且也养大了我的孩子;我可以安心退休,而你们可能到时候无法安然退休。你必须开始对今天的政治做些什么、对你的教育做些什么。这就是为什么教育非常重要。

五、后女性主义、媒介的性别化和作为女性学者的自己

白:2016年三八妇女节的前一天,一个很火的线上辩论节目的选手为搜索引擎百度打了个广告。在广告里,她说,你怎么会认为我是妇女呢,妇女老、不化妆、做家务。她认为她是年轻、时尚、性感的。她说,我永远都是个女孩。所以中国的女权活动家对她的这番言论发起了抗议。但是也有很多人同意她的观点,因为她们把妇女和女权主义跟特定的生活方式联系了起来,而不是一个她们应该为了自己的利益而继续下去的社会运动。一些男人和女人相信我们性别已经很平等了。这不是真的,因为像拉森博士(Dr. Larsson)说过的,在瑞典也依然存在性别不平等,而瑞典差不多是世界上性别最平等的国家了。当人们说,我们性别已经够平等了,他们的意思是他们不愿意再失去更多的特权了。他们希望我们到此为止,甚至再往回倒退一点。

因为我们已经说到了,您在研究生阶段的头两年先后生了两个孩子。我知道您很坚韧、自信、聪明,但那依然不是一件容易的事情。您能跟我们说

说您是怎么做到的吗？有时候等人们不分享她们的私人故事，但是她们的个人经历可以帮助年轻的女性学者从榜样身上学到，如何在拼搏学术事业的同时，能够解决怀孕和生产的问题。

安吉：让我们回到你刚才说的第一部分，在我们的领域，更广泛地说，性别研究领域有很多后女性主义的有关"女性的女孩儿化"的研究。这实际上是后女性主义和新自由主义的一部分，曾经是政治和社会的理由被变成了个人生活方式，而不是事实情境的政治。"口红女性主义"，你知道吗？"我可以是女权主义的，我能够对我自己的身体做任何事。"这里存在一种有趣的张力，有一些第二次女权主义浪潮的正统派和有一些女性做出的评判，好像是，你不能同时既美丽又是女权主义者。举例说，葛洛丽亚·斯坦能（Gloria Steinem）恰好就是一名女权主义者，而她非常美丽。她潜伏成地下的花花公子兔女郎，来窥探色情产业内发生的事情。而那是一个不同的时期。你知道，我从未学会怎么做我的头发。现在，我的两个女儿、我的一个姐妹和我所有的学生，都会做头发。我有朋友大概和我同龄，也经历过女权运动。我们简直觉得："我们为什么要学会做头发？我们在攻读博士学位。"发型完全不重要。我们从没想过这事儿。而现在，我们作为教授，不知道怎么做头发。如果我们想要看上去漂亮和专业，我必须付钱给专业人士来给我做头发。（笑）我就是不知道怎么搞。我已经放弃了。这是一种我永远学不会的技能。还有类似的一些事情，比如化妆、除毛，当时那个时期都是被摒弃的，因为如果你是一个女权主义者，那你为什么要做这些事？男人不做这些，那为什么女人要做这些？我自己也认同这点。我们曾经评判彼此。我现在不想评判任何人。人们做自己的决定。这是一个非常复杂的问题。

关于私人的问题，我当时结了婚，然后要生孩子。我没有向别人那样真的思考过这件事。我现在跟朋友、学生和同事说这个，他们都好像认为："我应该在我拿到终身教职的期间要孩子，在我写了第二本书时要孩子，把剖腹产的事件安排在一个周三，在学期结束的时候……"他们已经把这事儿都计划好了，而我从未那样计划过。我只是想，我到年龄了，结婚了，该要孩子了，我那时候23岁。我生第一个孩子的时候，是研究生一年级。我当时没有像人们现在计划他们的人生那样好好思考此事。我不是那样生活的。我的补助非常少。我甚至没有一辆车。我是骑自行车往返学校的。我得把奶水挤出来，这样我的女儿在家才能得到照顾。我丈夫和我把一天的时间分成两班倒。我会早起。然后我会骑车去办公室工作到大概下午两点，然后回家，照看我的孩子，而他会骑着他的自行车去工作到大约午夜。所以当他回来的时候，我已经和孩子们睡觉了。我们只能在中午交接孩子的时候见面。当时的情况非常具有挑战性。我们非常穷。我已经说过，我们买不起车。在冬天的时候，又有孩子，生活非常困难。这意味着我从未有机会和其他学生进行社交活动。我听你说过ICR屋子和其他一些事情，而我当时从未有过那些经历，因为我和我的丈夫、孩子生活在一起。我从来没跟任何人出去玩儿过。我没时间也没钱。我得学习，还要照顾我的孩子。有一段时间，我家里人以为我得了厌食症，因为我太瘦了。他们开始送给我有关厌食症的书。可我不是因为吃太少。我在喂奶，又骑车上下学，所以我才这么瘦。他们不应该送我关于厌食症的书，而应该给我一些钱，这样我就能买更多的食物，因为我需要更多的食物但是太穷了买不起。我没有得饮食失调症，我只是得了贫穷失调症，所以变得这么瘦。（笑）那些年非常有挑战性。我生第三个女儿的时候，已经拿到了终身教授，所有的事情都不一样了。我买得起车、食物，也负担得了托儿服务。情况已经非常不同了。原来的情况很困难，但是也让我能更加专心。你必须专心，因为当你有了孩子，当你每天只能在办公室里待三小时，每一秒必须极为高产，因为当你回家之后，除了照顾孩子，什么都做不了。我现在远没有当时专心了。我想大概我可以有三小时高产的工作，但是我得花16小时来做到这么多，因为我注意力没那么集中了。当我生了孩子，当我同时也工作，我注意力非常集中，因为我得回家照顾孩子，得睡觉，而且第二天还得重复这些事情。其他所有生活都被往后放了。我有十年没有看过任何电影。我仍然在补80年代的电影，因为我当时没钱去看，没钱买有线电视服务，也没钱去电影院，也没时间。所以我有七年时间没有接触媒体，没有出去玩儿，什么都没有。我当时专注于我的学习和孩子。

白：当时您的伴侣会和您轮班照顾孩子，这很好呀。现在对一些男人来说，能做到这个都算是高标准了。而且当时你们的工作允许比较灵活的工作时间安排。虽然你们当时很穷，但是那些情况使你们能够在工作的时候同时照顾孩子。

安吉：确实。你读研时，时间表非常灵活。而且当时的贫困也是暂时的。虽然我们很穷，但我们知道不会一直如此。那是对未来的投资。而且，我的伴侣能够做一半的照料、一半的饭、一半的清洁工作。当时确实是那样的。我一直不知道人们如果没有更好的未来可以期待，怎么能够坚持下去。每个人都应该有值得期待的未来。每个人都应该有所投资，有工作，有技能，那么他们就能知道下一个阶段会更好。当我到一个餐馆，看到服务生是一个五十几岁的男人，我总会感到不舒服。我想，他已经辛勤工作了一生，但是他没有好的未来可供期待；而经过了拿到终身教职之前的贫困，你知道一旦拿到终身教职你就会往上走。这是不公平的。如果人们勤奋工作却不能拥有那样的未来，这就是一个不公平的社会。

白：在香槟有一个早午餐餐馆叫伯金斯（Perkins）。他家有一位女服务生，大概五十岁。她的工作是服务员，但是她可以买得起一辆道奇的挑战者跑车。中国的服务员是不可能买得起自己梦想的跑车的。虽然美国的服务员也没钱再买一辆SUV冬天在雪地里开。讲回到女权主义和美丽的话题。我认为人们有一种误解，认为美丽的女性不会受到不公的对待或者被虐待，不会受到父权制的伤害，但这不是真的。她们也受到压迫。不知道您是否能多说一些媒介再现是如何帮助维持父权制霸权的？因为有些学者认为，针对反性别不公的研究，研究真实生活中的性别问题的社会科学路径比研究文化中的话语斗争更为重要。

安吉：好的。作为性别与媒介研究的学者，我们知道媒介是很有力量的，它教给我们的很多课都会在真实生活中产生影响。其中一课是媒介信息流传和塑造我们解释世界的方式、我们分配资源的方式、人们被对待的方式，而这些方式都是对现实的性别化的构建。作为一个女权主义活动者和批评者，特定的叙述方式和特定方式的刻板印象来自媒体一直不断创造的新比喻。比如，在主流电视中，拉美裔女性的出场是不足的。所以我们从主流电视中得到的是邪恶的女仆：拉美裔在扮演女仆这一刻板印象，只不过她们变成了女主角，而且是高度性感化的邪恶女仆。这不是我们要追求的。如果我们在追踪媒体内容变化的话，随着后女性主义和新自由主义的到来，媒体中的一些信息现在比十五年前要更加保守，比如儿童电视就是如此。即使儿童玩具也是一样。儿童电视都是为了儿童玩具。如果不能卖与节目衍生的玩具，人们是不会做一档儿童电视节目的。制作人会想："我们能做《爱探险的朵拉》吗？"只有当节目衍生的玩具、床单、厕纸和家具能卖出去，你才会做这档节目。如果你卖不掉衍生的公仔，你是不会做一档男孩儿的电视节目的。如果卖不掉节目的衍生产品，他们是不会做这档节目的。正如儿童电视的学者已经发现和记录的一样，卖玩具的方法是把玩具严格按照性别来划分，这听起来很像是根据推理而非研究而得出的。所以，现在我们看到电视节目和衍生玩具变得越来越两性分隔了。你没法把节目和玩具分开。你没法把乐高和乐高大电影分开，还有它的叙事。乐高曾经是最性别中立的玩具。它都是原色的：黄色、蓝色和红色。现在它发展出特别暴力的动作电影的协同生产的系列，而给女孩儿，它发展出了那些，不好意思，紫色和粉色的愚蠢的套系。这些给女孩儿的甚至都不能和其他的乐高兼容：它们的大小不合。如果男孩和女孩用它们来建房子，它们根本安不上去。你可能会想，为什么呢？你有这些终极的、能让孩子们训练空间思维和数学思维的玩具，这些思维对任何情况下的工作都是必需的，但是你又从这些玩具中把它们拿掉。这简直很令人毛骨悚然，甚至是邪恶的，你想想是不是？你也有像《海绵宝宝》这种的，研究称它是最受全球男孩和女孩欢迎的电视节目。所以它差不多是一个性别中立的《海绵宝宝》。我听说它是奈德·尼克（Ned

Nick）创造的。他是一个滥用药物成瘾者,而且当他提出这个提议的时候也在嗑药。我觉得其他的执行官的反应肯定是,你在讲啥玩意儿?谁会看一个海绵?所以,事实上只有一个嗑药的儿童电视执行官才能想出不一样的点子。你知道吗?儿童会对东西产生感情。这东西不一定得是性别化的,不一定得跟生物性别有关。只要好玩儿,奇怪而且狂野。孩子就是这样。所以,你会看到更多性别化的节目,特别是在儿童媒体中,而这是很重要的媒体,因为它是孩子们接触并获得信息形成自己性别观的渠道,然后他们长大变成性别明显区隔的人们。我认为媒介非常重要,而且很难去介入,特别是主流媒体,特别需要介入,因为我去过很多儿童电视节,而另类的儿童电视台在做很多非常棒的节目。没人看,因为他们是另类媒体,或者是政府的电视台。人们情愿看迪士尼频道,所以我研究迪士尼频道。那儿也有一些有意思的事情在发生。关于性别的不多。更多的是关于种族问题的:杂合性。因为迪士尼频道,有很多后女性主义的女英雄,比如汉娜·蒙塔纳——超瘦的演员——你就能得到这个;你得不到什么女权主义、性别意识先进的角色。你从迪士尼可以得到一点酷儿的东西。你可以得到一点种族上的杂合性。性别方面,你得到很多的后女性主义。

六、批判思维的教育是为了促使社会变得更好

白:您最近在中国的讲座中,对听众说过,您之所以研究主流媒体,是因为它们有很高的收视率。它们不具有革命性,但是主流媒体中总有一点点变化。您批判的是它的性别、种族、阶级方面的东西。那么作为一个批判学者,您如何保护自己学术上的正直?您曾经因为批判主流媒体而受到过攻击吗?因为ICR作为美国批判学者和学生的大本营一直受到来自学院和学校的要拆分它的威胁。

安吉:批判学者曾经经历过困难的时期,因为人们对某些方面所采取的解决方式问题,特别是针对大学缺少经费的问题采取的解决办法,我认为不

是什么好法子。这就是教育对人的作用。它让人们能够对世界有一种批判的敏感性。所有东西都是基于这一前提的。这让我们能够摆脱奴隶制。这让我们能够变成更好的人类。这让我们能够制止不公的发生。这是我们获得更好未来的方法,对吧?而且,我常常告诉我本科班的学生,这就是三岁孩子的美丽之处:我不知道中国的三岁孩子会不会这么做,但是在智利和美国,三岁的孩子特别喜欢问"为什么",或者在智利是"Por qué"。如果你是一个三岁的孩子,你会是这样的:

"Devin,把你的鞋脱了。"

然后他们会说:"为什么?"

然后你会说:"因为你如果不脱鞋的话,会把泥土带到房子里面。"

然后他们会说:"为什么?"

"因为你在外面走的时候,有时候会踩到便便,然后你会把便便带到房子里。"

"为什么那儿有便便?"

"你知道,因为有时候那有野生动物和穷人……"

"为什么那儿会有穷人?"

你知道我的意思了吗?作为父母,你会试图回答所有的问题。但有时,我会累,因为你提出的是二十几岁人的疑问。但是作为学生,你永远都不应该停止问为什么,因为几乎我们做的所有事情都是文化的。我们知道这点。我们做的没什么是自然的。有一系列的协议。很多的协议都应该被挑战,然后得以改进。这就是我们身为人应该做的。这就是批判的头脑:做和提问为什么一样的事情。我们不应该仅仅坐着,嘟囔说:"这感觉不太对。"你应该说:"如果这事儿让我们感觉不对,我们为什么要做这事儿?"如果我必须在照顾我的妈妈还是照顾我的孩子之间做抉择的话,我为什么要做这事儿?为什么?为什么我们生活在这样一个社会,要让我在照顾我的孩子还是我的妈妈之间进行选择?这难道有人性吗?这没有人性。我认为做批判的人让我们的社会变得更好。它让我们能够更好地照顾自己和互相照顾。所以,在遇到经济危机的时候我们最不该做的,就是停止问为什么。但这正是我们被鼓励去做的事情。在经济危机期间,伊利诺伊州和其他地方的很多大学都在关闭哲学系、性别研究系、民族研究系。这就是它们在关闭的系所。你会问,为什么。它们在关闭这些系,因为在伊利诺伊州的预算通不过:立法者不废除劳工权,州长就拒绝签署一项预算。他们做的决定突出工程,STEM专业(科学、技术、工程和数学),也突出商科。其他的任何一个专业都面临被减员或者整个关闭的危险。是那些问为什么的人在往前推进这个世界,不管他们是不是工程师。一个好的工程师会思考。因为工程师们会想出比之前的工具更好的工具。这些工具让我们成为更好的人类,真的。你需要那种批判思维以及工程的技术来为这个世界做一些贡献。你也需要批判思维以及科学的东西;要不然,你就会得到唐纳德·川普这样的人,他只能建房子——虽然我觉得他其实这也不会,但是他声称他会建房子——但是他没有知识能分辨谁是他付钱雇用的劳工。所以这就是批判思维的基本观点。

  ICR有很长的一段历史。曾经也遇到过批判思维受到攻击的历史时刻,有时行政学派的路径占据优势。但批判学者通过某种方法,还是得以存活下来。这里发生的一部分事情是教授,特别是批判研究的教授,因为不想看到整个事业在自己这里终结,所以他们非常努力地工作,来使ICR和批判研究得以生存下来。而且,你知道我们的学生那么棒。他们并不都会变成批判研究的批判学派教授,但是因为他们有批判的思维技巧,所以他们可以拿到终身教职,变成正教授、主席和系主任,变成期刊的编辑,加入非政府组织、政府、军队、宗教机构,而且都做得很好。在公共生活和私人生活中你都需要批判思维。我会说,当下比其他任何时刻都更加需要批判思维。我再说一次,在本科生课堂里,你需要用不同的方式教授这些技能,因为如果你就站在那里,说"我将要教你们女权主义批判技巧",二十年前,学生会说:"好!这就是我选这门课的原因!"而现在很多人会说:"哦,我的上帝,我要退课。学了这个我可找不到工作。"你需要用不同的方式来教这些东西,能够引起他们自己的和共同的生活经验的共鸣,因为他们会需要这些技能才能生存下来。他们需要知道"性别歧视是个事儿",那么当他们遇到这种歧视的时候,他们不会想"我肯定有什么事儿做错了"。因为有些地方会努力让你认为:"你没有做正确的事,白玫。你的妆太淡。你该多穿穿短裙,或者你的裙子太短了,或者你的裙子今天太长,明天又太短了。"如果,你没学会正确地处理这些事情的技能,看清它们就是性别歧视,那么你可能会把它作为一个单独发生的事情来对待。而这帮不了任何人。所以这样做肯定也不可能帮到你。

白:有一点很重要,那就是我们要理解大学不是要去教授现成的知识,而是要训练人们的批判思维,这样他们就能理解到底发生了什么,才能处理这些信息,分辨什么是歧视和偏见,而什么是真的知识和事实。然后他们就能调整自己,更努力地工作。这不是为了反对谁,而是要反对歧视,要处理结构和个人能动性之间的张力。正如您在伊利诺伊大学正在经历的一样,中国的大学也面临一个事实,那就是教授们熟悉传统媒体,比如新闻出版业和电视,然后发现很难教数字土著(digital native)一代的学生学"新媒体",比如移动电话,应用APP和因特网。因为媒体技术发展很快,如果您只是教有关特定媒体的技能和知识的话,很难吸引学生,或者说服他们这些知识是有价值的。所以,您能不能说说怎样调整课程计划和大纲,来使用不断变化的媒体生态,继续把有价值的东西教给学生们呢?

安吉:我们在说的是两种不同类型的教育。大学应该教给一个学生的是灵活的技能,是他们可以终生受用的。最灵活的技能就是批判思维。不管他们使用的是什么工具,他们都需要批判思维来处理信息。因为他们仍然在和信息及内容打交道。ICR的一名系友,叫卡罗琳·马文(Carolyn Marvin)写过一本书,名为《当旧媒体还是新媒体的时候》。(指指手机)再过一年这就会变成旧媒体。所以学生需要知道的是媒介史。媒体是如何被使用的?是如何被滥用的?它是如何被用于增强媒介素养、加大包容性和增加社会公平的?这是学生需要知道的。现在,关于社交媒体的手法……不过所有的媒体都是社交(social)的。社交媒体是一个误命名,就好像新媒体一样。

Snapchat①和微信的机制,或者如何往网上贴博客,而不是敲出一篇日志,等等。这就是手法。也可以包含在课程计划之中。这让我想到计算机科学,你知道吗?在计算机科学里,人们需要学习FORTRAN语言,然后是C语言,然后是C++什么的。我记得我上计算机科学的课的时候,我学的一些编程语言——根本就没人关心。它只是让我多了很多个不眠之夜。但有用的是更深层次的工程学的思考方式,而不仅仅是FORTRAN语言,那就是一种编程语言而已。

所以,拿新闻教育来说,通用的技能之一是写作技能,写得好的能力。不同的记者对此有不同定义。美国的记者将其定义为倒金字塔结构。拉美记者的是正金字塔结构。他们是那样开始写新闻故事的。这些是不一样的叙事结构。你会学到这个。但是一个聪明的人拿到一个美国的新闻学位,然后,比如,到了拉美,他们可以说,哦,这里的金字塔是另一种形式的。如果他们在拉美而试图用美国的方式写,那么他们会被炒掉,所以他们会搞清楚是怎么回事儿。写博客的方法又有一点不一样。你写推特的方法又有很大不同,因为你只需要写140个字符。但是你需要去写,去交流,去搞清楚特定的传播点的使命是什么。这是娱乐吗?是性感化的娱乐吗?是暴力、性感化的娱乐吗?这是真实的、保守的政治吗?这又是你在学院里学到的东西了。当你加入福克斯新闻,你就得做福克斯方式的东西。当你加入中国的新闻,你就需要学会跟审查的人士打交道。你需要在不同的情境中学习这个。你需要和不同的体制结构打交道。你会学到在不同的政治环境中和特定的媒体中,你有多大的主观能动性。但是,那种东西,你一旦工作了,就会在技术上得到训练的。南加州大学有一个两百万美元的研究项目——因为他们有那么多钱——来对很多洛杉矶地区内的雇主进行访谈:你最看重大学毕业生的什么技能?他们不需要那些技术上的废物玩意儿。不好意思。他们说,这些孩子不会写东西;他们不会做批判思考。如果一个人会用这个摄像机,但是不会视觉化叙事的话,我们什么都帮不了他。如果他们没有那个,那他们对我们

---

① 一款斯坦福大学学生开发的阅后即焚的聊天软件。

什么用都没有。叙事和批判思维，如果他们这些都没有，他们对雇主来说什么用都没有。我说的是银行业、电影业和所有其他行业的工作。这就是他们的发现。我不认为一出现什么新的媒体技术你都能第一时间跟上和教授它，但是我不认为你应该雇用只专注于一种特定媒体的教授，因为那就好像是雇了只教FORTRAN语言的一个人：5年之后，FORTRAN，谁？现在谁还用FORTRAN？我不知道。所以大学为的是更加广阔的技能。你可以有一个学习最新东西的技术中心。但是怎么将其组合起来、怎么教授它、怎么往前推进，这都是真正重要的课程。

七、结语：中国传播学的明天很有希望

白：那么，最后，在这次十天的中国之行里，您访问了不同大学的学生和学者，那您发现中国媒介和传播研究那些地方很有希望呢？

安吉：首先，我印象深刻的是这些大学本身，还有大学看起来都有很多资源。上海大学很美丽。中山大学的东校区和南校区都令人惊叹：校园规划、建筑。我们能在大学里真是非常幸运，因为这意味着对年轻人有文化投资。这是一个特殊的区域，在这里人们可以沉思和谈论与知识相关的东西。年轻人在一个学习的空间中受到保护。能够有这些地方把这么多聪明的年轻人聚集起来，真是太棒了。他们互相交流。这是我爱大学的地方。因为它们存在，很美丽，然后有年轻人在里面。世界上最棒的工作就是做一名教授了。年轻人说他们想要学习。我认为他们现在仍然想要学习。他们是未来的世界。他们毕业的时候，我感觉就是："哦上帝，我的小白玫已经长大了。她要去中国了。"这是非常美妙的一个过程。我认为这里的这点充满希望。

我也发现一点很有希望，那就是媒介研究、传播学、批判研究和文化研究在这么多不同的学术机构中蓬勃发展。我们去了上海的文化研究中心。我们现在在传播与设计学院。我喜欢"设计"。在影视研究中，我们也在想要把设计的概念加到我们的战略计划和网站中的某个地方去，因为媒介和影视

研究是有关现在和未来的视觉设计。在南京大学，有新闻与传播。这非常熟悉，因为在美国有很多的传播与新闻学院。我喜欢这个领域以很多不同的形式存在。它有充满生气的教授群体，他们非常兴奋。有些学生在问很好的问题。有很多学生在中国，一个巨大的国家，内部流动，在中国大陆和香港、新加坡之间流动。教授群体也在流动。他们在全球范围内流动。有一些和我交谈的学生曾经到过美国，到过宾州州立大学。一些正要去美国，去台湾、澳大利亚、澳门等。你回到了中国。尼娜①最后去了澳大利亚。雯锐②在澳门。有人去了芬兰。有人回到了德国。学生们满世界都是。我看到这里也正在发生这样的事情。这充满希望，因为如果一个国家装作没有全球这回事的话，它就是傻。现在，有身体和媒体的跨国流动。我很高兴看到学生和教授们都在跨国流动。这对这个领域在中国是很健康的结果。

我还注意到有很多的合作。你告诉我智利的克劳蒂娅·美兰朵（Claudia Mellado）教授曾经到访，因为她在和王海燕教授以及其他一些学者合作一个国际的新闻学项目。中国的媒体非常有活力。有些东西一点没变，但是在每个国家都存在这样的情况，所以我不想说这仅仅发生在中国。这里有很多不同种类的研究。范式上的多样性。我也喜欢这点。中山大学非常有希望，因为他们雇了你。你在做性别研究、酷儿理论等方面的前沿研究。他们雇了你的这一事实就说明他们致力于跨学科的教授构成。我认为这也充满希望。

（作者白玫佳黛为中山大学传播与设计学院讲师）

---

① 译者注：李绿洲，ICR 博士毕业，昆士兰大学助理教授。
② 译者注：陈雯锐，ICR 博士毕业，澳门科技大学助理教授。